D0888025

Jean Béliveau

MA VIE
BLEU-BLANC-ROUGE

JEAN BÉLIVEAU, CHRYSTIAN GOYENS et ALLAN TUROWETZ

MA VIE
BLEU-BLANC-ROUGE

PRÉFACE DE DICKIE MOORE

HURTUBISE
HMH

Catalogage avant publication de Bibliothèque et Archives Canada

Béliveau, Jean, 1931-

    Jean Béliveau : ma vie bleu-blanc-rouge

    2ᵉ éd. augm.

    Autobiographie.
    Traduction de : My life in hockey

    ISBN 2-89428-832-8

1. Béliveau, Jean, 1931- . 2. Canadiens de Montréal (Équipe de hockey).
3. Joueurs de hockey – Québec (Province) – Biographies.
I. Turowetz, Allan, 1948- . II. Goyens, Chrys, 1949- . III. Titre.

GV848.B4A3 2005b   796.962'092   C2005-941602-5

Les Éditions Hurtubise HMH bénéficient du soutien financier des institutions suivantes pour leurs activités d'édition :

- Conseil des Arts du Canada
- Gouvernement du Canada par l'entremise du Programme d'aide au développement de l'industrie de l'édition (PADIÉ)
- Société de développement des entreprises culturelles du Québec (SODEC)
- Programme de crédit d'impôt pour l'édition de livres du gouvernement du Québec

Première édition publiée en 1994 sous le titre *Jean Béliveau, une époque, un regard* par les éditions Art Global (ISBN : 2-920718-57-6) et Libre Expression (ISBN : 2-89111-627-5), traduite par Georges-Hébert Germain.

Maquette de la couverture : Olivier Lasser
Photographie de la couverture : Hockey Online
Maquette intérieure et mise en page : Martel en-tête
Traduction et adaptation de la présente édition : Christian Tremblay

Les auteurs et l'éditeur tiennent à remercier le Club de hockey Canadien pour les photographies de cet ouvrage.

Copyright © 2005, Éditions Hurtubise HMH ltée

ISBN : 2-89428-832-8

Dépôt légal : 4ᵉ trimestre 2005
Bibliothèque nationale du Québec
Bibliothèque nationale du Canada

Éditions Hurtubise HMH ltée
1815, avenue De Lorimier
Montréal (Québec) H2K 3W6
Tél. : (514) 523-1523

Distribution en France :
Librairie du Québec / D.N.M.
30, rue Gay-Lussac
75005 Paris France
liquebec@noos.fr

Imprimé au Canada

www.hurtubisehmh.com

Il s'agit là d'une rare occasion de s'arrêter pour réfléchir sur sa famille et se réjouir.

Je dédie cet ouvrage avec tout mon amour à mon épouse Élise, ma fille Hélène, ainsi qu'à mes petites-filles Mylène et Magalie.

Je le dédie à mon père Arthur et à ma mère Laurette qui m'ont inspiré et servi de modèles pour m'enseigner que le travail, l'amour et la foi n'ont que des avantages. Je le dédie aussi à ma belle-mère Mida qui a rendu mon père si heureux durant ses dernières années. Enfin, je le dédie à mes frères et mes sœurs encore vivants ou décédés : Guy, Michel, Mimi, Madeleine, Hélène, Pierre et André.

PRÉFACE

Demandez aux joueurs ce qu'ils ressentaient à évoluer aux côtés de Jean Béliveau. Ils vous parleront avant tout de sa « classe » et de sa « compassion ». Posez la même question aux gens qui l'ont connu hors de la glace et ils vous répondront dans les mêmes termes. On entendait ces mots à maintes reprises lorsque le Canadien a remporté la coupe Stanley cinq fois d'affilée dans les années 50 et on les entend encore aujourd'hui, ce qui explique pourquoi il est un être si spécial. Il était unique comme joueur, il l'est également sur le plan humain. Que peut-on ajouter au sujet de cet homme auquel on a offert le poste de gouverneur général du Canada, mais qui l'a refusé en rétorquant au premier ministre Jean Chrétien : « Je ne suis pas digne d'une telle fonction. »

Nous sommes de bons amis depuis plus de 50 ans et je me rappelle encore le jour où il joignit les rangs du Canadien pour trois matchs d'essai. J'étais assis au Forum et j'avais mal de voir Béliveau portant mon chandail numéro 12 et déjouant le gardien adverse à trois reprises. N'importe qui aurait été furieux de voir un autre joueur porter son chandail et marquer trois buts. Je me rappelle encore que l'entraîneur Dick Irvin était venu me voir après le match en me disant : « Penses-tu être capable de porter à nouveau ce chandail ? » Dick a toujours su tourner le fer dans la plaie !

Je n'ai besoin de rappeler à personne l'importance qu'avait Jean pour le Canadien et pour le hockey : 10 coupes Stanley en 18 saisons, un championnat des marqueurs, deux fois lauréat du trophée Hart et une fois du Conn Smythe. A-t-on déjà vu un autre joueur patiner avec autant de grâce, un joueur aussi talentueux et si respecté, un plus grand leader et un meilleur modèle ? Je ne crois pas. Lorsqu'on parle des grands joueurs de l'histoire du Canadien, il figure évidemment en haut de la liste. Sur le plan individuel, il a toujours été dans une classe à part. Sur la glace et en dehors de la patinoire, personne ne lui arrivait à la cheville et ce qui étonne dans son cas, c'est qu'il en est toujours ainsi.

Je repense à l'époque du hockey junior alors que le nom de Béliveau résonnait partout. J'étais avec les Royals alors que Jean évoluait à Victoriaville avant de passer aux Citadelles de Québec. Je jouais à Montréal où je faisais tout mon possible pour accéder à la LNH, alors qu'on avait déjà offert 15 habits et une voiture à ce joueur junior à Québec. Boom Boom Geoffrion jouait pour les Nationals et la rivalité était à son comble chaque fois que nous nous rencontrions sur la glace ! On remplissait régulièrement les arénas à notre époque, alors que les amateurs imaginaient déjà nos exploits à venir au sein du Tricolore. Ce n'est qu'alors que j'ai vraiment réalisé que Jean était dans une classe à part. Il était avant tout un joueur d'équipe et ensuite une supervedette.

Il fallait travailler dur afin d'accéder à la victoire, autant dans la vie qu'au hockey. Jean était toujours là lors des moments difficiles. Il suffisait de lui parler pour qu'un problème sur la glace prenne l'allure d'une banalité. Il avait le don de nous mettre à l'aise. Il était toujours prêt à nous aider si on avait des problèmes personnels. Il ne s'est jamais imposé, mais nous savions tous qu'il était là pour nous. À cet égard, rien n'a changé.

DICKIE MOORE
août 2005

AVANT-PROPOS

Au printemps 2004, Jean Béliveau m'avait invité à un match du Canadien au Centre Bell. L'atmosphère à l'intérieur de ce vaste et moderne complexe était si bruyante que je m'attendais presque à voir les amateurs boucher leurs oreilles.

Une femme toute menue se trouvait à la ligne bleue du Canadien, brandissant un microphone et exhortant la foule avec sa voix stridente. Il s'agissait encore une fois d'une promotion d'avant-match mais, pour les amateurs, ce n'était rien d'autre qu'une attente interminable pour permettre au personnel de refaire le revêtement de la glace après l'échauffement des deux équipes.

À ses côtés, sur la glace, trois gagnants excités d'un concours, tous vêtus du chandail du Canadien se préparaient à lancer des rondelles dans un filet ouvert à l'autre bout de la patinoire. Un montant intéressant était en jeu, mais il était rare qu'on parvienne à le gagner. Si le Canadien de Montréal rate souvent des filets déserts, l'amateur moyen dans ses chaussures de ville n'est aucunement à la hauteur lorsqu'on songe à la logistique problématique que représentent ce bâton en composite, la rondelle de caoutchouc vulcanisé, la distance glacée et trompeuse qui le sépare du filet et l'effet de friction de la rondelle.

J'ai parié en silence qu'il réussirait tout en exprimant à mon hôte ma désapprobation d'un tel cirque. Un individu prenant place à mes côtés commentait cette « idiotie commerciale qu'on présente maintenant comme un divertissement ».

Alors que le concours de tirs au filet se poursuivait, le colossal système de son intervenait périodiquement en faisant jouer à tue-tête des pièces que certains qualifient de musique.

Je me suis soudainement senti coupable d'avoir pris part aux premières négociations qui avaient mené à l'acquisition d'un tel système. Il me semblait qu'il menaçait vraiment la santé générale de ces gens, prisonniers du Centre Bell. Je devais peut-être m'excuser auprès d'eux. Mais surtout, je savais que ce n'était qu'un début. Lorsque le match commença pour de bon, tous mes sens étaient assaillis par un mur de son si aigu qu'il parvenait presque à nous arracher les tripes lors de chaque arrêt de jeu. Je me demande si, de nos jours, les entrepreneurs du sport ont peur du silence.

« À qui tout ce bruit est-il destiné ? » me suis-je demandé, alors que la foule poussait des cris et grognait voyant les gens rater la cible et entendant le commentaire coloré de la femme qui tenait le micro.

Jean Béliveau était assis avec sa prestance et son imperturbabilité habituelles, digne et calme comme toujours dans cet amphithéâtre à vous casser les oreilles. Il est du genre qui préfère les ballades de Charles Trenet, les chansonniers comme Brel, Montand et Piaf, la musique qu'on joue avec amour dans une boîte à chansons ou un piano bar, son épouse à ces côtés et un breuvage prêt à déguster sur la table devant lui.

Souriant à peine, il m'indiqua de la tête, trois rangées plus bas, deux pré-adolescents dansant au rythme de la musique, si imbus de l'énergie qui régnait, qu'ils pouvaient difficilement rester en place. Ils étaient vêtus des pieds à la tête d'articles à l'effigie du Canadien — chandail, pantalons, casquettes — alors qu'un d'eux agitait une banderole du Canadien, et l'autre, visiblement un inconditionnel, brandissait une main de mousse aux couleurs du club avec l'index relevé pour indiquer que le Canadien forme l'équipe numéro un.

« C'est pour eux, » a-t-il dit tout bonnement. Ce sont eux les amateurs du nouveau millénaire, très portés sur le côté spectacle du hockey. Après le match, ils retournent à la maison et revivent la partie sur leur PlayStation ou leur X-Box. Il attira mon attention sur l'écran. Les caméras du Centre parcouraient la foule et chaque fois que le directeur de la place repérait un jeune amateur affublé des articles à l'effigie du Canadien, il pointait la caméra sur lui suffisamment longtemps pour que ses amis et les gens sur les sièges voisins puissent se donner quelques petits coups de coude amicaux accompagnés de cris de joie. La caméra partait ensuite à la recherche d'une autre victime dans cette masse turbulente de fanatiques du hockey.

Ce spectacle qu'on fait du hockey en 2004 n'a plus rien à voir avec ce sport que Jean Béliveau pratiquait dans l'honorable Forum de Montréal il y a cinquante ans. Mais comme il me le rappelle lui-même gentiment, «c'est encore la Ligue nationale de hockey et nous sommes encore ici pour admirer ce sport auquel les Canadiens tiennent comme à la prunelle de leurs yeux. Les Canadiens s'identifient à ce sport, et ce, autant que toujours, malgré qu'il ait beaucoup évolué.»

Jean Béliveau devrait le savoir. Il est là depuis le début. Il a été témoin de tous les changements qui sont survenus tout au long du demi-siècle qu'il a consacré au hockey.

Et surtout, rien ne lui échappe.

ALLAN TUROWETZ

PROLOGUE

Au cours des onze années qui ont suivi la publication de la première édition de mes mémoires, tant de ma vie personnelle que de ma carrière, rien n'a autant changé aux yeux de l'amateur de hockey que le jeu en soi.

En effet, si vous aviez dormi pendant les dix dernières années, il vous aurait été peut-être même difficile de retrouver votre ancien complexe sportif. Presque toutes les équipes de la Ligne nationale de hockey (LNH) ont construit de nouveaux amphithéâtres depuis la fin des années 90. Au Canada, on a inauguré de nouveaux édifices à Vancouver, Montréal, Ottawa et Toronto en quatre ans à peine, soit entre 1995 et 1999. Chez nos voisins du sud, la LNH s'est dotée d'au moins dix-huit complexes ultramodernes, à commencer par le Arrowhead Pond des Mighty Ducks d'Anaheim en 1993 pour terminer par le Glendale Arena des Coyotes de Phoenix en 2003. Ce sont toutes des installations informatisées de conception superbe qu'on peut adapter selon les auditoires et les besoins : un espace limité pour quelques centaines de spectateurs dans une atmosphère intime comparable à une boîte de nuit, une superficie moyenne pour les artistes seuls ou les comédiens, la moitié du complexe pour les groupes rock qui débutent ou l'édifice au grand complet pour les spectacles à grand déploiement.

Je me rappelle d'une expression semblable qu'on entendait au Forum de Montréal en 1993 et selon laquelle on voulait « se débarrasser des vieilles choses pour les remplacer par des neuves » au moment où je m'apprêtais à quitter officiellement l'organisation du Canadien. À cette époque, il semblait que Ronald Corey, président de l'équipe, était constamment entouré d'individus vêtus de vestons de tweed, transportant des quantités impressionnantes de plans sous le bras et portant un casque de protection sur la tête. Poussé par le défi, le président du Canadien surveillait la construction de ce qui allait devenir le Centre Molson — baptisé plus tard le Centre Bell — et nous tous, dans les bureaux avant, nous laissions entraîner par son enthousiasme. Des responsables revenaient constamment d'une visite du chantier de construction au centre-ville ou s'y rendaient pour une journée de consultation et de supervision. Comme ils le disaient si bien, personne, peu importe l'âge, ne peut croiser un chantier de construction sans s'y arrêter pour admirer ce spectacle impressionnant des camions et des grues en action.

Lorsque les architectes et les ingénieurs étaient trop occupés pour s'y rendre, Ronald invitait ses cadres à admirer les maquettes et les dessins qu'avaient réalisés les artistes de ce fabuleux complexe. La dernière fois où j'ai vu des gens aussi énervés, c'était en 1968 alors qu'on rénovait le Forum de la cave au grenier, puisque Sam Pollock préparait sa franchise au miracle de la télévision en couleur.

À l'instar de Pollock avant lui, Ronald Corey avait visé juste, à l'avant-garde de la LNH nouveau genre du milieu des années 90. La ligue délaissait rapidement les patinoires de l'« âge d'or » du hockey pour les remplacer par un environnement mieux adapté au nouveau siècle. La majorité des complexes offraient entre 50 et 100 loges corporatives.

Le Centre Molson au centre-ville de Montréal, le Palladium à Kanata, en banlieue d'Ottawa et la General Motors Place à Vancouver ont tous ouvert leurs portes au cours de la saison 1995-96. Le Winnipeg Arena et le Colisée de Québec étaient considérés comme démodés et lorsqu'il est devenu évident qu'on ne construirait pas de nouveaux complexes, leurs équipes ont quitté pour des cieux plus ensoleillés.

La nouvelle folie du hockey battait son plein, mais des nuages noirs s'accumulaient à l'horizon. Il était évident que la direction des équipes et de la ligue et l'Association des joueurs (AJLNH) ne voyaient pas l'avenir du même œil et les négociations se sont rapidement trouvées dans une impasse. À l'automne 1994, la saison de hockey fut interrompue en raison d'un vilain conflit de travail. Heureusement, le jeu avait repris au mois de janvier 1995.

Les amateurs de baseball montréalais n'ont pas connu autant de chance. Le 12 août 1994, un lock-out était décrété et, dans ce cas-ci, les joueurs ne sont pas retournés sur le terrain cette année-là. La Série mondiale de 1994 fut annulée alors que les Expos représentaient, à ce moment, la meilleure équipe du baseball majeur.

Tout cela, c'est du passé. Alors que je préparais cette nouvelle édition à l'hiver 2005, un autre lock-out est venu paralyser la ligue, mais cette fois, on n'a pas repris les activités en janvier. Après un hiver entier sans hockey professionnel, les deux parties ont réalisé qu'elles s'étaient placées au bord du gouffre pour y observer longuement ce qui les attendait.

Au cours de ce même hiver, conséquence directe de la grève de 1994 dans le baseball, les Expos ont quitté la ville où ils ont vu le jour pour s'installer à Washington, D.C., après avoir passé 36 saisons à Montréal. Les amateurs de sport montréalais arboraient un air d'indifférence, mais dans le fond, ils souffraient.

Pour l'amateur de hockey, rien ne peut être plus aliénant que les disputes interminables autour de conventions collectives. Il est dangereux de priver les amateurs du sport qu'ils affectionnent pour le remplacer par un spectacle dont les acteurs sont des avocats, des représentants syndicaux et des administrateurs de la ligue se chamaillant pour des questions monétaires dans des chambres d'hôtel dispendieuses. Il n'est pas surprenant que la Ligue nationale et le sport connaissent tant de problèmes.

Plus près de chez nous, je ne peux m'empêcher de remarquer que pour la première fois dans ma vie et après 50 années associé de près ou de loin à la LNH, le Canadien de Montréal n'a remporté aucune coupe Stanley en 10 ans. N'est-ce pas le plus bas qu'on puisse descendre dans cette ville ?

Sur le plan personnel, je dois reconnaître que la vie continue pour mes anciens coéquipiers et lorsque ceux-ci se réunissent de nos jours, c'est la plupart du temps pour assister à des funérailles. Autre nouvelle : je suis rétabli du cancer, je dis bien « rétabli », un de mes mots préférés du vocabulaire de cette maladie, avec l'expression « en rémission ».

Cette décennie qui s'est écoulée entre les deux éditions de mon livre a été riche en événements, en expériences qui ont changé le cours de ma vie et qui ont été très profitables pour moi, ma famille, mes actuels et mes anciens coéquipiers, ainsi que pour ce sport que nous aimons. J'espère que le récit des événements qui se sont déroulés depuis un peu plus de dix ans saura également vous intéresser.

JEAN BÉLIVEAU

1

AUX PREMIÈRES LOGES

Adieu, Rocket

En ce 31 mai 2000, les gens se sont réunis pour échanger une dernière fois sur l'œuvre grandiose de Maurice Richard. Un groupe d'anciens coéquipiers, dont six membres du Temple de la renommée du hockey, tout comme le Rocket, occupent, comme d'habitude, les meilleurs sièges disponibles.

Nous observions la scène d'un angle privilégié sur le banc de l'équipe d'où nous avions précédemment vu le Rocket déjouer les gardiens de but adverses à cinq cent quarante-quatre reprises en saison régulière et quatre-vingt-deux fois en séries éliminatoires au cours d'une carrière qui dura dix-huit ans dans la Ligue nationale de hockey. Nous étions alors de jeunes hommes fiers, vêtus du chandail bleu-blanc-rouge du célèbre Canadien de Montréal, l'équipe de hockey la plus titrée. À toutes les deux minutes, nous sautions par-dessus la bande pour faire la guerre aux autres équipes de la LNH.

Les bancs de l'équipe du Canadien au Forum étaient les seuls qu'on ne pouvait acheter. Howie Morentz et Aurèle Joliat y ont pris place. C'est ici même que « Battleship » Leduc, Joe Malone, les frères Mantha et Cleghorn, Johnny Gagnon, Georges Vézina, George Hainsworth et Newsy Lalonde avaient mené leur campagne vers à la coupe Stanley. C'est aussi à cet endroit qu'avec mes coéquipiers, j'ai regardé le *Héros d'un peuple* où l'on présentait le hockey sous son angle le plus dramatique.

Un demi-siècle plus tard, Maurice Richard retient encore toute l'attention, mais cette fois-ci, nous ne sautons pas par-dessus la bande pour le relayer, lui et ses compagnons de ligne. Quarante ans et un mois après son dernier match pour la Sainte-Flanelle, le Rocket avait toujours le feu sacré et la province entière se prosternait à ses pieds. Nous sommes à la basilique Notre-Dame et non pas au Forum. Malgré tout, nous sommes encore tous ici pour lui rendre hommage. À l'extérieur, un million de Montréalais ont fait la file sur la rue dans sa ville natale pour lui dire un dernier adieu.

À la place du chandail tricolore du Canadien de Montréal, nous sommes vêtus tout de noir dans nos habits de deuil qui contrastent étonnamment avec nos cheveux blancs, confirmant ainsi notre appartenance à une génération descendante. Dickie Moore, toujours combatif et doté d'un immense talent, est assis à ma gauche. À ses côtés, les deux vétérans défenseurs Ken Reardon et Émile « Butch » Bouchard. Kenney Mosdell, l'ailier à tout faire, vient après, et ensuite, le gardien Gerry McNeil et Elmer Lach, premier joueur de centre du Rocket et partenaire sur la célèbre *Punch Line* avec Toe Blake.

Henri, frère cadet du Rocket, qui fait partie de notre groupe de porteurs, prend place de l'autre côté de l'allée avec la famille Richard. Dans les bancs derrière nous, on peut voir Gordie Howe, « Monsieur Hockey », et une délégation d'étoiles du hockey de six décennies.

En tant que jeune membre de l'organisation du Canadien, je m'étais attardé sur les murs du Forum aux photos des célèbres funérailles qu'on avait organisées en l'honneur de Howie Morentz en 1937. Comme la plupart des joueurs de mon âge, il m'était difficile d'imaginer un tel débordement d'émotions de la part des amateurs de sport de Montréal, en particulier durant la Grande Crise. Comment a-t-on pu entasser 15 000 personnes dans le Forum qui en contenait à peine 9 000 ?

Il a fallu le Rocket pour m'enseigner 63 années plus tard à quel point la relation en était une d'émotions. J'ai pu constater le vide causé par son départ sur le visage de centaines de milliers de personnes qui longeaient le cortège entre le Centre Molson et la basilique Notre-Dame.

• • •

Les funérailles nous poussent inévitablement à réfléchir et à nous remémorer, dans mon cas, ce qu'on a qualifié de l'âge d'or de la Ligne nationale dans les années 50 et 60. C'est l'époque où je jouais et tous mes souvenirs sont ceux d'un jeune homme qui repense à ces joueurs de hockey vibrants et fougueux et à ce sport rapide que nous avions choisi comme métier.

Plus tard, longtemps après que nous eûmes quitté le vestiaire, on nous appelait « les lions en hiver » et au moment de publier la première version de cet ouvrage en 1994, nous avions vieilli avec grâce et nous jouissions encore de la faveur des amateurs. Notre « équipe » était intacte et on nous fêtait presque chaque année dans le cadre de cérémonies spéciales pour entretenir notre souvenir et, à l'occasion, pour faire oublier aux amateurs montréalais les faiblesses de l'équipe actuelle.

Aujourd'hui, le temps nous a rattrapés pour nous flanquer un bon coup de coude et nous laisser loin derrière. Autrement dit, nous n'avons d'autre choix que de voir la mort en face alors que certains de nos proches disparaissent. Les pratiques quotidiennes sont chose du passé. Nous avons maintenant pris l'habitude de consulter chaque jour la colonne nécrologique alors que nous entrons, tête baissée, dans les 70 ou les 80 ans.

Claude Provost, Doug Harvey, Jacques Plante, Jean-Claude Tremblay, Maurice Richard, Bob Turner et Gerry McNeil nous ont tous quittés au cours de la dernière décennie. Les pertes de Provost, Tremblay, Plante et du Rocket m'ont particulièrement touché, chacune pour des raisons différentes.

Le 28 octobre 1994, c'était au tour de Jean-Claude Tremblay de faire sa dernière sortie publique. C'était lors du lancement de la première édition de ce volume et on se marchait sur les pieds au salon la Mise au Jeu du Forum. Des dizaines de membres de la famille, des amis, des personnalités des médias, des joueurs et d'autres collègues s'étaient entassés dans cette salle et je remarquais partout des visages que je n'avais pas vus depuis belle lurette.

J'avais omis d'inscrire J.-C. sur ma liste d'invités, étant persuadé qu'il était en Suisse où il agissait à titre de principal dépisteur du Canadien en Europe. Quelques jours avant l'événement, j'ai reçu un appel de cet ami de longue date:

— J.-C. aimerait bien venir à ton lancement, m'a dit une voix féminine.

— Mon Dieu, je le croyais à l'extérieur du pays! Mais bien sûr, qu'il vienne, j'en serais ravi.

J.-C. était là, mais peu des gens présents savaient qu'il livrait les derniers moments d'une bataille futile contre le cancer du pancréas. Il passait d'un groupe à l'autre, en souriant et en taquinant des gens comme Marcel Bonin, Yvan Cournoyer, les Richard, Dickie Moore, Dollard St-Laurent, Réjean Houle et Phil Goyette. Il posa fièrement avec d'ex-coéquipiers pour une photo des anciens.

Cinq semaines plus tard, je lui rendais visite à l'Hôpital général de Montréal. Il était étendu paisiblement, les yeux fermés, tout d'un coup si frêle. Le Jean-Claude Tremblay que j'avais connu était quelqu'un de costaud qui aurait gagné sa vie en travaillant au grand air si ce n'eut été de ses talents extraordinaires sur la glace.

Je lui ai doucement bougé le pied: «Comment vas-tu, mon bon ami?»

Il a ouvert les yeux et pris un certain temps pour bien me voir. J'ai pu déceler le moment où il m'a reconnu, mais tout ce qu'il a pu dire, c'était: «Jean».

Le lendemain, je devais me présenter pour des séances de signature dans la région d'Ottawa-Hull lorsque Pierre Trudel, animateur de radio à CKAC, me rejoignit au début de l'après-midi pour me demander de commenter le décès de J.-C. Tremblay.

Jean-Claude n'avait pas encore 56 ans lorsqu'il rendit son dernier souffle. J'étais content qu'il ait pu se présenter une dernière fois en public au moment du lancement de mon livre. La LNH ayant décrété un lock-out en 1994 et puisqu'on ne jouait aucun match, les anciens avaient peu d'occasion de se réunir. Le lancement du livre fut l'occasion où plusieurs des amis de J.-C. lui dirent un dernier « au revoir ».

Quoiqu'il ait semblé très joyeux cette journée-là, la gravité de sa maladie ne pouvait tromper l'œil neutre de la caméra auquel rien n'échappe. Lorsque je vis les premières photos de l'événement, j'étais stupéfait de constater à quel point J.-C. avait grisonné et vieilli. Je ne pouvais qu'imaginer le genre de douleur qu'il avait dû endurer et la force qu'il lui avait fallu pour venir.

Jean-Claude était un bon ami, un coéquipier pendant plusieurs années et un rouage très important dans la machine du Canadien.

Même si son style de jeu reflétait la finesse et l'habileté, J.-C. était brusque en public et n'a jamais semblé s'adapter au côté social de la vie d'un hockeyeur. En fait, lorsqu'il est passé ensuite à l'Association mondiale de hockey (AMH) et qu'il sauva à lui seul la concession des Nordiques de Québec d'une disparition prématurée, on le qualifiait de « vieux grognon ». Alors que certains peuvent penser que J.-C. ronchonnait et se plaignait tout le temps, ceux qui le connaissaient voyaient essentiellement en lui un homme timide, un peu solitaire à qui, comme un ours, il arrive de grogner pour garder un peu ses distances. Cependant, on n'a jamais douté de son courage.

Le premier qui mourut dans notre groupe immédiat fut Claude Provost, sur un terrain de tennis en Floride en 1984. Jos, son surnom, avait à peine 50 ans. J'ai assisté au service commémoratif à Boucherville. Son fils m'a dit qu'il avait probablement fait deux infarctus auparavant. Une autopsie a révélé deux cicatrices sur son cœur, ce qui nous porte à le croire. Claude était robuste. Il n'avait pas une once de gras et il n'a peut-être même pas réalisé que tout inconfort aurait pu avoir une telle conséquence. Il est décédé comme il a joué, en silence, sans se plaindre et sans faire de bruit.

Le décès de Doug Harvey, cinq années plus tard, a également été un coup dur. Doug était peut-être l'athlète le plus accompli qui ait joué pour le Canadien. Le meilleur défenseur de son époque et, d'après moi, le meilleur dans l'histoire de la LNH. Doug était un athlète complet qui a joué au football professionnel avec les Rifles de Québec de la Ligue continentale de football, au baseball semi-professionnel avec différentes équipes au Québec et dans tous les matchs de basket-ball improvisés au YMCA lorsqu'il en avait le temps.

Il nous a quittés pour les Rangers en 1962 en plus d'avoir joué pour Detroit avant d'être relégué dans les mineures avec l'organisation de Kansas City, la principale équipe-école des Blues de Saint-Louis, en tant que joueur-entraîneur. Lorsque les blessures ont décimé les Blues durant les éliminatoires de 1967-68, on demanda à Doug d'envoyer des renforts pour venir en aide au club principal. Il faisait partie des renforts et joua à merveille contre nous dans la finale de la coupe Stanley. Nous avons balayé Saint-Louis en quatre parties d'affilée, mais ce ne fut pas facile. Chaque match contre cette équipe d'expansion se décidait par la marge d'un seul but (3-2, 1-0, 4-3, 3-2) grâce, en grande partie, à la présence de Doug sur la glace.

Doug a occupé des postes ici et là dans le monde du hockey et, environ six années plus tard, lorsqu'il était cadre dans l'organisation des Aeros de Houston de l'Association mondiale de hockey, il parvint à réunir Gordie Howe et ses fils, Mark et Marty, pour réussir une combinaison rêvée dans le sport. Peu après, Doug avait quitté le hockey et son problème de boisson était réapparu. Les Montréalais, qui se rappellent ses exploits de jeunesse, ont fait preuve de délicatesse à l'endroit de cet homme qu'on voyait encore comme un héros local. Un journaliste du *Globe & Mail* de Toronto fut moins charitable alors qu'il publia un profil débordant d'accusations et d'insinuations et faisant preuve de peu de compréhension. Je me souviens à quel point la famille entière du Canadien s'était sentie violée.

Au début de la soixantaine, Joe Gorman, fils de Tommy Gorman, icône et cadre d'une entreprise sportive originaire d'Ottawa, entreprit d'aider Doug et l'embaucha comme homme à tout faire à sa piste de course en banlieue d'Ottawa. Doug cessa de boire et fut resplendissant de santé pendant quelques années. Cependant, trop d'années d'une vie parsemée de difficultés l'ont finalement rattrapé et les dommages subis au foie étaient irréparables.

En décembre 1989, tout juste avant Noël, il quitta l'Hôpital général de Montréal et est venu assister à un entraînement du Canadien avec un de ses petits-fils. J'étais dans mon bureau du deuxième étage lorsque je reçus l'appel d'un agent de sécurité.

«Jean, Doug est assis derrière le filet et ne semble pas très bien.» Je suis descendu sur-le-champ. C'était là un exemple du respect que Doug imposait au Forum prouvant qu'il était, sans aucun doute, toujours le bienvenu.

Le Doug Harvey que je voyais était terriblement émacié, les traits de son visage ravagés par le temps et la maladie, ses vêtements avachis. Cependant, il arborait toujours ce sourire espiègle, qu'on peut aussi qualifier de mesquin ou de taquin, et ses yeux bleus brillaient toujours lorsqu'il me saluait. Nous nous sommes assis et avons observé l'entraînement, parlant très peu alors qu'il montrait du doigt les bons coups à son petit-fils. À vrai dire, j'ai toujours apprécié la compagnie de Doug et j'étais content de me retrouver là avec lui. Ma présence avait aussi un effet dissuasif. Nous ne voulions pas que les gens viennent l'ennuyer et lui demander un autographe — était-il encore capable d'écrire dans son état? — et risquer ainsi de ruiner un moment intime pour lui. Il est décédé quelques jours plus tard, le lendemain de Noël, à l'âge de 65 ans.

• • •

En février 1986, revenant du dîner de la Chambre de commerce de Saint-Jean sur la Rive-Sud, je vis une voiture de la police de Longueuil attendant dans mon entrée. Mon épouse Élise était à la Barbade et personne ne s'était trouvé à la maison toute la journée durant.

« S'est-on introduit par effraction ? » ai-je demandé à l'agent. Plusieurs années auparavant, des voleurs avaient saccagé ma maison durant un match de hockey, convaincus de mon absence, puisqu'ils me voyaient évoluer à la télévision — télévision qu'ils avaient d'ailleurs apportée. La sécurité de mon domicile a toujours été pour moi une priorité depuis ce temps.

« Non, non, monsieur Béliveau, m'a-t-il répondu. Le Forum a tenté de vous rejoindre tout au long de l'après-midi. Appelez votre bureau. »

Il s'agissait de François Seigneur, vice-président des Communications, qui avait une demande urgente à me formuler.

« Jean, nous venons d'apprendre qu'on s'apprête à enterrer Jacques Plante en Suisse ce samedi », m'a-t-il dit. Nous avions appris le décès de Jacques la veille et nous avions présumé qu'on ramènerait ses restes au Canada pour les enterrer. Il était 16 h 00 jeudi à Montréal, déjà 22 h 00 à Sierre en Suisse, et on allait mener Jacques à son dernier repos dans 36 heures.

« Nous avons trouvé sur Air Canada un billet pour Zurich via Paris, poursuivit François, et l'avion quitte ce soir à 19 h 50 de Mirabel. Vous le connaissiez mieux que quiconque, il fait encore partie de l'équipe et la ligue aussi doit être représentée. Pouvez-vous y aller ? »

Jacques avait une importance particulière pour moi, c'était un collègue de hockey depuis ma première année dans les rangs juniors lorsque mon équipe de Victoriaville rencontrait la sienne, les Citadelles de Québec. J'ai placé quelques articles dans un sac de voyage pour ensuite plonger dans la circulation à l'heure de pointe, en direction de l'aéroport international de Mirabel, à plus d'une soixantaine de kilomètres de mon domicile.

Vendredi, à 11 h 00 heure locale, j'étais à Zurich. Il m'a fallu trois heures de plus pour arriver à Sierre, la petite localité où Jacques Lemaire travailla comme entraîneur après avoir pris sa retraite du Canadien en 1979. La région du Valais est superbe et j'étais surpris de constater que le printemps s'était déjà installé dans la vallée, alors que dans les hauteurs, l'hiver gardait toujours son emprise.

Je suis arrivé à mon hôtel à 14 h 00 où j'ai tenté de faire une courte sieste. Je ne m'étais qu'assoupi sur l'avion. Ne pouvant m'endormir, je suis allé prendre une petite marche à l'air frais pour ensuite retourner à mon hôtel et appeler Raymonde, l'épouse de Jacques. Elle était contente d'entendre ma voix et m'a remercié d'être venu.

Le salon funéraire ouvrait à 18 h 00. Je suis resté jusqu'à 21 h 00 et Raymonde m'a parlé de la dernière année de Jacques. Je l'avais vu pour la dernière fois en janvier 1985 alors que le Canadien célébrait un double anniversaire, soit le soixante-quinzième de l'équipe et le soixantième du Forum. Dans le cadre des festivités, on avait invité les amateurs à voter pour l'équipe de rêve de tous les temps du Canadien. Jacques se méritait la faveur populaire au poste de gardien de but, devant Ken Dryden, alors que Doug Harvey et Larry Robinson étaient les défenseurs, Maurice Richard à l'aile droite, Dickie Moore à l'aile gauche et j'avais été élu au centre. Aurèle Joliat représentait les joueurs des années 20 et 30.

La sélection de Jacques en 1985 et le gala anniversaire spécial au Reine-Élizabeth l'avaient ramené au Canada. Il passa plusieurs jours à Montréal et nous avions eu l'occasion de bavarder à quelques reprises. Il était évident qu'il était extrêmement heureux en Suisse avec Raymonde, sa deuxième épouse, et qu'il avait trouvé la vie dont il avait toujours rêvé.

Plus tard cet automne, Jacques revint à nouveau en Amérique du Nord pour travailler en compagnie des gardiens de but des Blues de Saint-Louis. En route vers Saint-Louis, il ressentit des douleurs à l'estomac et parvenait difficilement à manger. Lorsqu'il arriva au Missouri, il rendit visite au médecin de l'équipe qui consulta à son tour un spécialiste. On diagnostiqua un cancer de l'estomac. Jacques retourna rapidement en Suisse et fut admis à l'hôpital de Genève, un des centres médicaux les plus reconnus au monde. On l'opéra immédiatement et il entreprit une thérapie alors qu'il était encore hospitalisé.

La nuit où Jacques rendit l'âme, Raymonde demeura à son chevet jusqu'à 22 h 00. Après avoir regardé les nouvelles de fin de soirée dans sa chambre d'hôpital, elle rentra à la maison. Quelques heures plus tard, l'aorte de Jacques éclata et il est décédé de l'hémorragie qui en a résulté.

Ses funérailles ont été célébrées dans une petite église pleine à craquer. Raymonde m'avait dit que Jacques avait plusieurs amis dans la région. À en juger d'après le nombre de personnes présentes cette journée-là, elle n'avait certes pas menti. Raymonde m'a présenté aux membres de sa famille immédiate et j'ai pris place à ses côtés durant le service.

Ensuite, deux équipes de joueurs de hockey pee-wee, portant leur chandail au-dessus de leurs chemises et cravates, formèrent une garde d'honneur à l'entrée. Il me semblait reconnaître un de leurs entraîneurs. J'étais étonné d'apprendre que les joueurs pee-wee venaient de Victoriaville. Ils devaient disputer un match d'exhibition à Sierre plus tard au cours de la journée, alors qu'ils venaient de traverser les Alpes en provenance de Chamonix en France. Lorsque l'entraîneur apprit que Jacques était décédé et que ses funérailles auraient lieu le samedi matin, il réserva des billets sur un train partant plus tôt pour s'assurer de pouvoir rendre hommage à un compatriote canadien et québécois. Ce fut là un geste bienveillant que tous ont apprécié.

Suivant le service, la cérémonie funéraire s'est déplacée en procession jusqu'aux portes du cimetière où, selon la coutume suisse, le prêtre ajouta quelques mots pour ensuite accompagner le cercueil jusqu'à la tombe et célébrer l'enterrement en privé. Je suis retourné plus tard sur la tombe avec Raymonde et sa famille afin d'y réciter quelques prières de plus. Un amoncellement énorme de fleurs permettait de reconnaître l'endroit où Jacques était enterré. Nous sommes restés en silence quelques instants en ressassant nos souvenirs avant de quitter pour une réception à son domicile.

Raymonde m'a laissé deux souvenirs spéciaux de son défunt mari. Dans le premier, elle me proposait de l'accompagner ce soir-là à un match de la ligue nationale de hockey suisse opposant Sierre à Kloten, une banlieue de Zurich. Jacques assistait fréquemment aux matchs le samedi. Nous avons donc suivi son exemple en assistant à celui-ci qui débuta par un moment de silence en sa mémoire.

Le lendemain matin, Raymonde me remit une bouteille de vin d'un vignoble voisin où Jacques fabriquait lui-même son vin en prenant soin d'enregistrer et de numéroter méticuleusement toutes les bouteilles à la main. La mienne portait le numéro 187, un dernier cadeau personnel de mon ami.

Je suis reparti ensuite vers Genève pour le vol de retour. J'avais dormi moins de 10 heures entre le moment où j'appris la nouvelle du décès le jeudi après-midi et l'heure de départ de mon avion à 11 h 00 ce dimanche matin. Nous avons atterri à Mirabel à 16 h 00, soit 72 heures après le premier appel téléphonique et je me retrouvais plongé dans la circulation en soirée le dimanche, alors que des milliers de skieurs retournaient à la ville en provenance des Laurentides.

Cependant, mes responsabilités en mémoire de Jacques Plante ne s'arrêtaient pas là. Lundi, j'allais rencontrer le président du Canadien Ronald Corey dès le matin.

«Il faut aussi penser aux autres membres de la famille, à ces gens qui ont perdu un mari, un père ou un frère», lui ai-je dit. Je faisais référence ici à la première épouse de Jacques, Jacqueline, et à son fils (un autre de ses fils avait péri dans un accident de moto plusieurs années auparavant), ainsi qu'à ses frères et sœurs survivants. Jacques était l'aîné de 11 enfants et ses frères et sœurs de Shawinigan, sa ville natale, souhaitaient qu'on organise une cérémonie quelconque.

«Tu as raison, m'a répondu Ronald, regarde ce que tu peux faire.»

J'ai appelé Marcel de la Sablonnière à l'église Immaculée-Conception. Père Sablon, surnom que lui donnaient des milliers de gens, était le prêtre non officiel des athlètes montréalais et il avait agi à plusieurs reprises comme aumônier auprès des équipes olympiques canadiennes. Le lendemain, une deuxième cérémonie avait lieu pour Jacques Plante. La grande famille Plante appréciait pouvoir saluer Jacques une dernière fois. Plusieurs se sont approchés de moi pour apprendre comment s'étaient déroulés les événements à Sierre. Durant sa vie, Jacques était un être distant mais à l'heure de sa mort, des centaines d'amis l'entouraient.

• • •

Claude Provost, Jacques Plante, Doug Harvey, Jean-Claude Tremblay et, maintenant, le Rocket. Le décès de Maurice Richard m'attristait tout particulièrement, puisqu'à peine une semaine environ auparavant, j'avais pour ma part reçu de très mauvaises nouvelles.

En mars, j'avais détecté une bosse du côté gauche à l'arrière de mon cou et au retour d'une croisière à la fin d'avril, je suis allé voir Doug Kinnear, le médecin du Canadien. Il a jeté un coup d'œil et placé ensuite un appel. Quelques instants plus tard, je me trouvais dans le bureau du docteur Roger Tabah, oncologiste. Le monde est petit. J'ai très bien connu son père. Nous dînions à l'occasion au restaurant Le Texan en face du Forum. M. Tabah examina mon cou, tournant ma tête d'un côté et de l'autre et regardait longuement au fond de ma gorge alors que je me renseignais sur la santé de son père.

«Il n'y a pas de temps à perdre, m'a-t-il dit enfin. Nous allons prendre une biopsie toute de suite.» J'obtins les résultats moins de 10 jours avant les funérailles de Maurice. «La tumeur est maligne, Jean.»

Dans les années 50 et 60, le cancer rimait avec la mort. Cette maladie a emporté même les plus célèbres ; les étoiles du cinéma comme John Wayne et Steve McQueen y avaient laissé leur peau. Ces victimes, qui en avaient les moyens, s'en remettaient à des cliniques spécialisées peu importe où sur terre, à des institutions où on leur promettait un soulagement, comme cette clinique au Mexique où l'on offrait un médicament fabriqué à partir de noyaux de pêche. Peu de ces remèdes se sont révélés efficaces.

Une vingtaine d'années plus tard, la recherche avait permis de mettre au point plusieurs remèdes pour le cancer et, heureusement, il arrivait fréquemment qu'un voisin ou un collègue subisse un traitement après avoir reçu un diagnostic et qu'il reprenne ensuite la vie normale. Ce n'était plus aussi effrayant qu'avant, mais il s'agissait quand même du cancer et celui-ci provoquait une certaine crainte. Même l'expression « tumeur maligne » suffisait à vous ébranler.

Élise et moi en avions souvent parlé avant mon rendez-vous avec le docteur Tabah et nous avions réitéré nos vœux : nous ferions tout afin de lutter ensemble contre cette maladie et faire ce qu'on attendait de nous. Nous avions lu qu'une attitude positive était cruciale lors du traitement de toute maladie potentiellement mortelle, en particulier le cancer. Nous resterions donc positifs et arborerions cet esprit d'équipe qui m'avait si bien servi tout au long de ma carrière. Les docteurs Kinnear et Tabah étaient maintenant devenus mes coéquipiers, tout comme le docteur Te Vuong, radio-oncologue. À l'instar des docteurs David Mulder et Rea Brown, leurs collègues de l'Hôpital général de Montréal, ils étaient reconnus comme des étoiles dans leur domaine et les Montréalais les connaissaient autant que les Lafleur, Shutt et Gainey.

L'optimisme et la pensée positive aident, mais n'allez pas penser pour une minute que je m'apprêtais à relever ce défi avec naïveté. Au cours des quelques mois qui ont suivi, Élise et moi avons vécu des moments très difficiles.

À l'occasion du week-end de la fête de la Reine en mai, nous avions rendu visite à Maurice à l'Hôtel-Dieu. Nous l'avions trouvé inquiet, un peu mal en train, agité et probablement frustré. Il était incapable de parler, de sorte que la conversion s'est déroulée principalement entre Élise et moi, d'un côté, et sa compagne Sonia et un de ses fils, de l'autre. Je me rappelle encore ses yeux qui brillaient comme des rayons capables de vous transpercer.

Le personnel infirmier venait à peine d'asseoir le Rocket sur sa chaise lorsqu'un d'eux vint lui administrer ce que je croyais être de la morphine. Son agitation a cessé et il est devenu plus paisible. Nous sommes restés assis avec lui et sa famille durant environ une demi-heure en ce lundi de congé. Il est décédé le samedi suivant. Entre-temps, j'avais reçu mon propre diagnostic.

Le jour de ses funérailles, j'étais un des représentants de l'équipe et je suis arrivé à la basilique Notre-Dame bien avant les autres. Mon titre de porteur honoraire impliquait que je devais attendre sur les marches de l'église pendant un certain temps alors que le cortège se frayait un chemin dans les rues de la ville. La direction du Canadien avait émis un communiqué sur mon état de santé plusieurs jours avant les funérailles de Maurice et, en vertu d'une entente tacite entre les médias et moi, je leur accorderais de brèves entrevues en attendant. Tout cela fut terminé au moment où le corbillard arriva devant l'église et j'étais prêt à assumer mes fonctions de porteur.

Ma première séance de radiothérapie avait lieu 24 heures plus tard, soit le 1er juin. Comme je suis matinal, j'ai donc demandé au docteur Vuong si je pouvais être un des premiers patients de la journée à 8 h 00. On prévoyait m'administrer 36 traitements à raison de 5 par semaine avec congé les fins de semaine. Cette première semaine, Élise et moi avons quitté la maison à 6 h 30 pour éviter la congestion et trouver une place de stationnement. Nous devions faire un arrêt au sixième étage de l'hôpital pour prendre un muffin et un café avant les traitements. À la deuxième semaine, il était hors de question de manger des aliments solides ou de boire.

Chaque traitement ne durait que 15 ou 20 secondes, mais avec le temps, la radiothérapie a laissé des traces. J'ai perdu 28 livres au cours des 36 séances et il m'a fallu tout le soutien d'Élise jour et nuit. Mon dernier rendez-vous était prévu le 26 juillet 2000. À cette date, la tumeur avait disparu et au moment où j'écris ces lignes, elle n'est pas réapparue.

Ce qui était, et qui est encore, ennuyant, c'est que je ne produis plus de salive. Les gens qui prennent divers genres de médicaments pour des maladies comme le diabète vous parleront de l'inconfort lorsqu'on a la bouche sèche. La première année, mes papilles gustatives ont également disparues, et lorsqu'on ne goûte pas, on mange moins, ce qui accélère la perte de poids. Mes papilles sont éventuellement réapparues, mais je salive encore bien moins même après cinq ans. Je prends aussi chaque jour des comprimés pour ma glande thyroïde pour lutter contre un des effets secondaires de la radiothérapie.

Un après-midi, l'équipe médicale m'envoya au centre hospitalier universitaire de Sherbrooke où l'on possède un tomodensitomètre, plus communément appelé un scanner, par positrons. Il y avait alors un seul appareil du genre à Montréal, soit à l'Institut neurologique, et il était calibré pour les tomographies crâniennes. Au cours de ma première rencontre avec les médecins, ils m'avaient averti que le cancer pouvait toucher n'importe lequel de mes organes, même s'il semblait confiné à mon cou. Ironiquement, lorsque Saku Koivu du Canadien contracta et vainquit le cancer quelques années plus tard, il mit sur pied une œuvre de bienfaisance qui avait permis de faire l'achat d'un tomodensitomètre pour l'Hôpital général. Il a dû lui aussi faire le trajet jusqu'à Sherbrooke.

Après les 25 premiers traitements, qui couvraient les deux côtés de mon cou, le docteur Vuong m'expliqua que selon tous les scintigrammes, la tumeur se trouvait du côté gauche de mon cou. Cependant, il m'a dit : « nous ne prendrons pas de chance ». Ils ont donc analysé ma gorge, le haut de mon estomac et ailleurs. Les 10 derniers traitements étaient axés sur la tumeur en tant que telle et une brûlure profonde est apparue sur le côté du cou. Il a fallu trois semaines pour l'effacer au moyen de crèmes spéciales.

Lorsque vous subissez de la radiothérapie dans le visage, vous devez porter, durant le traitement, un masque ajusté, qui ressemble un peu au masque d'un gardien de but. À mi-chemin des traitements, j'avais déjà perdu quelque 20 livres et le personnel hospitalier a dû en mouler un autre, puisque mon visage s'était tellement émacié en cours de route.

Pour éviter que je sursaute ou que je bouge les épaules durant le traitement, on attachait mes poignets et on m'informa que je devais enfoncer mes épaules dans la table pour réduire les spasmes nerveux. Quant au masque, il était fixé à la table sur laquelle j'étais étendu et une fois installé, il m'était impossible de bouger la tête ou le cou. Cette situation aurait été insoutenable pour quiconque souffre de claustrophobie. J'ai demandé une fois au technicien : « Que faites-vous lorsqu'un patient ne peut garder le masque ? » Il m'a répondu en esquissant un faible sourire et en haussant les épaules.

Mais le plus difficile de tout cela n'avait rien à voir avec mon inconfort physique personnel. C'était la peine de ma famille que je ressentais au plus haut point. J'observais mon épouse, ma fille et mes deux petites-filles s'efforçant de rester optimistes et positives, mais elles souffraient beaucoup. Je vois clair et je les connais trop bien. Je leur ai rappelé maintes fois qu'on devait espérer pour le mieux. J'ai probablement prononcé des versions de cette homélie des centaines de fois pour tenter de leur remonter le moral et le mien. Comme les médecins me l'avaient prédit, il y eut quelques périodes sombres pendant ces semaines de radiothérapie.

Nous étions tous réconfortés par ces histoires de nombreux jeunes athlètes qui, tout comme moi, ont combattu un cancer et qui étaient en rémission après leurs traitements. Lance Armstrong, le meilleur cycliste au monde, et Mario Lemieux, qu'on pourrait qualifier du meilleur joueur de hockey au monde, ont vaincu le cancer. Par la suite, deux athlètes jouant à Montréal, soit Andres Galarraga des Expos et Saku Koivu du Canadien, ont également survécu au cancer.

Lorsque ma maladie devint publique, je recevais des lettres d'individus dont les conjoints ou des membres de la famille étaient gravement malades et s'accrochaient à la vie. Pouvais-je leur venir en aide en leur donnant un coup de fil d'encouragement ou simplement un conseil ? Il semble que ces appels avaient autant d'effet thérapeutique sur ma santé et mon moral qu'ils ont pu en avoir pour ces gens à l'autre bout du fil. Je recevais aussi des nouvelles d'ex-coéquipiers, mais c'étaient les parfaits inconnus qui m'apportaient le plus de bien. Lorsque les épouses appelaient, leurs histoires étaient presque identiques : le mari au foyer, trop déprimé pour lutter. Je parlais avec ces hommes et nous nous apitoyions mutuellement sur notre sort pour ensuite nous encourager. Pour terminer, nous promettions de combattre.

Au moment où j'écris ces lignes, il y a 55 mois que mes traitements ont pris fin et je suis officiellement en rémission. Ma santé est relativement bonne et lorsque que j'ai quelque chose à faire, je le fais. Cependant, il y aussi des jours où les tâches les plus simples représentent tout un défi. Je me fatigue plus rapidement et j'entreprends plus de choses que le devrait un patient qui se remet normalement d'un cancer — ou un supposé retraité. Mais c'est dans ma nature et il est trop tard pour changer.

La version originale de cet ouvrage avait pour sous-titre *Une époque, un regard*. Au cours des 10 dernières années, la vraie vie a ralenti son rythme. Le temps a rattrapé le vieux lion et peu importe les exploits physiques au temps de notre jeunesse, nous avons vieilli comme tout le monde. En effet, il peut s'agir là de la réalité la plus frappante. Lorsque vous êtes au sommet de la gloire, jeune et en excellente condition physique, la notion de dégénération et la mort ne vous effleurent pas l'esprit. Cependant, lorsque le déclin s'amorce, ce qui est inévitable, la chute s'annonce longue.

• • •

De retour à la basilique Notre-Dame, la messe d'inhumation tire à sa fin alors que nous, têtes blanches et vêtus de noir, prenons place en tant que porteurs. En entrant dans l'église, j'étais en arrière et il y avait une raison pour cela. L'allée centrale est inclinée de quelques degrés vers le haut et ma grandeur m'aidait à garder le cercueil au niveau. En quittant l'église, je me place à droite. Le poids que nous transportons est plus léger que je croyais. Maurice Richard nous quittait alors qu'on amenait le cercueil au cimetière. Cependant, le Rocket aura toujours sa place dans nos cœurs. Pour la plupart des Québécois, il était un dieu ; pour nous, c'est un être cher que nous perdions. Il était notre coéquipier.

2

LA VILLE

Après la tristesse et l'humidité écrasante de ces funérailles de la fin de printemps du nouveau millénaire, j'aimerais vous rappeler cette saison d'il y a environ soixante ans, longtemps avant que Richard et Béliveau ne deviennent des noms familiers, à cette époque où la lumière était pure et l'espoir immortel.

En ce jour d'hiver froid et sec dont je me rappelle, la neige brillait d'une telle blancheur qu'elle semblait bleue et elle était si tassée que le crépitement des bottes paraissait résonner à des milles à la ronde. En 1943, on ne savait pas ce qu'était le « facteur vent ». La télévision et ses distractions étaient loin d'exister. N'ayant rien pour nous retenir ou nous attirer à l'intérieur par ces froids après-midi d'hiver, les adultes et les enfants s'en donnaient à cœur joie à des températures sous les -25° F.

J'avais 12 ans et j'étais assis en compagnie de Guy, mon frère de 8 ans, devant la table de la cuisine. Ma mère avait réussi, je ne sais comment, à nous convaincre d'enlever nos tuques et nos manteaux qu'on avait empilés près de la porte arrière. Sous la table, deux paires de patins, égratignant légèrement le parquet de linoléum, reposaient à nos pieds. Mon frère et moi venions de patiner sur la patinoire qu'Arthur Béliveau aménageait chaque hiver dans la cour familiale. Des bouts de glace fondants dégouttaient des lames et sous nos chaises.

Quelques instants auparavant, Laurette Dubé Béliveau avait ouvert la porte pour nous crier les mots magiques : « Venez manger ». Toute la famille se rassemblait pour déguster quelques sandwichs et un bon bol de soupe chaude. Après quelques heures de hockey rudimentaire ininterrompu, les joueurs bouillaient tout autant et attendaient anxieusement de retourner jouer. De temps à autre, Arthur Béliveau devait s'étirer et administrer une taloche à un de ses fils impatients coupable d'avoir enfreint l'étiquette. Cependant, le simple regard de l'un ou l'autre des parents suffisait la plupart du temps à ramener l'ordre.

Le bruit de la rondelle frappant les bandes improvisées et le crissement de l'acier sur la glace nous attiraient imperceptiblement vers la porte alors que nous mangions. Nos amis et voisins — Raymond, André et Gilles Ducharme, Charles et Jean-Marie Dumas, Marcel Boutet, Jos Moore et Léopold et Jean-Marc Côté continuaient de jouer sans nous.

C'était là la beauté de ce hockey. Dès que les tâches et les repas nous privaient d'un ou de plusieurs de nos réguliers, on redivisait instantanément les équipes et on continuait de patiner. Nous n'arrêtions de jouer les week-ends que pour faire office d'enfants de chœur à l'église des Saints-Martyrs canadiens. Les samedis matin, les joueurs plus âgés servaient la première messe à 7 h 00 ou 8 h 00, avant de passer à la cuisine des Béliveau pour le déjeuner et ensuite à la patinoire des Béliveau pour y jouer au hockey. Les dimanches, surtout après avoir acquis plus d'expérience comme enfants de chœur, nous servions habituellement la messe de 10 h 00 pour ensuite retourner à la maison et dîner plus tard.

Je prenais très au sérieux mon rôle à l'église. Mes deux parents étaient pratiquants et originaires de la campagne. Les Dubé vivaient tous à Charrette et aux alentours, à mi-chemin entre les chutes de Shawinigan et Trois-Rivières, alors que les Béliveau provenaient de la région de Saint-Célestin, près de Nicolet.

Les origines familiales de mon père remontent à Antoine Béliveau qui s'installa à Port-Royal en Nouvelle-Écosse, sur la baie de Fundy, en 1642. Portant maintenant le nom d'Annapolis

Royal, Port-Royal a déjà été le lopin de terre le plus convoité au Canada et, au XVIIIe siècle, le théâtre de plusieurs échauffourées entre la Grande-Bretagne et la France qui se sont soldées par la grande déportation des Acadiens en 1755 alors qu'environ 10 000 d'entre eux refusèrent de prêter serment de fidélité à la couronne britannique. Certains sont retournés en France, alors que d'autres ont séjourné en Louisiane où on les qualifiait de « Cajuns ». D'autres se sont dirigés vers le nord-est des États-Unis ou vers le Québec. On m'a dit que certains ont décidé d'aller le plus loin possible et se sont retrouvés dans les îles Malouines, près des côtes de l'Argentine.

Notre branche de la famille vivait dans les environs de Boston avant de revenir au Canada au milieu du XIXe siècle. Comme plusieurs Acadiens qui ont vécu plus d'une génération au sud de la frontière, ils ont peut-être envisagé en premier lieu de s'établir dans une enclave francophone dans la vallée de Madawaska au Nouveau-Brunswick. Cependant, lorsqu'ils apprirent que le gouvernement québécois offrait des terres arables dans la région de Saint-Grégoire, sur la rive sud du Saint-Laurent, près de Trois-Rivières, ils en firent la demande et on leur offrit une terre sur laquelle ils sont demeurés. Du moins, la plupart y sont restés.

Aux environs de la Première Guerre mondiale, alors que mon père était encore un jeune garçon, quatre de ses frères aînés en sont venus à la même conclusion qui avait poussé tant de Canadiens français à s'exiler dans les endroits les plus éloignés en Amérique du Nord : les fermes familiales au Québec ne pouvaient tout simplement pas faire vivre tous les fils plus âgés. Il était normal d'avoir de grandes familles où jusqu'à 10 enfants — dont 5 garçons ou plus — atteignaient l'âge adulte. On pouvait diviser la ferme pour la répartir entre les deux ou trois fils aînés, mais les autres devaient se marier pour s'intégrer à des familles comptant peu d'hommes ou aménager dans la ville la plus rapprochée pour y trouver un travail.

Mon père avait à peine atteint l'adolescence lorsque ses frères se préparèrent à partir pour l'Ouest canadien pour travailler à la récolte automnale. Il voulait les accompagner, mais sa mère s'y est opposée et avec raison. Après tout, la route était ardue jusqu'aux champs de blé et les voyageurs étaient parfois installés sur le dessus d'un wagon. Plusieurs jeunes hommes de la région avaient perdu la vie en cours de route. Ma grand-mère pressentait peut-être que ce voyage réservait un certain danger à mes oncles, ce que les autres membres de la famille n'ont pu sentir, mais le temps lui a donné raison. Les trois mois que devait durer l'absence de ses fils se sont éventuellement transformés en plusieurs décennies.

J'ai finalement rencontré 3 de ces oncles presque 50 ans après leur séjour dans l'Ouest. En 1959, Les Brasseries Molson, la firme qui m'embauchait, firent l'acquisition de brasseries dans l'Ouest canadien et on m'a demandé d'aller les visiter durant l'été 1960. Élise et moi étions partis en voiture de Montréal et avions parcouru le Canada. À Wolseley, Saskatchewan, environ 100 kilomètres à l'est de Regina, nous avons rencontré Antonio Béliveau. Il était à la retraite et ses enfants avaient pris la relève sur la ferme familiale. Ses frères Ernest et Armand vivaient aussi en Saskatchewan où ils s'étaient établis et avaient élevé leur famille à l'ouest de Regina, soit à Moose Jaw et Ponteix. Triste à dire, mais aucun d'eux ne savait ce qu'il était advenu du quatrième frère qui était apparemment disparu plusieurs années auparavant en Colombie-Britannique. Une surprise m'attend peut-être si des parents, que j'ai depuis longtemps perdus de vue, y vivent encore.

Louis-Philippe, le sixième et cadet des frères Béliveau, n'était pas aussi aventureux que les autres. Dans les années 30, il déménagea à Montréal où il devait travailler pour le CN une quarantaine d'années avant de se retirer sur une ferme familiale à Saint-Célestin. Je lui ai rendu visite à cet endroit alors qu'il avait presque 90 ans et jusqu'à ce qu'il décède il y a quelques années. Il ratait rarement nos réunions familiales.

Les Béliveau, qui sont restés au Québec, vivaient aux alentours de Saint-Célestin, mais ils se sont ensuite dispersés vers Québec et Victoriaville. Comme ses frères qui l'avaient précédé, mon père fut éventuellement forcé de quitter la ferme familiale. Au cours de la Grande Crise, il fut embauché par la Shawinigan Water and Power, qui était alors une des entreprises de services privées les plus importantes de la province et dont Hydro-Québec fit ensuite l'acquisition.

Arthur posait des lignes électriques à Trois-Rivières lorsqu'il rencontra Laurette Dubé, la seule fille d'une famille ne comptant que deux enfants, ce qui était rare à l'époque. Il se marièrent peu de temps après et le 31 août 1931, Arthur et Laurette donnaient naissance à leur premier enfant qu'ils baptisèrent Jean Arthur Béliveau, tout juste avant que la Grande Crise atteigne son point culminant. J'étais le premier des huit enfants de la famille qui comptait cinq garçons et trois filles. Nous avons perdu ma sœur Hélène alors qu'elle n'avait que deux ans lorsqu'elle fut renversée par une auto devant la maison.

Puisque mon père posait des lignes dans la majeure partie de la région des Bois-Francs, nous avons suivi passablement le même trajet que les poteaux au cours de ma jeunesse. Lorsque j'avais environ trois ans, nous avons déménagé à Plessisville, mais sommes revenus à Victoriaville peu après mon sixième anniversaire. J'y ai d'ailleurs fait mon primaire à l'école Saint-David où les frères du Sacré-Cœur de l'académie Saint-Louis-de-Gonzague m'ont enseigné de la troisième à la neuvième années, alors que c'est au collège de Victoriaville que j'ai fait ma dixième année.

Mon enfance n'avait rien de particulier. J'ai reçu l'éducation typique d'un Canadien français catholique axée sur les valeurs familiales, sur un respect strict de la religion, ainsi que sur le travail, le conservatisme et l'autodiscipline. Nous n'étions certainement pas à l'aise sur le plan matériel, mais dans les années 40, il était possible d'élever une famille avec un seul salaire si on faisait attention, ce que, par la force des choses, nous avons fait. Notre demeure était modeste et très ancienne. Peu après que ma famille ait aménagé dans une nouvelle maison en 1952, on l'a démolie pour agrandir la cour du presbytère voisin.

Malgré les circonstances atténuantes, nous avions toujours de quoi manger et des vêtements propres sur le dos. Nous cultivions des légumes dans l'arrière-cour, nous élevions des lapins durant l'été et notre maison était chauffée par la Shawinigan Water and Power Company. Lorsque les poteaux électriques étaient renversés par les vents ou par des conducteurs téméraires, il arrivait que mon père aille les « cueillir » pour les amener à la maison. Nous passions alors des heures à les scier de façon à en faire du bois pour le four ou encore le poêle de la cuisine. Je n'oublierai jamais l'odeur du cèdre qui imbibait la maison et je crois que cet exercice m'a aidé à acquérir une bonne forme physique alors que je n'étais encore qu'un adolescent.

Nous travaillions tous très dur à cette époque et après avoir complété nos tâches à la maison et aux Saints-Martyrs canadiens, nous nous adonnions à nos sports préférés. Durant l'été, nous jouions au baseball du lever au coucher du soleil. En hiver, la patinoire était toujours occupée, ce qui empêchait presque mon père de l'arroser.

Les merveilles et les distractions que les enfants connaissent de nos jours étaient évidemment inconnues dans les années 40. Il n'y avait pas de jeux vidéo, d'iPods ou de concerts rock. Nos divertissements d'alors n'étaient pas soumis au sens excessif de l'organisation des adultes bien intentionnés. Nous étions laissés à nous-mêmes. Par conséquent, le hockey que nous pratiquions au *Forum Béliveau* était peut-être dépourvu de toute technique, sans jeux de positions et stratégies bien planifiées, mais on pouvait se concentrer sur l'essentiel : apprendre à patiner, à manier le bâton et à lancer tout en s'amusant.

Nous avions peu de règles et nous nous disputions rarement. Nous pensions davantage à nous amuser qu'à gagner. Nous compilions évidemment les résultats et nous décrivions parfois nos propres manœuvres en les exécutant : « Richard contourne Schmidt, déjoue Armstrong, s'incline et envoie un puissant revers dans le coin supérieur. Il lance et compte ! » Pour entretenir l'intérêt, on remplaçait les joueurs à tous les 10 minutes environ. Il n'y avait aucun perdant et nous faisions tout pour bien équilibrer les forces entre les deux équipes.

Nous avons appris en jouant et en maniant la rondelle. Les autres garçons plus gros et plus vieux étaient évidemment plus habiles et contrôlaient longuement le jeu, alors que les adversaires plus jeunes essayaient de les mettre en échec. Lorsque les plus jeunes avaient vieilli et maîtrisaient mieux la rondelle, ils dominaient le jeu à leur tour, défiant les nouveaux venus. De nos jours, les psychologues du sport pourraient qualifier ce hockey darwinien de survie du plus fort, mais ce n'était pour nous qu'un plaisir.

C'est à 12 ans que j'ai joué pour la première fois pour une « vraie » équipe, avec un chandail d'équipe, des entraîneurs et des matchs à la régulière. Dans mon enfance, je n'étais pas habitué de m'asseoir sur le banc jusqu'à ce qu'un autre joueur quitte la patinoire. D'après notre version du jeu, on devait prendre une pelle pour se frayer un chemin dans un pied de neige jusqu'à ce qu'on puisse apercevoir la glace en dessous. Et malgré tous les accoutrements auxquels les jeunes nous ont habitué aujourd'hui, j'ai en quelque sorte appris à jouer de la même façon que tous les garçons l'ont fait au Québec.

Ce sont les frères du Sacré-Cœur et de l'académie qui ont contribué à la prochaine étape de mon apprentissage du hockey. La première patinoire de dimensions réelles sur laquelle j'ai patiné et dont la glace était plus ou moins réglementaire en plus d'être munie de bandes et de buts, c'est dans la cour d'école à tous les mois de novembre qu'on la préparait pour l'utiliser jusqu'à ce que réapparaisse le redoux au mois de mars suivant.

À l'académie, nous jouions après les classes dans une petite ligue maison formée de quatre équipes. Les frères avaient également mis sur pied l'équipe d'étoiles de l'école qui évoluait les samedis matin à l'aréna de Victoriaville. Cette municipalité était alors relativement modeste et comptait tout au plus

10 000 habitants. Nous étions donc chanceux de disposer de telles installations, mais la raison était simple : Victoriaville était au centre de la région des Bois-Francs, une zone agricole importante, et l'aréna abritait chaque été l'exposition agricole annuelle.

Les frères du Sacré-Cœur et un accident géographique m'ont permis de jouer les week-ends contre de nombreux joueurs talentueux. Nous n'avions pas de divisions organisées telles pee-wee ou bantam, de sorte que nos étoiles étaient souvent confrontées à des équipes d'ouvriers des usines locales commanditées par les entreprises de la ville. Des joueurs de 24 ans se retrouvaient parfois parmi des jeunes de 13 et 14 ans. À l'exception de moi-même et d'un garçon du nom de Cloutier, les étoiles scolaires étaient relativement frêles et notre ligne composée de Ducharme, Patry, Côté, Boutet, Houle, Métivier et Filion n'intimidait personne. Malgré tout, nous connaissions notre part de succès et nous avons appris énormément en cours de route.

Ma carrière de hockeyeur a franchi une autre étape importante lorsque, âgé de 15 ans, j'entrai au collège de Victoriaville pour ma dixième année. Cette année-là, j'ai joué pour le collège et pour les Panthères de Victoriaville, dans la ligue intermédiaire B qui comprenait des équipes d'Athabaska, Princeville, Plessisville et Warwick. Je passais alors la majeure partie des week-ends en voiture et sur la glace.

Ironiquement, ce fut le baseball et non le hockey qui m'éloigna en permanence de mon domicile et de la famille. Pendant la guerre, un électricien du nom de John Nault était surnommé « Monsieur Baseball » à Victoriaville. On le considérait comme un mordu et il était prêt à tout pour les garçons montrant un certain intérêt. Il a organisé des ligues et muni le parc d'un système d'éclairage afin que nous puissions jouer en soirée. Alors que j'avais 14 ans, il rassembla 4 ou 6 d'entrenous dans sa voiture pour une excursion au Fenway Park de Boston. Nous ne pouvions comprendre un mot de ce baragouinage qu'on entendait autour de nous, mais nous n'avions besoin d'aucune traduction lorsque Ted Williams propulsa la balle sur une distance de plus de 400 pieds, au-delà de la clôture du champ centre.

Ce voyage, qui dura 24 heures, fut exténuant, mais je ne l'ai jamais oublié. En route vers Victoriaville, en traversant le Massachusetts et le Vermont, les jeunes Canadiens français dans la voiture ne rêvaient qu'à une chose, jouer pour les Red Sox de Boston et se mesurer à Allie Reynolds et aux autres vedettes des Yankees de New York.

Un autre stade, plus rapproché celui-là, à une centaine de milles, nous attirait également. Nous nous rendions parfois à Montréal au stade De Lorimier pour voir évoluer les Royaux AAA. J'y ai alors vu des vedettes comme le lanceur Tommy Lasorda et Jean-Pierre Roy, ainsi que Chuck Connors, un imposant joueur de premier but qui tenait plus tard un rôle à la télévision dans la série *The Rifleman*. Le seul joueur des Royaux que je ne me souviens pas d'avoir vu est peut-être le plus célèbre de tous : l'inimitable Jackie Robinson.

J'adorais voir les gros frappeurs, puisque j'étais moi-même un lanceur et un joueur de champ intérieur et je connaissais l'excitation qu'on ressent lorsqu'on propulse la balle à perte de vue. Lorsque j'ai atteint l'âge de 15 ans, ma croissance rapide m'avait permis d'augmenter de quelques milles à l'heure la vitesse de ma balle rapide et de 30 ou 40 pieds mes occasionnels coups de circuit.

Ce printemps, après avoir quitté l'école à 16 h 00 de l'après-midi, j'allais parfois à Trois-Rivières en compagnie de John Nault pour prendre part à la séance de réchauffement d'une équipe senior qui évoluait dans la ligue canado-américaine. Je ne participais pas vraiment à leurs matchs, mais j'ai eu l'occasion de lancer pour des joueurs qui avaient 25 ans et plus. C'est là que les dépisteurs du baseball local ont commencé à me remarquer.

L'un d'eux fut suffisamment impressionné par ma taille, mon bras de lanceur et mon talent de frappeur qu'il tenta de me faire signer un contrat de classe C ou D. Malheureusement, j'aurais dû jouer pour une équipe quelque part en Alabama. Inutile de dire que la discussion n'a pas duré longtemps, puisque ma mère lui a répondu d'un non catégorique.

L'été suivant, cependant, j'ai quitté le domicile familial pour évoluer dans un endroit qui paraissait aussi loin de Victoriaville que l'Alabama pour un jeune de 16 ans. En 1948, Val-d'Or au Québec ressemblait encore passablement à une ville frontalière et servait de repaire aux mineurs, aux prospecteurs et aux bûcherons. En raison des longs et rudes hivers, les gens de la ville appréciaient davantage leurs loisirs d'été — la chasse, la pêche et, par-dessus tout, le baseball. Val-d'Or se mesurait à la prospère Ligue senior de l'Abitibi où les équipes avaient l'habitude d'aller chercher des renforts ailleurs au Québec et dans le nord de l'Ontario. Lorsque, cet été-là, l'équipe de Val-d'Or perdit un joueur qui s'était blessé, un des joueurs de Victoriaville leur parla d'un jeune espoir qui pourrait peut-être les sortir du pétrin.

— Quel âge? lui demanda-t-on.

— Je ne suis pas certain. Peut-être 16. Il joue avec mon jeune frère.

— Si on ne peut l'embaucher à la mine, c'est qu'il est trop jeune. Connais-tu quelqu'un d'autre?

— Personne aussi bon que lui. Il est un bon lanceur de relève, il vise bien les coins et c'est aussi un bon frappeur.

— Dans ce cas, la ville a peut-être besoin d'un autre jeune pour tondre la pelouse dans les parcs.

C'est ainsi que quelques jours plus tard Jean Béliveau obtenait un emploi d'été à la ville de Val-d'Or et un poste régulier sur l'équipe de baseball. J'ai tondu la pelouse le jour et j'ai lancé le soir pendant sept semaines. Je me rappelle surtout — mais pas dans cet ordre — les rues non pavées, les trottoirs de bois et la gentillesse extrême que tous les gens m'ont témoignée.

Par la suite, j'ai rencontré bien sûr de grands hockeyeurs de la région. Dave Keon, Jacques Laperrière et Réjean Houle étaient originaires de Rouyn au Québec, alors que Christian, Jean-Paul et Paulin Bordeleau venaient de la ville voisine de

Noranda. Ralph Backstrom, Dick Duff, Bob Murdoch, Larry et Wayne Hillman, ainsi que Mickey et Dick Redmond demeuraient tout juste de l'autre côté de la frontière provinciale à Kirkland Lake en Ontario, alors que Timmins était le lieu de résidence des frères Frank et Peter Mahovlich. Après avoir passé un été à cet endroit, je me suis demandé à quoi pouvait ressembler l'hiver dans cette contrée sauvage. Je sais de source sûre que les joueurs provenant des ligues juniors du nord-ouest étaient bien éduqués et devenaient des professionnels irréprochables. Toronto et Montréal luttaient férocement pour les repérer et leur faire signer un contrat.

Cet été que j'ai passé à Val-d'Or fut mon premier éloignement prolongé de la maison. Toutes mes absences subséquentes seraient attribuables au hockey. Lorsque j'avais 13 ou 14 ans, j'allais à l'aréna local pour voir jouer les Tigres seniors de Victoriaville, une équipe amateur. Un défenseur du nom de Roland Hébert est rapidement devenu un de mes favoris. Roland n'était pas grand ou particulièrement large, mais il avait vraiment le sens du hockey et du cœur à revendre, se jetant devant la rondelle chaque fois qu'il en avait l'occasion. Je le vénérais, tout comme plusieurs de mes amis, mais je ne pouvais alors pas imaginer qu'il contribuerait beaucoup à ma destinée.

En 1946, on invita Roland à arbitrer un match opposant les étoiles de notre collège à une équipe commanditée par la Victoriaville Furniture. Le frère, qui agissait à titre d'entraîneur pour notre équipe, m'a laissé jouer les 60 minutes à la défense et j'ai réussi à compter 3 ou 4 buts, dont certains sur des échappées depuis l'autre bout de la patinoire. Roland a remarqué ma performance et ma taille, puisque je mesurais alors exactement 6 pieds et pesais presque 180 livres. Après le match, il m'a demandé ce que je pensais d'une carrière dans le hockey.

« Le Canadien junior de Montréal s'intéresse à toi », m'a-t-il dit, mais je ne me souviens pas qu'on se soit étendus sur le sujet, peut-être parce que je ne pensais pas qu'il était sérieux.

Cependant, plus tard au cours de l'hiver, un des directeurs des Tigres seniors, Willie Parenteau, président de l'équipe, m'a invité à un entraînement. J'ai appris énormément, même si la culture senior fut tout un choc pour moi qui avait joué au hockey à un niveau académique à peine une année auparavant. J'étais accompagné sur la glace de vétérans comme Roland Hébert, Dick Wray et Phil Vitali. Lucien Dechêne, un ancien joueur de New Westminster de la Ligue de hockey de l'Ouest, gardait les filets. Les entraînements d'équipe, à cette époque, se résumaient à des bagarres qu'on glorifiait, et je me retrouvais sur la même patinoire que ces ex-professionnels d'expérience où je réussissais bien mieux que je le réalisais, ou c'est ce qu'il me semblait.

Un jour, après l'entraînement, un homme s'est présenté à moi. Il s'appelait Jack Toupin, c'était le *coach* des Reds de Trois-Rivières de la Ligue junior A du Québec. Il était également dépisteur pour les Maple Leafs de Toronto.

« Tu es suffisamment bon pour jouer dès maintenant dans mon équipe, Jean, m'a-t-il dit. Tu n'as qu'à accepter et je te fais signer un contrat. De plus, il serait pour toi très excitant de jouer dans ton patelin. » Je me suis presque senti chez moi ce soir-là. Le Junior A de Trois-Rivières où j'étais né et où mes parents s'étaient mariés ! Et près des clans Béliveau et Dubé à Saint-Célestin et Charrette ! Que pouvais-je demander de plus ?

Cette fois, c'est mon père qui a refusé. « Pas encore, Jean. Tu es encore trop jeune. Tu as à peine 16 ans, m'a-t-il conseillé. Je veux que tu poursuives tes études au collège. Si tu as autant de talent que ces gens le pensent, le monde du hockey ne t'oubliera pas pour la simple raison que tu demeures une ou deux années de plus à Victoriaville. Point final. »

La saison suivante, j'ai rejoint les Panthères de Victoriaville à temps plein en tant que joueur intermédiaire. Contrairement au système de hockey actuel qui est très strict et réglementé, les joueurs dans les années 40 pouvaient évoluer plus ou moins là où ils en étaient capables. Le talent, et non l'âge, était le facteur déterminant. Le hockey intermédiaire, tout particulièrement, permettait aux joueurs dans la mi-vingtaine ou même dans la trentaine, mais trop lents pour les ligues seniors, de trouver un créneau. Cependant, ces gens savaient ce qu'ils faisaient et on assistait à bien plus que des contacts physiques.

Le hockey intermédiaire présentait un attrait tout à fait particulier, puisque la communauté entière s'y intéressait. Adélard Morier, propriétaire d'une quincaillerie et d'un magasin d'articles de sport, était un de nos amateurs les plus enthousiastes. Un jour, à propos de rien, il m'offrit une paire de patins flambant neufs. Compte tenu de la situation financière familiale, il s'agissait là d'un luxe et je n'ai jamais oublié ce geste d'une générosité extrême. Cependant, M. Morier n'était pas seul. De nombreux autres hommes d'affaires de la région étaient résolus à aider «leurs» Panthères.

Cette seule saison dans la ligue intermédiaire fut un tremplin important pour ma carrière. Avant tout, elle m'a permis de connaître de nouveaux membres de la communauté, des gens influents, dont l'appui a aidé grandement notre équipe, et en plus, j'ai compté 47 buts et obtenu 21 assistances, la première statistique de mes progrès dans le hockey organisé. Enfin, j'ai tiré une leçon très importante qui consiste à toujours viser plus haut. Lorsque vous êtes le meilleur dans votre coin, vous pouvez rapidement vous contenter. Vous pouvez réussir, mais sans progresser. Restez-en au même point et vous perdrez du terrain. Avancez et vous mettrez constamment vos compétences à l'épreuve pour ainsi prouver à nouveau votre valeur.

Alors que j'adhérais à ce principe, les tambours dans la jungle du hockey envoyaient des messages à la grandeur de la province. À l'instar des joueurs, les entraîneurs et les gérants des ligues intermédiaire, junior et senior souhaitaient aussi gravir les échelons dans la hiérarchie du hockey et la meilleure façon d'y parvenir était de s'assurer que le Canadien de Montréal sache ce qui se passait dans sa cour.

Ce genre de concurrence s'est intensifiée en 1946 lorsque Frank Selke devint directeur général du Canadien de Montréal. Il entreprit immédiatement d'organiser et d'encourager le hockey au Québec — ainsi que dans les autres provinces — à tous les niveaux. Avant son arrivée, le système de dépistage dans la LNH fonctionnait à l'aveuglette sur la base de petits conseils et beaucoup de grandes légendes. Sa venue a tout bousculé et le club-école du Canadien est devenu une chaîne de production dont les meilleurs atouts se retrouvaient directement au Forum.

Le temps et l'argent n'arrêtaient pas Selke. Il n'a jamais hésité à financer ou mettre sur pied des équipes. Il intervenait même parfois pour étendre une ligue. Il était patient et espérait toujours obtenir des résultats à long terme. Il avait constamment besoin de renseignements précis et la valeur d'un entraîneur ou d'un gérant augmentait à ses yeux si celui-ci détenait l'information dont il avait besoin.

Mon père a, bien sûr, eu raison de me retenir une année de plus, mais lorsque ma saison avec les Panthères prit fin, Roland Hébert attira sur moi l'attention du Canadien de Montréal. Paul Bibeault, un de ses amis et vétéran gardien de but, épousa la fille de Frank Selke. Au mariage, Roland amena Selke à l'écart. Après lui avoir décrit mes exploits de compteur et la façon dont je m'étais débrouillé lors des matchs simulés avec les joueurs seniors, Roland mit fin à la discussion avec son argument massue : « Et il n'a pas fini de s'améliorer. »

Ainsi débuta la parade vers Victoriaville. Un dimanche après-midi, après avoir terminé un match de baseball, deux hommes vinrent vers moi alors que je retournais à la maison. L'un d'eux ne s'exprimait qu'en anglais, alors que l'autre lui servait d'interprète. L'homme qui semblait le plus important s'est présenté à moi comme étant Mickey Hennessey. Il disait qu'il travaillait pour Frank Selke et le Canadien de Montréal. Il m'a invité dans un casse-croûte pour « parler affaires » et a commandé des boissons gazeuses. Une fois assis, il m'a dit :

« Si tu signes une formule C avec le Canadien de Montréal, je peux te remettre 100 $ comptant ici même et tout de suite. »

Il sortit des billets de 5 $ de son portefeuille et les étendit en éventail sur la table. C'était beaucoup d'argent, bien plus que j'en avais vu en une seule fois. M'adressant à l'interprète, j'ai demandé de ralentir la négociation, de clarifier certains points et d'en répéter d'autres. Il m'a fallu un certain temps pour comprendre que la formule C — un document standard et ayant force légale à l'époque — me lierait directement avec le Canadien et non avec une équipe junior, bien que le grand club de Montréal eût eu le droit de m'envoyer à l'endroit de son choix. J'ai continué à poser des questions et à étirer le temps en pensant désespérément à ce que je devais faire ensuite.

Chaque fois que j'hésitais, un autre billet mauve apparaissait sur la table pour atteindre finalement la somme de 200 $. Appartenir au Canadien de Montréal ? Jouer sur la même équipe que les Maurice Richard, Toe Blake et Elmer Lach ? Et recevoir un salaire en plus de cela ? Au moins, j'ai été assez intelligent pour ne pas dire à ces gentilshommes que je l'aurais probablement fait gratuitement.

J'étais probablement prêt à y aller, sans exception, jusqu'à ce que je pense à l'accueil qu'on me réserverait à la maison. Arthur Béliveau exigeait respect et obéissance de ses enfants. Si j'avais été suffisamment imprudent pour prendre un tel engagement derrière son dos, j'aurais raté ma chance à deux niveaux. Faisant appel à tout mon courage et détournant le regard de cet argent, j'ai fini mon breuvage et répondu à Hennessey : « Parlez-en avec mon père. Je ne peux signer un contrat sans son consentement. »

Hennessey m'a pris au mot et est venu à la maison. Par la suite, de nombreux autres représentants du Canadien, dont Émile « Butch » Bouchard, le capitaine de l'équipe, nous ont appelés. Mon père les a virés l'un après l'autre. « Mon fils ne signera rien qui permette à quelqu'un d'autre de contrôler sa vie », répondait Arthur Béliveau, et il le pensait réellement.

Enfin, cependant, on m'a fait une offre acceptable, mais elle venait d'ailleurs. J'ai reçu du Canadien junior de Sam Pollock un formulaire de consentement — document totalement différent — qui, si je le signais, ne m'engageait qu'à me présenter à leur camp d'entraînement la saison prochaine et rien de plus. J'étais libre d'aller où je voulais par la suite, peu importe les résultats du camp. Avec mon père, j'ai signé cette entente comme le recommandait Roland Hébert et je l'ai ensuite retournée à l'équipe par la poste.

La question semblait réglée, mais moi et mon père ignorions que Lucien Dechêne, le gardien de but des Tigres, avait communiqué entre-temps avec son ami Roland Mercier, directeur des opérations avec les Citadelles de Québec, une équipe junior appartenant à Frank Byrne. Mercier avait été l'entraîneur de Lucien dans le junior B entre 1941 et 1944. Dechêne m'avait décrit à Mercier, mais il n'était pas certain de mon prénom. Il parlait de moi comme étant « le grand gars avec une tuque bleue ». Par conséquent, Mercier eut de la difficulté à me trouver mais il y est finalement parvenu. Trois semaines avant mon 17e anniversaire, j'ai reçu un formulaire de consentement semblable à celui que j'avais déjà signé et je l'ai retourné au Canadien junior avec une lettre m'invitant au camp d'entraînement des Citadelles de Québec.

Si j'avais reçu les deux invitations au même moment, il est probable que je serais allé à Québec. La capitale provinciale étais plus près de Victoriaville et n'était pas aussi intimidante que Montréal, la métropole. Cependant, quelques semaines à peine avant que débutent tous les autres camps d'entraînement, Frank Selke modifia les règles du jour au lendemain en finançant une expansion draconienne de la Ligue junior du Québec, ce qui triplait pratiquement sa taille. Victoriaville fut une des villes choisies qui se vit offrir une concession conditionnelle. Elle se retrouvait donc avec des Tigres senior et junior, la dernière ayant pour entraîneur nul autre que Roland Hébert.

Hébert s'attaqua sur-le-champ au cas Selke : « Libérez Béliveau du Canadien junior et laissez-le jouer dans sa localité.

Nous aurons besoin de toute l'aide que nous pouvons obtenir pour devenir une équipe de l'expansion compétitive et une étoile de la place monopolisera toute l'attention. De plus, Sam Pollock dispose déjà d'assez de talent à Montréal. » Selke a accepté et Hébert est venu me voir pour m'annoncer que je pourrais me joindre aux Tigres.

Cependant, nous n'avons pas signé tout de suite, puisque nous figurions que les Citadelles de Roland Mercier et les Reds de Jack Toupin reviendraient à la charge avec des contre-offres en apprenant que le Canadien junior avait abandonné sa demande. Voyant que celles-ci n'arrivaient pas, j'ai signé avec Victoriaville trois jours avant le début de la saison. Ce n'est que plus tard que mon père et moi avons découvert qu'on avait remis le communiqué de Selke en secret à Hébert. Ni les Citadelles ni les Reds n'en avaient eu vent. Frank Selke n'a pas érigé une dynastie du hockey en laissant les joueurs lui échapper.

Avant que je signe, mon père s'était entretenu longuement avec Roland Hébert.

— Jean jouera pour vous une seule saison, lui a-t-il dit. Ensuite, je récupère ses droits.

— Ce n'est pas comme cela que fonctionnent les choses, lui a rétorqué Roland. Les joueurs deviennent la propriété de l'équipe avec laquelle ils signent, à moins qu'ils ne soient échangés ou libérés.

— Pas Jean Béliveau, lui a répondu mon père.

Nous avons finalement signé le contrat après qu'il a ajouté cette clause. Roland Hébert sentait la détermination de mon père. Étant lui-même de Victoriaville, il savait que même si Arthur Béliveau était d'une loyauté scrupuleuse, il campait sur ses positions lorsqu'il croyait avoir raison. Une fois la saison terminée, j'étais agent libre. Fin de la discussion.

Ainsi, lorsque la saison dans la Ligue de hockey junior A du Québec débuta en octobre 1948, je portais l'uniforme or et noir des Tigres. Comme la plupart des autres équipes de l'expansion, c'était une équipe disparate composée de rescapés et de nouveaux venus. Malgré tout, certains joueurs avaient du talent, dont Denis Brodeur et André Belhumeur devant les filets, Rémy Blais, Gordie Haworth, Roger Hayfield et moi à l'avant, ainsi que Gildor Lévesque et Marcel Chainey à la défense.

Le nom « Brodeur » se fera connaître. Denis a été gardien de but pour le National de Montréal au niveau junior. Il a également représenté le Canada aux Jeux olympiques de Cortina d'Ampezzo en 1956. Il est le père de Martin Brodeur — le talentueux gardien des Devils du New Jersey et de l'équipe du Canada lors de la dernière Coupe du monde — sans compter qu'il est, par la suite, devenu un des photographes sportifs les plus en vue de Montréal. À cet effet, le photographe a réalisé sa tâche la plus difficile mercredi le 8 décembre 1993, lorsque Martin, ce même jeune qui portait l'équipement de son père alors qu'il était adolescent, mena son équipe à la victoire contre Montréal. Il n'y a rien de tel qu'un retour au Forum pour les légendes du Canadien et cette soirée-là, deux nom connus se trouvaient derrière le banc des Devils : Jacques Lemaire, l'entraîneur-chef, et Larry Robinson, qui était alors son adjoint. Martin Brodeur s'est bien sûr mérité la première étoile dans une victoire de 4-2 sur le Canadien, mais les objectifs de Denis sont restés embués pendant les trois périodes.

En plus de moi-même et de Paul Alain, très peu de garçons de la place ont fait partie des Tigres en 1948. Les joueurs venaient en grande partie de très loin. « Puisque tu restes à la maison et que tu n'as à payer aucune pension, on te donnera 15 $ par semaine », m'a dit Hébert. Sa logique ne m'a pas impressionné, pensant que ma valeur dépendait de mon rendement sur la glace et non pas de l'endroit où je dormais. La direction de l'équipe a vite fait de penser comme moi. À Noël, j'avais déjà compté autant de buts que tous mes coéquipiers réunis et mon salaire passa à 35 $ par semaine. À cette époque, un tel salaire permettait facilement de nourrir une famille de quatre personnes.

Notre saison débuta de façon prometteuse par une victoire de 4-3 sur les Cyclones de Verdun-La Salle. Roger Hayfield et moi-même avions récolté deux buts chacun contre Lorne Worsley, un gardien ayant la stature d'une borne fontaine. Au début, les Tigres se débrouillaient passablement bien pour une équipe de l'expansion. Nous approchions d'un match important qui devait avoir lieu le 25 novembre contre les puissants Citadelles de Québec. Avant le match, Québec avait 15 victoires et 1 match nul, soit 31 points en tête de la division sud, 13 points devant le National en deuxième place et 19 de plus que nous, coincés en quatrième place avec 6 victoires et 9 défaites.

La soirée fut de bon augure pour deux raisons. Je jouais pour la première fois au Colisée de Québec et je fis la connaissance de Jacques Plante, un gardien de but qui allait m'accompagner presque tout au long de ma carrière de hockey. Nous avons ouvert le pointage avec un but de Rémy Blais en début de deuxième période, mais les Citadelles ont répliqué avec deux buts avant la fin de cette même période. Mon but à mi-chemin de la troisième période nous obligea à jouer en surtemps.

À cette époque, on devait, en vertu des règlements, jouer une période de surtemps de 10 minutes et non pas concéder la victoire à la première équipe qui marquerait un but. Environ trois minutes après le début de la période, j'ai fait une passe à Gérard Théberge qui enfila la rondelle dans le but adverse. Plusieurs minutes plus tard, on dégagea notre zone pour envoyer la rondelle en direction du but des Citadelles. Je me suis mis à sa poursuite et personne ne m'a talonné. Le gardien des Citadelles, dont on m'avait dit qu'il avait la mauvaise réputation de trop s'éloigner de son filet, décida de partir après la rondelle. Au moment où il s'étira pour la pousser, j'ai réussi à la lui arracher. J'ai ensuite contourné le gardien étendu à la ligne bleue des Citadelles pour enfiler la rondelle dans le filet ouvert. Nous avons fini la période de surtemps avec un gain de 4-1.

Au cours des années qui ont suivi, j'ai souvent eu l'occasion de taquiner Jacques au sujet de cette soirée où je l'avais entraîné hors de ses filets pour mettre fin à sa série de victoires, mais la véritable étoile du match fut Denis Brodeur qui arrêta 39 tirs pour déterminer ainsi l'issue de la rencontre.

Ma première expérience dans le hockey junior A ne ressemblait en rien à ce qu'ont connu la plupart de mes coéquipiers. Je jouais dans ma ville et j'ai poursuivi mes études pour m'astreindre à un programme fou même à cette époque. Je fréquentais le collège à temps complet, ce qui m'obligeait à assister aux séances d'études entre 19 h 00 et 21 h 00, du lundi au jeudi. Cependant, les Tigres pratiquaient à 16 h 00 et jouaient leurs matchs à 20 h 00. Le soir des matchs, je me présentais pour la forme dans la salle d'études et je montrais mon laissez-passer spécial de joueur de hockey afin qu'on m'accorde la permission de partir. Le frère Fernand surveillait la salle et, alors que je le croisais, il me disait souvent : « Tu as vraiment hâte de ne plus étudier ». Je n'ai jamais su s'il était contrarié qu'on m'ait accordé une dispense afin que je puisse jouer ou s'il ne faisait que blaguer.

Plusieurs années plus tard, après que j'avais joint les rangs du Canadien, je jouais à Boston lorsque je reçus un appel du frère Fernand désirant se procurer un billet. Ce soir-là, il était assis juste derrière le banc et après le match, nous nous sommes rappelé l'étudiant qui lui filait sous le nez pour quitter la salle d'étude. Il avait reconnu que mes « autres études » avaient connu passablement de succès.

Les élèves de dixième année au collège de Victoriaville devaient opter pour une des trois branches suivantes : les affaires, la technique ou les sciences. Je m'étais inscrit en technique pour suivre des cours préliminaires en électricité. J'ai cru que je suivrais probablement les traces de mon père au sein de la compagnie d'électricité, mais une année plus tard, épuisé après être retourné une fois de plus à 5 h 00 le matin d'une série de matchs à l'étranger, j'ai dû mettre fin à mes études et mon père a accepté.

Les Tigres et moi avions connu un lent début de saison en 1948-49. Au commencement de décembre, j'étais très en retard dans les statistiques individuelles des marqueurs avec 21 points, dont 13 buts et 8 aides. Frankie Reid de Trois-Rivières était loin devant avec 51 points, 3 devant Bernard Geoffrion du National, qui en avait 48. À la fin de la saison, Reid avait encore plus de points, mais j'avais compté 48 buts, un record de la ligue, ce qui m'a valu les titres de recrue de l'année et de meilleur espoir chez les professionnels.

Alors que la saison avançait, il semblait que les Tigres n'iraient pas en séries, mais nous avons jubilé lorsque Roland Mercier nous informa qu'un joueur des Citadelles du nom de Marius Groleau avait joué sous une fausse identité en usurpant le certificat de naissance de son frère décédé. Groleau fut jugé inadmissible et Québec perdit tous les matchs auxquels il avait participé. Nous avons alors quitté le dernier rang pour participer à la série trois de cinq de la demi-finale de division. Cependant, notre chance fut de courte durée. Nous avons été éliminés 3-1 et même si je ne le savais pas encore, ma carrière de hockeyeur à Victoriaville venait de prendre fin.

Après que les Tigres furent éliminés des séries, mon père et moi entreprîmes de négocier avec les Citadelles de Québec pour la saison suivante, soit 1949-50. Grâce à l'insistance de mon père, j'étais agent libre et je pouvais négocier avec l'équipe de mon choix. Nous avons rencontré Roland Mercier, le directeur général des Citadelles, dans un hôtel à Princeville et nous avons parlé des modalités du contrat. Quelques jours plus tard, nous nous sommes revus et nous avons signé une entente de principe. Il semblait que j'emprunterais la destination de Québec cet automne, pourvu qu'il n'y ait aucune complication imprévue avec la ligue ou les Tigres.

Entre-temps, cependant, l'excellence du travail de Roland Hébert à Victoriaville n'était pas passée inaperçue. Il accepta le poste d'entraîneur-chef et de directeur général des Saguenéens de Chicoutimi de la Ligue senior et tenta de faire des Tigres juniors le club-école officiel des Saguenéens. Cette démarche étant impossible en raison des règlements de la ligue, la direction de l'équipe décida de dissoudre la concession de Victoriaville dans la Ligue junior et tous les joueurs obtinrent, comme moi, le statut d'agents libres.

Ou du moins, c'est ainsi que j'ai compris la situation durant plus de 40 ans. Alors que je rédigeais le manuscrit de cet ouvrage, j'ai eu l'occasion de me pencher sur ces événements avec Roland Mercier, qui m'a révélé pour la première fois que d'autres tractations se déroulaient en coulisses.

En réalité, je ne suis jamais devenu agent libre et j'ai appartenu aux Citadelles de Québec jusqu'en novembre 1948. Sans s'attarder aux subtilités des règlements de la ligue et des contrats dans le monde du hockey, il semble qu'un joueur ayant signé avec une équipe donnée — les Tigres juniors de Victoriaville en 1948-49 — pouvait signer avec une autre équipe — les Citadelles — si une des trois conditions suivantes prévalait. Premièrement, j'aurais dû obtenir une libération de la première équipe, ce que les Tigres auraient refusé de m'accorder. Ou, j'aurais dû être trop vieux pour jouer dans les rangs juniors, ce qui n'était pas le cas. Ou enfin, la première équipe aurait dû cesser ses activités, ce qui s'est produit avec les Tigres. Cependant, grâce à la décision de Roland Hébert, personne ne savait qu'ils allaient disparaître jusqu'à ce qu'ils disparaissent vraiment.

En dépit des meilleures intentions de mon père, la ligue ou tout autre club aurait pu contester le contrat qu'on a signé avec Hébert. La clause que nous avions ajoutée était bien pensée, mais elle n'avait aucune validité réelle.

Dans tous les cas, c'est en novembre 1948 que Roland Mercier entreprit les premières démarches pour me faire signer avec les Citadelles, immédiatement après ce match où je marquai contre mon futur coéquipier, Jacques Plante. Roland est entré directement dans le vestiaire des Tigres pour conclure un marché qui envoyait Leonard Shaw à Victoriaville pour la somme de 100 $ et un joueur dont le nom serait dévoilé plus tard, durant la saison 1949-50. Roland ne sentit pas le besoin de mentionner que j'étais le joueur auquel il pensait.

Lorsque les Tigres connurent des problèmes financiers quelques mois plus tard, Roland leur rendit le chèque de 100 $ et les informa qu'il renoncerait à l'habituel tarif de 100 $ que les Citadelles recevraient pour jouer à l'aréna de Victoriaville. Les Tigres étaient surpris d'une telle générosité et lui ont demandé de nommer enfin le joueur qu'ils souhaitaient obtenir pour conclure la transaction. Lorsqu'il mentionna le nom de Jean Béliveau, les directeurs des Tigres montèrent aux barricades et menacèrent de ne pas tenir leur promesse. Roland leur fit remarquer calmement que la transaction avait été conclue devant plusieurs témoins et qu'il entendait les tenir responsables.

Voilà qui explique également la raison pour laquelle les Citadelles ont élu temporairement résidence à Victoriaville après que l'ancien Colisée de Québec fut détruit par les flammes. En effet, j'appartenais déjà aux Citadelles auxquels les Tigres m'avaient prêté pour toute la saison, ce qu'ignorent la plupart des gens, sauf Roland Mercier.

Cela n'a vraiment aucune importance, je suppose, puisque le reste de l'histoire s'est déroulé de la façon dont je l'ai décrite. J'ai joué les deux premiers mois de la saison 1949-50 avec les Citadelles à Victoriaville, en attendant qu'on termine la construction du nouveau Colisée amélioré.

Lors de toutes les conversations que j'ai eues avec Roland Mercier et le propriétaire Frank Byrne, ils ne m'ont rien caché des raisons pour lesquelles ils souhaitaient que je fasse partie de l'équipe. L'ancien Colisée servait aux expositions dont on avait chanté les louanges, mais le nouveau Colisée serait destiné au hockey et aux spectacles.

«Notre édifice ouvre ses portes en décembre, de dire Byrne, et il est au moins deux fois plus gros que l'ancien Colisée. Nous voulons une vedette pour remplir ces gradins et nous croyons que tu es cette vedette.»

3

LA VIEILLE CAPITALE

Plus de 50 ans après mon séjour en tant que jeune hockeyeur à Québec, je trouve toujours des raisons pour y retourner. C'est là que ce garçon originaire d'une petite municipalité a grandi, rencontré et épousé sa femme. C'est là qu'il s'est fait pour la vie des centaines de connaissances et de bons amis en plus d'avoir entrepris une carrière dans un sport qu'il affectionnait tout particulièrement. Les décennies ont passé, mais j'y retourne toujours pour célébrer des anniversaires, des mariages, des funérailles et lors des congés, sans compter les nombreuses fois où j'y ai représenté la ligue et mon équipe. Élise et moi nous y sentons toujours comme chez nous.

Je n'aurais pu prédire à quel point j'allais m'attacher à cette ville lorsqu'en 1949 elle m'arracha à mon domicile et ma famille. Le 13 décembre, les Citadelles quittaient Victoriaville pour retourner à Québec et sa patinoire toute neuve, et j'étais du voyage. Ma mère me servit une copieuse collation avant mon départ et mon père me conduisit à l'aréna où l'autobus de l'équipe attendait ses passagers anxieux.

Il neigeait énormément et le temps était morne. Mon père et moi n'avions prononcé aucun mot durant le trajet qui dura cinq minutes, mais il semblait calme et confiant. Il avait rencontré la direction des Citadelles chez lui et celle-ci lui avait fait bonne impression. Il savait que j'étais entre bonnes mains. Une fois rendus à l'aréna, il s'étira pour sortir la grosse valise de l'arrière du camion. En me donnant le sac, il me prit la main droite et la serra.

« Fais de ton mieux, Jean. Ça suffira. »

Il s'est retourné pour prendre place à bord de son véhicule, m'a salué sèchement et est parti. La neige causait des problèmes aux fils suspendus à Victoriaville et Arthur Béliveau, contremaître, était au travail.

Notre voyage en autobus de Victoriaville à Québec dura un peu plus de trois heures, deux fois plus que d'habitude, à cause de la température. Nous sommes allés directement au vieux Colisée pour y déposer notre équipement. Le feu qui, le printemps dernier, avait démoli une partie importante de l'amphithéâtre, avait épargné les vestiaires, alors que ceux du nouveau Colisée, environ 300 pieds plus loin de l'autre côté des terrains de l'Exposition de Québec, n'étaient pas encore utilisables. On avait d'ailleurs décidé que, durant le premier mois de la saison, nous nous habillerions dans le vieux vestiaire et, patins sur l'épaule, nous marcherions ou prendrions un petit autobus pour nous rendre au nouvel édifice. Pendant les pauses, nous nous retrouvions dans une salle flambant neuve qui sentait le ciment frais. C'était sombre et sinistre. Il y avait quelques banquettes sur lesquelles nous pouvions nous écraser et nous reposer un peu. Après le match, nous retournions au vieux Colisée pour prendre une douche et nous changer.

À notre arrivée, en cet après-midi de décembre, l'entraîneur Pete Martin et Roland Mercier nous dirent quelques mots, puis chacun partit chez soi. Milt Pridham, Dave O'Meara et moi étions en pension chez les Paquette, boulevard Saint-Cyrille, entre Salaberry et Tumbull. Nous habitions donc dans la haute-ville, à deux pas de l'Assemblée nationale. Les chambres étaient minuscules, mais cela n'avait pour nous aucune importance. Tout ce qui comptait pour les cinq prochains mois, c'était le hockey.

Je crois que c'est Roland Mercier qui s'occupait des questions d'hébergement. Il m'avait donc placé avec deux joueurs anglophones afin que je puisse apprendre plus rapidement à parler leur langue. À cette époque, je savais dire *yes* et *no* et je parvenais de peine et de misère à baragouiner quelques petites phrases plus ou moins cohérentes. J'avais fait toutes mes études en français, et jamais un mot d'anglais n'était prononcé dans ma famille. Je peux donc dire que Milt et Dave ont été mes premiers professeurs d'anglais. L'année suivante, on m'a donné comme compagnons de chambre Gordie Haworth et Bruce Cline qui se sont chargés de m'enseigner les noms et les verbes irréguliers. L'anglais était la langue principale dans la LNH et Roland Mercier tenait à ce que je l'apprenne le plus rapidement possible. C'était pour moi la preuve qu'il considérait que je jouerais tôt ou tard dans la Ligue nationale.

L'équipe des Citadelles de Québec, édition 1949-50, comptait beaucoup de talents. Deux gars solides, Dave O'Meara et Marcel Paillé, gardaient les buts. Spike Laliberté, Gordie Hudson, Bernard Lemonde et Jean-Marie Plante jouaient à la défense. Quant à l'attaque, elle était menée par Roger Hayfield et Gordie Haworth, mes anciens coéquipiers de Victoriaville, ainsi que par Rainer Makila, Pridham, Cline, Jean-Marc Pichette, Jules Tremblay, Roland Dubeau, Russell Tuer, Gaston Gervais, Norman Diviney et moi-même.

Nous étions une puissance offensive. Mais la plupart des équipes de la ligue étaient, elles aussi, très axées sur l'offensive, surtout les Nationals de Montréal qui avaient dans leurs rangs des champions comme Bernard « Boom Boom » Geoffrion et Skippy Burchell, et le Canadien junior de Sam Pollock dirigé par le terrible Dickie Moore. J'ai compté moins de buts (35) mais ai obtenu plus de passes (45) que l'année précédente. Malgré tout, avec 80 points, je me retrouvais bon deuxième, en termes de statistiques individuelles, derrière Geoffrion. Plusieurs de mes coéquipiers figuraient également en bonne place sur la liste des compteurs.

Nous avons terminé la saison régulière en deuxième position. Les Nationals se sont retrouvés troisièmes et nous les avons battus quatre fois de suite en demi-finale dont 6-5 en surtemps lors du dernier match. Celui-ci a été particulièrement enlevant, alors que les deux équipent patinaient à plein régime depuis la toute première mise au jeu. Les Nationals refusaient de s'avouer vaincus même si nous menions la série 3 à 0. Nous tirions de l'arrière 5 à 4, quand mon deuxième but de la soirée, marqué à 54 secondes de la fin de la troisième période, nous permit d'aller en prolongation. Après 48 secondes de jeu, j'avais conclu mon tour du chapeau, aux dépens de Denis Brodeur, mon ancien coéquipier des Tigres.

Notre victoire fut cependant assombrie par un incident qui nous est longtemps resté gravé dans notre mémoire. La construction du nouveau Colisée étant enfin terminée, et le succès de notre équipe allant toujours grandissant — rappelez-vous, les Citadelles avaient occupé la première place au cours de mon année à Victoriaville —, une foule de plus en plus considérable et débordante d'enthousiasme, jamais moins de 10 000 personnes, assistait à nos matchs. Cet enthousiasme se propageait d'ailleurs à toute la ligue. Trois-Rivières, Verdun et les trois équipes de Montréal vivaient dans la même euphorie. Pendant ce temps, le niveau de violence dans les gradins ne cessait de monter et quelques idiots s'en donnaient parfois à cœur joie. Mon but dans la troisième période du quatrième match contre les Nationals déclencha une vibrante ovation. Une pluie de débris s'abattit sur la glace et le match fut interrompu pendant un bon moment. Quelques-uns lançaient des rouleaux de papier hygiénique, des serpentins ou des caoutchoucs, mais un illuminé eut la « brillante » idée de lancer une bouteille du haut des gradins. Elle alla frapper un joueur des Nationals à la tête. Un silence s'installa dans le Colisée et on dut l'emmener sur une civière. Il n'était pas gravement blessé, heureusement, mais ce fut là un événement troublant.

On peut considérer que la série entre les Nationals et les Citadelles fut relativement propre, lorsqu'on compare à la finale qui nous opposa au Canadien junior de Sam Pollock. Nous étions là vraiment en guerre. L'arme la plus redoutable dont disposait Sam Pollock s'appelait Dickie Moore, un des compétiteurs les plus féroces que j'ai eu l'occasion de rencontrer. Il devait mesurer 6 pieds et ne pesait guère plus de 165 livres. Je le dépassais de trois ou quatre pouces et je pesais une bonne trentaine de livres de plus que lui. Pourtant, chaque fois que nous jouions contre les Baby Habs (surnom donné au Canadien junior), je l'avais dans les jambes. C'est un des joueurs les plus féroces que j'ai rencontrés. Pour me permettre de lui échapper, Pete Martin envoyait un autre joueur contre lui, me changeait de ligne ou me gardait sur le banc pendant quelques minutes. Mais rien ne parvenait à éloigner Dickie. Chaque fois que je retournais sur la glace, Dickie était devant moi, il me suivait comme une ombre et bloquait mes lancers.

Aujourd'hui, on reproche souvent aux grands et gros joueurs de ne pas oser utiliser leur taille et leur poids contre les joueurs plus petits et plus agressifs. J'ai entendu cela bien souvent durant ma carrière junior. On me surnommait «le gentil géant», ce qui ne me dérangeait pas. Je savais que je pouvais me rendre utile sans devoir être démesurément agressif. Mais quand nous jouions contre le Canadien junior, Dickie et moi étions sans cesse en train de nous battre. Les bâtons élevés, doubles mises en échec, coups de coude, bousculades et empoignades faisaient constamment partie de notre jeu. Je n'ai pas honte d'avouer que Dickie avait souvent le dessus sur moi. Je n'ai jamais aimé me battre, mais je lui ai servi autant de coups qu'il m'en a donné. C'était un dur. Je l'ai vu plusieurs fois monter dans les gradins pour régler son compte à un spectateur qui l'avait insulté. J'allais cependant découvrir, quelques années plus tard, qu'il était un homme fort attachant.

Aux côtés de Dickie, les Baby Habs de 1950-51 alignaient de puissants joueurs, dont Bill Sinnett, Dave McCready, Donnie Marshall, Herb English, Ernie Roche, George McAvoy, Kenny Rocheford, Billy Rose et Art Goold. Ces hommes étaient de très bons patineurs. Ils faisaient des passes admirables et bloquaient nos attaques grâce à un système défensif extraordinairement efficace. Si nous parvenions à contourner un défenseur comme Kevin «Crusher» Conway, il fallait encore affronter Charlie Hodge ou Bill Harrington devant les filets.

La série fut quand même assez serrée, avec deux victoires remportées de justesse par chaque équipe, quand Frank Selke décida d'émettre un commentaire qui jeta de l'huile sur le feu. Devant la presse, il laissa tomber ces mots qui préfiguraient, avec trois décennies d'avance, la célèbre phrase du *Parrain* de Mario Puzo : « Une fois la saison finie, je vais faire à Jean Béliveau une offre qu'il ne pourra pas refuser. » Puis il alla plus loin : le Canadien avait besoin d'un bon joueur de centre, selon lui, et Elmer Lach, le « doyen », se faisait vieux.

« Je sais que Jean Béliveau n'a que 18 ans, ajouta-t-il, mais il ne sera pas le premier à être entré dans la Ligue nationale à cet âge-là. Il nous a démontré qu'il avait toutes les qualités nécessaires pour faire le grand saut et devenir, bientôt et pour longtemps, une grande vedette de la Ligue nationale. »

Frank Byrne et Pete Martin étaient insultés. Non seulement parce que papa Selke leur avait dit avec tant d'arrogance qu'il entendait venir me chercher, alors que j'avais une autre année à faire avec les juniors, mais aussi parce que sa déclaration faisait automatiquement de moi la cible obligée des joueurs du Canadien junior qui voulaient, eux aussi, se faire remarquer.

La plupart des observateurs croyaient que notre série n'atteindrait pas sept matchs et que les parties disputées à domicile les samedi et dimanche, 25 et 26 mars, règleraient notre sort. Ils avaient raison. Le samedi soir, pour le cinquième match, les Habs sont arrivés au Colisée toutes griffes dehors. Ils ont suivi à la lettre le plan de jeu de Sam Pollock. Après un peu plus de cinq minutes de jeu, Rocheford a marqué, grâce à une passe de Donnie Marshall à l'entrée du but à 5 minutes 20. À peine deux minutes plus tard, Herbie English donna à Ernie Roche l'occasion d'enregistrer un deuxième but.

La foule s'impatientait et commençait à nous huer. Nous avons tenté de nous ressaisir, mais nous avons encore perdu du terrain quand Dickie Moore et moi — quelle surprise ! — nous sommes retrouvés au banc des punitions. Nous avons tout de même réussi à marquer avant la fin de cette première période, avec un superbe lancer de Gordie Hudson, et nous avons retrouvé la faveur de la foule dès la moitié de la seconde période quand Gaston Gervais et Jean-Marc Pichette m'ont aidé à réussir un but qui a égalisé le compte à 2 partout. Mais une blessure au genou de Bernard Lemonde l'ayant forcé à se retirer, cela constituait une brèche importante dans notre défensive. Le Canadien en a profité pour intensifier son attaque et Herbie English lui a redonné l'avance, deux minutes avant la fin de la période.

Nous ne tenions qu'à un fil lorsque Dickie Moore se mit en marche, environ 12 minutes après le début de la troisième période, alors que Roche marqua son deuxième but sur une passe de Moore. Les Montréalais menaient alors 4 à 2. Il restait moins de deux minutes de jeu, quand Milt Pridham réussit à déjouer l'ennemi. Avec une marque de 4 à 3, tout n'était pas perdu pour nous. Pete Martin retira notre gardien de but, Marcel Paillé, pour ajouter un sixième attaquant. C'est alors que Pridham s'est emparé de la rondelle tout au fond de la zone du Canadien. Il m'a fait une passe parfaite, juste devant le filet. Je lance, la rondelle rate le but, elle est rattrapée par Moore, qui la remet à Roche, qui fonce sur moi à toute vitesse. Je dois admettre que je n'ai jamais eu l'instinct du défenseur, encore moins du gardien de but. Roche nous a facilement repoussés dans notre filet, la rondelle et moi. La série était désormais 3 à 2 et les Baby Habs se retrouvaient à une victoire du championnat.

Le match suivant, dimanche le 26 mars, avait lieu au Forum. Rien ne pouvait arrêter les Baby Habs. Ils menaient 3 à 0 après 13 minutes environ, grâce à des buts de Bill Sinnett, Art Goold et Billy Rose. Rainer Makila et Jules Tremblay ont marqué pour nous, mais en deuxième période, Rose a ajouté deux autres buts en faveur du Canadien, qui menait alors 5 à 2. Gervais, notre meilleur joueur durant les deux dernières parties, a marqué un troisième but pour nous, mais nous avions perdu la foi semble-t-il. Deux autres buts en troisième période ont donné à Sam Pollock une victoire de 7 à 3 et son premier championnat dans la Ligue junior. Dickie, Donnie et compagnie ont poursuivi sur leur lancée. Ils ont battu les Saint Mary's de Halifax, les Biltmores de Guelph et les Pats de Regina pour remporter la coupe Memorial de 1950.

Cette première année à Québec avait été extraordinaire pour moi, même si j'avais eu un peu de difficulté à m'adapter. J'étais seul et ma famille ainsi que mes amis de Victoriaville me manquaient. À cause d'un horaire trop exigeant, je ne pouvais vraiment pas poursuivre mes études en électricité. Ma timidité naturelle m'empêchait d'aller spontanément au devant des gens et de rencontrer des jeunes de mon âge en dehors de la patinoire. J'ai donc vécu en solitaire pendant plusieurs mois. Je passais beaucoup de temps à lire dans ma petite chambre de la rue Saint-Cyrille ou à marcher dans les rues de la ville. Quand il ne faisait pas trop froid, je parcourais plusieurs kilomètres en descendant la rue Saint-Jean et en croisant les rues Salaberry, Turnbull, du Parc et Fraser jusqu'au carré d'Youville.

La rue Cartier dans la haute-ville est encore très populaire. À cette époque, juste au coin de Saint-Cyrille et Cartier, il y avait une pharmacie avec un comptoir-lunch, où je m'arrêtais de temps en temps. Un peu plus haut se trouvait un autre petit restaurant où les policiers du poste de la GRC situé à l'angle des rues Grande-Allée et Cartier venaient manger tous les midis. Je pouvais me vanter à cette époque d'être le joueur de hockey le mieux nourri et le mieux protégé de Québec. Mes copains de la GRC veillaient sur moi, et M. Laroche, le propriétaire du comptoir, m'offrait gratuitement un steak chaque fois que je comptais trois buts.

Cet été-là, je suis retourné à Victoriaville pour la dernière fois de ma vie. J'habitais avec ma famille et je travaillais pour la Fashion Craft, une usine de manteaux d'hiver, pour la modique somme de 15 $ par semaine. Le soir, je frappais des coups de circuit pour l'équipe de balle molle de la compagnie. La vie semblait rêvée, mais on devait composer avec certains irritants. Je travaillais au chargement et à la réception des marchandises. L'entrepôt n'était pas climatisé. Il fallait soulever de lourdes caisses et d'énormes ballots, à des températures dépassant parfois les 100°F. J'ai pris du poids, cet été-là, non pas en gras mais en muscles au niveau du dos, des épaules et des bras. Quand l'automne est revenu, j'avais hâte de retourner à Québec.

J'ai quand même fait un arrêt à Montréal pour participer une deuxième fois au camp d'entraînement du Canadien. J'ai bien aimé ces trois semaines, mais je n'ai pas reçu de Selke cette fameuse « offre que je ne pourrais refuser ». À la fin de septembre, il m'a laissé repartir à Québec. J'aimais bien jouer avec le Canadien, mais j'étais, de toute façon, déterminé à retourner à Québec pour y finir ma dernière année chez les juniors. D'autant plus que Roland Mercier et Frank Byrne m'assuraient que les Citadelles pouvaient sérieusement aspirer à la coupe Memorial cette année, en 1951.

Malgré les apparences, Montréal n'avait pourtant pas abandonné ses prétentions à mon égard. En nous voyant dans le même uniforme, Boom Boom Geoffrion, Dickie Moore et moi, trois des plus grandes vedettes du hockey junior au Canada, les gens s'étaient mis à rêver. La possibilité de nous voir un jour endosser tous les trois le chandail tricolore avait fait couler beaucoup d'encre dans les pages sportives des journaux montréalais. J'ai appris plus tard, lorsque j'étais au camp d'entraînement du Canadien, que Frank Selke avait approché Victoriaville et Québec, mais sans succès. Il voulait m'échanger contre quelques-uns de ses meilleurs joueurs, mais il avait essuyé un refus catégorique, tant de la part de mon père que de Frank Byrne. Avant que je parte pour le camp du Canadien, Frank m'avait répété que l'argent n'était pas un problème. Quelles que soient les propositions financières que me ferait Selke, les Citadelles étaient prêts à m'offrir plus. Il me fit pratiquement jurer de ne rien signer.

Au cours de la saison précédente, les Citadelles avaient attiré des foules record. Treize mille sept cent quatorze personnes, plus que n'en pouvait contenir le nouveau Colisée, avaient assisté à notre quatrième match de la finale contre les Baby Habs. Des journalistes sportifs de Québec comme Louis

Fusk, Guy Lemieux et Roland Sabourin qualifiaient souvent le Colisée de « Château Béliveau ». On comptait vraiment sur moi pour aider les Citadelles à décrocher la coupe Memorial. En même temps, la majorité des amateurs de Québec et beaucoup d'experts croyaient que j'allais céder devant Selke et que j'avais joué mon dernier match pour les Citadelles.

C'était compter sans l'éducation qu'Arthur et Laurette Béliveau avaient donnée à leurs enfants. Frank Selke, lui-même un homme très religieux et très correct, devait approuver secrètement mon attitude et comprendre mon refus. Mon père m'avait souvent répété que je devais respecter mes engagements et prendre mes responsabilités en toute chose. « Si tu sens que tu dois quelque chose à quelqu'un, peu importe quelle est cette dette, tu dois la rembourser. Même si on te dit que tu peux laisser faire. Il n'y a que toi qui peux savoir ce qu'il faut vraiment faire. Une bonne réputation, c'est ton meilleur atout. »

J'étais bien déterminé à retourner à Québec. C'était pour moi une question de loyauté. Frank Selke avait beau faire et beau dire, rien ne pouvait me faire changer d'idée.

Quand je suis arrivé à Québec, j'ai rapidement réalisé que Byrne avait tenu sa promesse. Les Citadelles avaient perdu plusieurs vétérans de valeur, dont Spike Laliberté, Milt Pridham, Jackie Leclair, Jean-Marc Pichette et Jules Tremblay. Cependant, il y avait toujours un solide noyau de très bons joueurs, à commencer par le gardien de but Marcel Paillé, les défenseurs Gordie Hudson, Jean-Marie Plante et Bernard Lemonde, et les joueurs d'avant, Rainer Makila, Gordie Haworth, Norm Diviney, Guy Gervais et Bernard Guay. Quelques nouveaux s'étaient joints à cette petite armée : l'ailier gauche Claude Larochelle, qui allait devenir plus tard le doyen des journalistes sportifs de Québec, Copper Leyte, Camille Henry, qui allait plus tard remporter le trophée Calder en tant que recrue de l'année en 1954, les défenseurs Neil Amodio et Jean-Paul Legault, de même qu'un autre gardien de but du nom de Claude Sénécal. Frank Byrne était confiant.

Il avait promis aux gens de Québec qu'ils en auraient pour leur argent et nous avons fait en sorte qu'il tienne parole.

La promesse qu'on m'avait faite d'un autre emploi fut également tenue. J'ai commencé à travailler aux relations publiques de la Laiterie Laval, à raison de 60 $ par semaine, ce qui représentait beaucoup d'argent à l'époque. Je faisais environ 6000 $ par année avec les Citadelles, un salaire comparable à celui de bien des joueurs de la Ligue nationale, et à peu près 3000 $ avec la Laiterie Laval. C'est là que je me suis initié au monde des relations publiques et des médias, ce qui allait m'aider grandement dans la vie.

Le samedi matin, sur les ondes de CHRC, je coanimais une émission pour enfants qui avait tous les ingrédients pour connaître un succès monstre. Nous diffusions en direct de trois endroits, soit le Centre Durocher dans la basse-ville, le Centre de la Canardière à Limoilou et la salle des Chevaliers de Colomb à Sainte-Foy, près de l'Université Laval, en changeant chaque semaine. La première semaine, 200 enfants sont venus nous voir; un mois plus tard, ils étaient plus de 1000. C'était de la radio amateur à son meilleur. Nous projetions, entre autres choses, un film de cow-boys (à suivre d'une semaine à l'autre) et organisions un concours hebdomadaire où les enfants gagnaient de la crème glacée, des bâtons de hockey ou des billets pour des parties des Citadelles ou des As.

Quand j'ai commencé à incarner le Bonhomme Crème Glacée de la Laiterie Laval, je suis réellement devenu une figure populaire auprès des enfants. La compagnie avait fait installer dans le coffre de ma voiture un congélateur rempli de toutes sortes de gâteries. Chaque fois que j'apercevais un groupe d'enfants, je garais la voiture, j'ouvrais le coffre et je distribuais des cornets gratuits. Un type qui ferait cela aujourd'hui se ferait évidemment arrêter; mais dans les années 50, il y avait encore de la candeur et de la confiance en ce monde.

Ces activités me permettaient aussi de prendre contact avec le grand public. J'ai toujours été, et je suis probablement encore un introverti, un timide, comme ma mère. L'idée de prononcer un discours m'a toujours troublé. Pourtant, lorsqu'on se retrouve devant 500 personnes avec un micro sous le nez, on apprend vite. J'ai eu droit à cette thérapie de choc, et je dois dire que cela m'a fait le plus grand bien. Ce fut une occasion de m'ouvrir au monde, de m'intéresser d'abord au fonctionnement des affaires, mais aussi de l'ensemble de la société.

La Laiterie Laval était une entreprise familiale que dirigeaient les frères Jules et Paul Côté. Ils me considéraient comme un membre de la famille. Jules aimait tellement notre émission du samedi qu'il se levait parfois et se mettait à danser pour faire rire les enfants. Paul était plus réservé, mais il était également présent chaque semaine. Chacun d'eux avait un fils, soit Pierre et Jacques respectivement. Jacques et moi étions particulièrement près. Les deux frères Côté avaient le tempérament idéal pour s'occuper ensemble de l'entreprise, tout comme leur fils, par la suite, lorsque Jacques est devenu responsable de la production, alors que Pierre se chargeait de l'administration.

Ce qui avait commencé comme une relation professionnelle a débouché sur des amitiés franches et durables qui ont enrichi ma vie. Les Côté avaient un esprit de famille très serré. Quand la femme de Paul est décédée, il fut complètement dévasté. Je jouais à Montréal à cette époque, et Jacques m'appela de Québec pour me demander si je pouvais faire quelque chose pour son père. «Il est complètement perdu sans ma mère, me dit-il. Il faut trouver quelque chose pour le remettre d'aplomb et l'aider à se ressaisir.» J'ai réussi à lui trouver deux abonnements de saison pour le Canadien. Pendant des années, Paul n'a pas manqué une seule partie au Forum. En août, quand il recevait le calendrier de la saison, il réservait une place à bord du train Québec-Montréal pour toute la saison et une chambre au Reine-Élizabeth au cas où il devrait passer la nuit à Montréal.

La première année, les deux seuls abonnements que j'ai pu lui obtenir étaient situés dans les rangées du bas, juste derrière les filets. À cette époque, la baie vitrée était un peu plus basse et un certain soir, une rondelle est passée par-dessus le filet et Paul a eu tout juste le temps de lever le bras pour se protéger. Pendant les semaines qui ont suivi, il arborait fièrement son poignet fracturé et plâtré et se vantait devant ses amis d'avoir été frappé par une rondelle au Forum.

Un des moments les plus tristes que j'ai vécus est survenu en 1971 lorsqu'on m'apprit que Jacques Côté était décédé dans cet écrasement d'avion qui avait également emporté le conducteur de courses sous harnais, Roger White. Jacques avait été propriétaire de plusieurs ambleurs et les deux hommes se rendaient dans le sud de l'État de New York en provenance d'une piste de course à Fort Erie lorsque l'avion s'est écrasé.

J'étais peut-être un joueur vedette et la coqueluche des médias, mais à Québec, dans les années 50, on n'avait pas encore la manie des grandeurs. L'idée ne m'est jamais venue de demander en guise de boni un luxueux appartement, comme le font les jeunes étoiles d'aujourd'hui. Durant ma deuxième saison, je dormais dans une pension tenue par les sœurs McKenna. L'une d'elles travaillait à la Croix-Rouge, une autre à l'Anglo-Canadian Pulp and Paper, tandis que la troisième administrait leur petite pension. J'avais une chambre au deuxième étage et une belle occasion de pratiquer mon anglais, même si les trois sœurs étaient parfaitement bilingues.

J'avais repris mes longues promenades à travers le quartier. Partout où j'allais, les gens me reconnaissaient et me saluaient. Ils devaient pourtant se demander qui était, au fond, ce grand jeune homme timide et sérieux qui s'asseyait seul dans les restaurants de la rue Cartier, le nez plongé dans un livre. Je me suis alors lié d'amitié avec les Gagnon, qui habitaient à deux pas sur la rue des Érables. Ils venaient régulièrement nous voir jouer et je passais régulièrement chez eux lors de mes promenades.

Un mercredi soir, quelques jours avant le prochain match, ils m'invitèrent à me joindre à eux pour une soirée : « Nous aimerions te présenter une très jolie fille. » Je n'avais pas le choix et peu après, nous nous sommes donc retrouvés chez les Gagnon, quatre ou cinq couples, et nous sommes partis pour le Manoir Saint-Castin au lac Beauport. (Le monde est petit, puisque 40 ans plus tard, un groupe d'investisseurs de Québec fit l'acquisition du Manoir. Parmi eux, il y avait Marc Tardif, mon coéquipier avec le Canadien en 1970-71.)

C'est ce soir-là que j'ai rencontré Élise Couture, qui allait devenir la femme de ma vie. Je crois que cette jolie blonde m'a impressionné d'autant plus qu'elle ne connaissait absolument rien au hockey. Elle n'avait jamais assisté à un match et ne comprenait pas l'engouement des gens pour ce sport. Il a fallu quelques mois avant qu'elle trouve le courage de dire à sa mère que nous sortions ensemble, parce que madame Couture n'avait pas une bien haute estime des joueurs de hockey.

Au manoir du lac Beauport, nous avons à peine dansé, puisque c'est une chose que je ne savais pas faire, mais nous avons beaucoup discuté. J'ai vite réalisé que j'avais affaire à une jeune fille qui avait des opinions bien à elle et des convictions solides. Tout de suite, j'ai eu envie de mieux la connaître. Nous nous sommes revus et pendant cet hiver-là, elle m'a appris à conduire la Studebaker de sa sœur, ce qui allait bientôt m'être fort utile.

Sur la glace, ma carrière évoluait à un train d'enfer, à un point tel qu'à la fin novembre, début décembre 1950, en moins de trois semaines, j'ai évolué dans trois ligues de hockey. En plus des matchs réguliers des Citadelles dans la Ligue junior, j'ai participé le 26 novembre à un match des As de la ligne senior contre les Saguenéens de Chicoutimi que dirigeait mon ancien entraîneur Roland Hébert. Je jouais aux côtés de Dick Gamble, qui allait rejoindre le Canadien avant la fin de la saison. Nous avons marqué chacun deux fois et fait match nul, 4 à 4.

Vingt jours plus tard, Bernard Geoffrion des Nationals et moi faisions nos débuts dans la Ligue nationale de hockey en prenant part à une partie de la saison régulière avec le Canadien de Montréal contre les Bruins de Boston. Autre match nul, 1 à 1. Le seul but du Canadien fut enregistré par Boom Boom, mais j'obtins neuf tirs au but, ce qui me valut la première étoile et inquiéta ce brave Frank Byrne, qui me voyait déjà en train de déserter les Citadelles. «Monsieur Byrne était ici pour voir son grand garçon faire ses débuts dans la Ligue nationale», pouvait-on lire le lendemain dans la presse montréalaise. Il avait assisté au match depuis la loge de Selke, mais déclina l'offre que ce dernier lui fit de passer prendre un café après le match dans la salle des directeurs. «Je ne peux pas lui en vouloir, dit Selke. Il a probablement compris qu'il risquait gros en venant ici avec son poulain.»

Six semaines plus tard, Billy Reay et Maurice Richard étant malades, Boom Boom et moi avons joué une deuxième fois avec le Canadien, tout comme Dick Gamble des As et Hugh Currie des Bisons de Buffalo. Avec l'aide de l'ailier gauche Claude Robert, Boom Boom et moi avons chacun marqué un but et récolté une passe contre le vétéran gardien de but Harry Lumley des Blackhawks de Chicago, qui n'avaient pas remporté une seule victoire au cours de leurs 19 dernières rencontres. Le Canadien l'emporta facilement 4 à 2. Deux semaines plus tard, j'ai joué de nouveau pour les As dans une partie hors concours contre les Red Wings de Detroit, à Québec. Ce fut là mon dernier match dans la Ligue nationale jusqu'à la fin de 1952.

Cela ne me dérangeait pas du tout, parce que les Citadelles avaient vraiment le vent dans les voiles. J'étais en train de vivre la saison la plus productive et la plus excitante de ma carrière, presque constamment nez à nez avec Boom Boom et son coéquipier Skippy Burchell au sommet de la liste des meilleurs marqueurs. Vers la fin de la saison, le Boomer fut rappelé par le Canadien qui comptait de nombreux blessés dans ses rangs. Il quittait les Nationals avec un total de 96 points (10 de plus que son record précédent), alors qu'il n'avait disputé que 36 matchs, ce qui constituait un exploit sans précédent. Par une extraordinaire coïncidence, Burchell et moi nous sommes retrouvés face à face pour le dernier match de la saison avec chacun 122 points, un record de tous les temps dans la Ligue junior.

Lors de la finale, les Nationals ont rapidement pris une avance de quatre buts, grâce à Burchell et Bert Scullion. Nous nous sommes cependant ressaisis, et avant la fin de la période, Gordie Haworth marquait à 15:40 sur une passe de Camille Henry. Pour ma part, j'ai profité d'un lancer de punition pour réussir mon 60e but de la saison. Gordie nous a donné un autre but vers le milieu de la deuxième période, mais Ray Goyette marqua de nouveau pour les Nationals. Ils menaient donc 5 à 3. Alors que les minutes passaient, il semblait encore possible de sauver l'avance des Nationals et le championnat des compteurs de Burchell, en particulier après que Pete Larocque du National s'était rué sur moi durant la deuxième période, me retirant ainsi littéralement du match.

Je suis resté assis au vestiaire durant le reste de la période et la pause qui a suivi. Un gros sac de glace soulageait tant bien que mal ma douleur physique, mais rien ne pouvait enrayer ma souffrance morale. Le titre du meilleur pointeur de la ligue venait de m'échapper. Nous avions battu les Nationals au cours de sept des neuf matchs précédents et étions demeurés en première place depuis le tout début de la saison, de sorte que seule ma satisfaction personnelle était en jeu. Du moins, c'est ce que je croyais.

À la pause, j'ai vu arriver Pete Martin et le conseiller Kilby Macdonald avec le reste de l'équipe. Tous étaient dépités, révoltés. Dans les gradins, les amateurs étaient découragés, non pas d'assister à la défaite des Citadelles, mais de voir la vedette locale perdre la course au championnat des marqueurs contre son rival montréalais.

«Personne ne va te traiter d'égoïste si tu reviens dans le match pour essayer de battre Burchell, m'a dit Martin. Je n'ai pas besoin de te dire ce que les gens pensent du coup de Larocque, non plus.» En fait, je n'avais même pas pensé que Larocque m'avait frappé volontairement, même si chaque coup de sifflet des arbitres Déziel et Saint-Armand déclencha ensuite des huées parmi la foule.

Le Colisée a résonné d'un grand cri de joie quand je suis revenu à la troisième période pour reprendre ma place sur la glace, en boitant ostensiblement. Camille Henry est venu se joindre à Rainer Makila et à moi pour cette dernière période, remplaçant Bernard Guay à l'aile gauche. Ce fut encore une fois une lutte féroce. Mes coéquipiers tentaient par tous les moyens de neutraliser Burchell; les joueurs du National faisaient la même chose pour Camille, Rainer et moi.

Ce sont nos attaquants qui ont gagné, même si les Nationals ont finalement remporté ce match 5 à 4. La marque était toujours de 5 à 3, quand Makila est sorti de notre zone et s'est avancé vers le défenseur des Nationals qu'il a habilement attiré vers lui avant de me faire une passe parfaite. J'ai marqué le but et remporté mon premier championnat des marqueurs que j'ai partagé avec Burchell.

Après la partie, nous avons posé tous les deux devant une armée de photographes. Avec sa taille de 5 pieds 8, il avait l'air de David et moi, de Goliath. Nous avions tous les deux accumulé 124 points au cours de cette saison. Je détenais le record de ligue avec 61 buts et 63 passes. Burchell avait récolté 49 buts et un record de la ligue avec 75 passes.

Nous devions rencontrer, dans une semi-finale 5 de 9, le Canadien junior qui occupait la seconde position, alors que le National de Montréal, de même que les équipes de Verdun et de Trois-Rivières allaient disputer une série à la ronde de six parties pour déterminer l'autre finaliste. Tout cela manquait un peu de logique et de cohérence, mais l'idée de venger la défaite que nous avaient fait subir le Canadien l'année précédente nous remplissait de joie. Ils avaient quand même, en 1951, de quoi impressionner et imposer le respect. Moore, Sinnett, English, McCreary, Nadon et Marchesseault étaient toujours là. Il y avait aussi deux nouveaux venus très prometteurs, le joueur d'avant Scotty Bowman et le gardien de but Charlie Hodge. Nous avions terminé la première ronde des éliminatoires avec six victoires et quatre défaites. Cette série que nous nous apprêtions à disputer promettait d'être tout aussi enlevante.

J'avais peur que ma blessure me fasse encore souffrir pour la finale, mais ces craintes n'étaient pas justifiées. J'ai obtenu deux buts et une passe. Makila a marqué deux fois lui aussi et réalisé trois belles passes. Nous avons ainsi remporté la première rencontre par la marque de 5 à 3. Après quatre parties, nous avions une fiche identique ; mais blessé de nouveau et au rancart pendant une semaine, je n'avais pu participer aux troisième et quatrième matchs. Frank Byrne et Sam Pollock ont alors commencé à se disputer au sujet de l'endroit de la cinquième rencontre qui devait en principe avoir lieu au Colisée, le mardi suivant. Malheureusement, pour je ne sais trop quelle raison, le Colisée n'était pas disponible avant quatre jours. Buster Horwood, le président de la ligue, décida donc que le dernier match serait disputé à Montréal.

Il avait expliqué que les séries devaient se terminer au plus tard le 1er avril afin que le vainqueur puisse récupérer un peu avant d'entreprendre l'autre série. Cependant, Frank Byrne, en bon Irlandais, s'entêta et c'est ainsi que les Citadelles restèrent à Québec ce soir-là. Byrne considérait que nous avions mérité le privilège de jouer chez nous ce cinquième match et refusa carrément de céder aux caprices des bureaucrates de la ligue. Horwood le menaça de suspension, d'amende et même de disqualification, mais Byrne resta inflexible. Finalement il fut convenu que le cinquième match aurait lieu le jeudi suivant, à Québec, et le sixième à Montréal, trois jours plus tard.

Horwood ne put s'empêcher de faire tout haut, devant les médias, cette réflexion que plusieurs avaient formulée tout bas : « Pour moi, il n'y a aucun doute que les Citadelles agissent de la sorte pour gagner du temps et permettre à Béliveau de se remettre de sa blessure. »

Peu importe la raison, nous avons gagné cette cinquième partie, 4 à 0, et plus tard remporté la série. Il y eut énormément de désordre pendant ce match. Dickie Moore, envoyé au banc des punitions, s'en est pris à deux policiers de la ville de Québec, ce qui provoqua une bagarre générale dans les gradins, amateurs et joueurs confondus dans une terrible mêlée.

Une semaine plus tard, nous avons blanchi les Reds de Trois-Rivières en quatre matchs et nous attendions patiemment les champions de la Ligue de hockey de l'Outaouais. Un soir, après l'exercice, Roland Mercier m'a amené à l'écart pour m'informer que l'équipe avait l'intention de me rendre hommage. On avait prévu une petite cérémonie avant la prochaine partie à domicile si, bien sûr, je n'y voyais pas d'objection. Croyant que j'aurais droit à un joli spectacle et à quelques gentils discours, j'ai donné mon accord et j'ai cessé d'y penser. Nous étions engagés dans les séries du championnat de l'Est canadien, une série 3 de 5. Nous avions déjà écrasé les Rockets d'Inkerman, 9 à 0 et 16 à 4.

Mardi le 10 avril, après que des dignitaires et des représentants des gouvernements municipal, provincial et fédéral eurent salué les équipes, une Nash Ambassador 1951 de luxe s'est avancée sur la glace. Le numéro de plaque d'immatriculation était 99-B, en l'honneur de mon numéro, le 9. On m'en remit les clés. J'étais nerveux et mal à l'aise. Je devais me concentrer pour ne pas glisser ou tomber. Mes coéquipiers et moi étions tellement impressionnés par cette incroyable preuve de reconnaissance que nous avons ensuite démoli les pauvres Rockets 13 à 0 et remporté la série en trois matchs d'affilée.

Nos adversaires suivants en demi-finale étaient les Flyers de Barrie de la Ligue de hockey de l'Ontario, une solide équipe entraînée par le vénérable Hap Emms et composée de cinq futurs joueurs de la LNH: Jim Morrison, Léo Labine, Réal Chèvrefils, Jerry Toppazzini et Doug Mohns que les Flyers étaient allés chercher chez les juniors B pour la durée des séries.

Les journaux de Toronto commencèrent à décrire cette série comme s'il s'agissait de Jean Béliveau contre le reste du monde. Après notre défaite lors des deux premiers matchs au

Maple Leaf Gardens, 6 à 2 et 6 à 4, ils changèrent de ton et se mirent à parler des Citadelles et de Béliveau comme de joueurs plutôt médiocres. C'est peut-être ce qui nous a stimulés. Nous avons gagné les deux matchs suivants, disputés au Colisée, 7 à 2 et 4 à 2. Encore une fois, une dispute éclata à propos du lieu où serait joué le match suivant.

Bien des gens seront étonnés d'apprendre que c'est en grande partie à cause de Frank Selke si nous n'avons pas remporté la coupe Memorial cette année-là. À cette époque, une équipe junior qui avait réussi à se hisser jusqu'aux séries de la coupe Memorial pouvait s'adjoindre à la dernière minute un ou deux joueurs-vedettes d'une équipe déjà éliminée. Cette année-là, Byrne avait donc demandé à Dickie Moore s'il voulait se joindre à nous et ce dernier avait accepté avec grand plaisir.

Beaucoup plus tard, Dickie m'a raconté ce qui s'était réellement passé. «J'étais québécois et j'aurais aimé éliminer une équipe de l'Ontario pour une troisième année d'affilée», a-t-il déclaré. Il voulait dire par là qu'il avait aidé à gagner les deux dernières coupes Memorial, avec les Royaux de Montréal, puis avec le Canadien junior.

C'est à ce moment qu'est arrivé Frank Selke. L'année précédente, Selke avait dissous les Royaux et envoyé ses meilleurs joueurs chez les Nationals. Mais Dickie Moore avait préféré signer avec Pollock et le Canadien junior, ce qui avait vraiment déplu à Selke. Quand Moore dit à Selke qu'il avait l'intention de jouer avec les Citadelles pour la coupe Memorial, ce dernier refusa catégoriquement: «Jamais de la vie.»

Hap Emms avait entendu une rumeur selon laquelle Moore voulait se joindre aux Citadelles pour la série contre les Flyers de Barrie. Il fut très ennuyé de le rencontrer au Colisée, un peu avant le troisième match.

— Qu'est-ce que tu fais ici? demanda-t-il.

Dickie se mit à rire en voyant le désarroi de Hap.

— Je vais jouer pour Québec si on peut trouver un moyen d'éliminer Selke.

Avant que la série commence, les Flyers de Barrie avaient insisté pour qu'au moins une partie soit jouée chez eux, à 55 milles au nord de Toronto. Ils avaient un minuscule amphithéâtre et leur patinoire était si petite que des joueurs peu habitués pouvaient difficilement y manœuvrer. Les Citadelles avaient donc protesté. Il était coutumier, à cette époque, de jouer les matchs de la coupe Memorial dans de grands amphithéâtres comme le Maple Leaf Gardens, le Forum ou le Colisée. De plus, Barrie était une de ces petites villes qui n'étaient pas encore accessibles par le train ou l'avion, ce qui rendait le voyage extrêmement long.

Nous n'avons malheureusement pas eu gain de cause. À 16 h 30, avant le cinquième match, nous quittions Québec sur un vol en provenance de Rimouski pour la base militaire de Camp Borden ; un autobus nous conduisit ensuite à Barrie. Nous sommes arrivés à l'aréna à 21 h 00 et la partie commença 32 minutes plus tard. Nous étions fatigués, tendus et frustrés. Les Flyers, frais et dispos, nous attendaient de pied ferme. Ils marquèrent 4 buts dans les 13 premières minutes et nous écrasèrent 10 à 1. Nous avons égalisé la série à Québec, mais perdu le septième match au Maple Leaf Gardens, après avoir survécu à une autre aventure des débuts de l'aviation commerciale canadienne. Ce nom de Flyers allait fort bien aux champions de la série qui, il faut le dire, offrirent du beau jeu. Très bien entraînés, très disciplinés, les Flyers éliminèrent d'ailleurs les Monarchs de Winnipeg au cours des jours suivants et remportèrent la coupe Memorial.

C'est ainsi que prirent fin mes deux années avec les Citadelles. L'été suivant fut pour moi une période de réflexion. Où allais-je jouer à l'automne ? À Québec ou Montréal ?

4

UNE LUTTE FÉROCE

À l'automne 1991, Eric Lindros a profondément choqué la Ligue nationale de hockey et une grande partie de la population québécoise en refusant de jouer pour les Nordiques comme il devait le faire. Depuis plusieurs années déjà, les médias, qui cherchent toujours à dénicher de nouveaux messies, avaient suivi les progrès de cet extraordinaire joueur de centre : 6 pieds 5, 235 livres, un fonceur, un gagnant. On disait de lui qu'il était « Le Prochain » dès ses premiers coups de patins.

J'ai suivi cette saga avec beaucoup d'intérêt et pas mal de sympathie. À l'époque, on avait aussi pressenti ma venue dans la Ligue nationale, tout comme on l'a fait plus tard pour Bobby Orr, Wayne Gretzky et Mario Lemieux. Je comprenais donc assez bien ce que vivait le jeune Lindros, l'énorme pression à laquelle il était soumis. Son histoire ressemblait à bien des égards à la mienne. On y trouvait cependant une différence fondamentale : il était la sensation des années 90 qui ne voulait pas aller à Québec pour tout l'or du monde, alors que j'étais l'étoile montante des années 50 qui ne voulait pas quitter Québec.

Alors que la saison 1951-52 approchait, Frank Selke était déterminé à me faire signer un contrat professionnel, et ce, le plus tôt possible. Mes deux matchs avec le Canadien au cours de la saison précédente avaient aiguisé l'appétit des amateurs montréalais, des médias de la ville et de la direction du club. N'ayant remporté aucune coupe Stanley depuis 1946, ils croyaient que j'étais la solution à tous leurs maux.

Pourquoi suis-je resté si longtemps à Québec? En voici quelques raisons: Élise Couture, les Côté, Roland Mercier, une Nash 1951, le Château Frontenac, les sœurs McKenna et le quartier Saint-Cyrille. Il y avait aussi le fait que j'avais à peine 20 ans, que c'est à Québec que j'ai commencé à comprendre les choses de la vie et que je m'y étais rapidement senti chez moi.

La première fois où l'idée de rester à Québec m'a sérieusement traversé l'esprit, c'est lors du fameux après-midi de notre troisième match contre les Rockets d'Inkerman, quand les Citadelles m'ont fait une grande fête au Colisée à l'issue de laquelle ils m'ont offert cette superbe berline Nash. Ce jour-là, je me suis senti submergé par un immense sentiment de gratitude à l'endroit des gens de Québec. J'en ai parlé à Élise et à Roland Mercier, peu de temps après notre défaite contre les Flyers de Barrie qui mettait fin à notre saison de hockey. Je leur ai dit que j'avais une dette envers les amateurs et mes coéquipiers qui m'avaient traité comme un roi pendant ces deux années inoubliables que je venais de passer à Québec. J'eus alors une sorte de révélation: la meilleure façon de leur prouver ma reconnaissance était de jouer une année de plus chez eux et avec eux.

J'ai donc décidé de faire mes débuts dans la Ligue de hockey senior du Québec (LHSQ) avec les As de Québec. Si Frank Selke était déjà vexé de ne pas avoir réussi à m'engager après ma première année avec les Citadelles, sa frustration a dû atteindre son paroxysme le 8 juin 1951 quand mon père a signé avec l'entraîneur Punch Imlach et le trésorier des As, Charlie Smith, qui étaient venus chez nous, à Victoriaville, pour finaliser le contrat. Quelques semaines plus tard, la nouvelle devint publique, mais un autre problème apparut aussitôt.

La LNH et l'Association canadienne de hockey amateur avaient signé une entente qui, une fois confirmée, entraînerait deux changements majeurs dans le déroulement des matchs et les mouvements de joueurs. Ainsi, les matchs disputés chez les seniors seraient désormais encadrés, non plus par deux arbitres, mais par un arbitre et deux juges de ligne. Le deuxième règlement semblait avoir été créé exprès pour moi, si bien qu'on prit très vite l'habitude de l'appeler la « loi Béliveau ». Il stipulait que chaque joueur dont le nom apparaissait sur la liste de négociation d'une équipe de la Ligue nationale devait signer un contrat avec cette équipe avant de pouvoir jouer dans la Ligue de hockey senior du Québec. Si je voulais me joindre aux As, je devais donc préalablement signer avec le Canadien de Montréal. Celui-ci m'enverrait par la suite chez les As, mais seulement si les deux parties étaient d'accord. Mais si le Canadien voulait que je joue à Montréal, je n'aurais pas le choix, je devrais y aller.

Évidemment, Jack Latter des As de Québec avait voté contre cette loi, mais il était en minorité. La ratification lors d'une réunion à venir de l'Association canadienne de hockey amateur semblait inévitable. Je ne sais toujours pas ce qui s'est passé, mais des gens puissants sont apparemment intervenus auprès des plus hautes instances de la LNH à Montréal. La « loi Béliveau » ne fut jamais adoptée, et j'ai pu passer les deux années suivantes dans l'uniforme des As de Québec.

Personne n'ignore qu'il y a toujours eu, entre Québec et Montréal, une vive rivalité. Ce qu'on sait peut-être moins, c'est à quel point, au cours des années 50, la politique et le monde des affaires intervenaient dans le sport.

La grande différence entre Lindros et moi tient sans doute au fait qu'en 1991, les Nordiques de Québec, qui détenaient alors une franchise en bonne et due forme dans la LNH, n'avaient pas vraiment les moyens financiers d'acquérir un joueur aussi dispendieux. Ils n'avaient pas les moyens des équipes, américaines ou canadiennes, qui disposaient d'un marché infiniment plus vaste et plus riche. Mais, il y a 40 ans, les choses se passaient très différemment. Les As ont pu m'obtenir aux dépens du Canadien de Montréal, même s'ils faisaient partie d'une ligue semi-professionnelle. Logiquement, ils n'auraient même pas dû participer aux enchères. S'ils ont gagné, c'est pour d'autres raisons.

Je voulais rester à Québec par intérêt personnel, et j'aurais donc considéré favorablement n'importe quelle offre des As. De plus, ils pouvaient m'offrir autant si ce n'est plus que le Canadien, parce qu'ils étaient la propriété d'une très grosse et richissime entreprise, l'Anglo-Canadian Pulp and Paper. (D'ailleurs, l'équipe s'appelait en réalité les «Aces» pour Anglo-Canadian Employees Association. Plus tard, pour ne pas froisser inutilement le nationalisme canadien-français, on la rebaptisa les As de Québec.) Les As avaient, plus que le Canadien, les moyens de se payer un joueur comme moi, d'autant plus que je représentais un bon placement. En effet, après qu'on m'a engagé, le hockey senior conserva la faveur du public autant que le hockey professionnel. Le Colisée était rempli à craquer chaque fois que les As y jouaient.

Du point de vue financier, à tout le moins, je n'avais rien à perdre en restant à Québec. On m'a versé un salaire de 10 000 $ à ma première saison avec les As. À cette époque, le salaire moyen dans la LNH était de 100 $ par match, soit 7000 $ par an pour une saison de 70 matchs. Chaque fois que je devais me rendre à nouveau au camp d'entraînement du Canadien, les As (comme autrefois les Citadelles) me rappelaient qu'ils pouvaient égaler n'importe quelle offre que pourrait me faire Frank Selke, tout comme les Citadelles l'avaient fait.

J'ai compris à quel point ils tenaient à me garder à Québec quand est venu le temps de signer avec eux mon deuxième contrat pour la saison 1952-53. À ce moment, d'autres individus se sont directement impliqués. Vous vous rappelez que Maurice Duplessis, alors premier ministre du Québec, était chef de l'Union nationale et Gérald Martineau, son bras droit, l'homme qui tenait les cordons de la bourse du parti, avait deux passions dans la vie : la politique et le hockey. Il s'était même activement occupé de l'équipe junior des Frontenacs de Québec.

J'avais déjà rencontré le propriétaire Jack Latter et le trésorier Charlie Smith pour discuter de ma seconde saison avec les As, et nous nous étions mis d'accord pour augmenter mon salaire à 15 000 $, ce qui était fort bien rémunéré. La veille du jour où je devais signer, j'ai reçu un appel de Latter me demandant si j'avais quelque objection à signer mon contrat dans le bureau de M. Martineau, rue Saint-Pierre, plutôt que d'aller le rejoindre à l'Anglo-Canadian. J'étais plutôt perplexe mais je ne voyais pas d'inconvénient à signer en présence de Martineau.

À 11 h 00 le jour suivant, je me suis donc retrouvé dans son bureau avec des représentants des As et de l'Anglo-Canadian. Le contrat était étalé sur la table. J'allais signer quand Martineau dit à Latter : « Écoute, Jack, tu fais pas mal d'argent avec Jean, je pense que tu devrais lui donner 5 000 $ de plus. »

Martineau était le grand argentier de l'Union nationale. L'Anglo-Canadian Pulp détenait, grâce à lui, d'immenses concessions forestières du côté de Forestville. Cette dernière avait dû s'adresser à Martineau pour les obtenir. Autrement dit, la petite phrase de Martineau à Latter n'était pas une suggestion mais un ordre.

Je suis resté assis les yeux ronds comme des billes pendant que Jack Latter, un des hommes d'affaires les plus puissants de Québec, obtempérait bien humblement à l'ordre de Martineau et ajoutait 5 000 $ à mon contrat. C'est ainsi que Jean Béliveau est devenu un joueur semi-professionnel payé 20 000 $ par année à une époque où le salaire moyen dans la Ligue nationale était presque 3 fois moindre. En fait, pendant quelque temps, je faisais même plus d'argent que Gordie Howe et Maurice Richard. Cela dit, ce n'est pas l'appât du gain qui m'a retenu à Québec, même si je faisais une bonne affaire en y restant deux ans de plus. J'étais jeune et en amour, j'aimais Québec et ses gens, voilà pourquoi je voulais y rester.

Pendant ce temps, à Montréal, les médias ne cessaient de raconter que je restais à Québec parce que je manquais de confiance en moi et que je craignais de ne pas réussir dans la Ligue nationale. Pour étoffer leur hypothèse, ils citaient en exemple Bernard Geoffrion qui avait fait le grand saut du hockey junior à la LNH ; ou Dickie Moore qui, après une demi-saison dans la Ligue senior s'était, lui aussi, retrouvé chez le Canadien. À leurs yeux, Béliveau se cachait peureusement à Québec en regardant la chance de sa vie lui passer sous le nez.

Ces commentateurs ne me connaissaient aucunement et ne pouvaient savoir que je ne pensais pas qu'à ma carrière. Je suis resté à Québec, d'abord et avant tout, par reconnaissance envers la population. Le Boomer et Dickie étaient nés et avaient grandi à Montréal. Moi, je venais d'une petite ville de province. Les années passées à Québec allaient me permettre de m'habituer au tourbillon urbain et de m'intégrer progressivement dans un milieu qui, au départ, m'était peu familier. Si je m'étais retrouvé à Montréal à 20 ans, j'aurais subi un choc.

C'était peut-être là la meilleure décision que je pouvais prendre. J'ai vu les fortes contraintes qu'ont dû subir des adolescents comme Eric Lindros, Wayne Gretzky, Mario Lemieux et Guy Lafleur; on les a brutalement arrachés à leur jeunesse. Pour ma part, j'ai eu la chance de mûrir à mon rythme, entouré d'amis, sur la glace comme dans la vie. Le Jean Béliveau de 22 ans qui signa finalement avec le Canadien de Montréal en 1953 était certes mieux préparé pour les exigences du vedettariat de la LNH.

Dans les années 50, Québec était la ville idéale où vivre, surtout pour un jeune hockeyeur francophone, qui faisait déjà beaucoup d'argent et qui avait rencontré la femme de sa vie. C'était, je l'ai déjà dit, une époque heureuse, c'était avant que la télévision vienne envahir nos vies. Les gens se parlaient beaucoup plus qu'aujourd'hui. Dans tous les milieux, il y avait une vie sociale très élaborée, très stimulante, des boîtes et des cafés, des restaurants, où l'on passait des heures à discuter, à apprendre une foule de choses, à se connaître.

Tout cela ressemble peut-être à un documentaire en noir et blanc sur une ville des années 50 ou à une séance de projection de diapositives d'un homme qui revient de voyage. Ce que je retiens de cette période de ma vie, c'est qu'elle fut extrêmement importante, non seulement pour ma carrière, mais aussi pour ma formation personnelle alors qu'on m'a souvent complimenté sur mon attitude et mon comportement durant ma carrière avec le Canadien. J'étais chaque fois profondément touché, mais si je me suis conduit correctement, c'est grâce aux leçons que j'ai apprises à Québec.

J'ai été plongé dans la vie sociale d'une capitale provinciale pleine de vie, entouré de jeunes gens de mon âge avec qui j'allais régulièrement Chez Gérard ou à La Porte Saint-Jean, deux boîtes de nuit gérées par Gérard Thibault, un homme chaleureux et généreux. Des artistes du Québec et de France venaient régulièrement chanter chez lui, tels Patachou, Charles Trenet, Carlos Ramirez. Nous aimions les spectacles qui étaient accessibles et peu dispendieux. Petit à petit, j'ai appris la vie en société, l'art de la conversation, et je suis sorti de ma coquille.

C'est par Roland Mercier que nous avons connu les boîtes de nuit, Élise et moi. Roland travaillait pour le ministère fédéral du Revenu et avait charge de veiller à ce que les artistes étrangers paient l'impôt sur les revenus qu'ils faisaient au Canada. Il nous présenta Gérard Thibault, qui était une véritable institution à Québec et qui avait amené Charles Trenet au Canada. Je me souviens d'ailleurs d'avoir aperçu à quelques reprises le Fou chantant en train d'écrire ou de chercher l'inspiration, assis sur les quais près du traversier de Lévis. Élise et moi avions notre table à La Porte Saint-Jean et une entrée presque privée par la porte de côté.

Nous fréquentions aussi Le Baril d'huîtres, rue Saint-Joseph, dans la basse-ville. C'était un restaurant fort populaire tenu par Adrien Demers et Raymond Comeau. Le lundi soir, la bande du Baril et un groupe de jeunes juifs dont les familles possédaient les grands magasins de la rue Saint-Joseph disputaient des matchs de hockey plus ou moins improvisés au vieux Colisée. Phil Renaud, mon coéquipier chez les As, et moi-même agissions comme arbitres. Après le match, on se retrouvait au Baril. Il y avait de la bière et des huîtres, des rires aussi. Le Baril et la taverne de Pat Mercier étaient ce qu'on pourrait qualifier aujourd'hui de bars sportifs.

Les habitués étaient des fanatiques des As. Beaucoup d'entre eux nous suivaient partout, même à Chicoutimi, à 200 kilomètres de Québec. Chaque fois que nous jouions contre les Saguenéens, ils formaient un convoi d'une trentaine de voitures qui suivaient notre autobus. Après le match, nous rentrions tous ensemble à Québec. Nous arrêtions, pour casser la croûte, à L'Étape, un endroit épatant au beau milieu du parc des Laurentides.

La route était longue parfois. Je me souviens de terribles tempêtes de neige qui rendaient la circulation dans le parc pratiquement impossible. Nous n'arrivions à L'Étape qu'à 3 h 00 du matin et nous mangions des fèves au lard et de la tourtière. Nous reprenions la route au lever du soleil, quand arrivait enfin le chasse-neige qui nous guidait jusqu'à la sortie du parc. Je me souviens qu'une nuit de grand froid, à une température de -25° F, l'autobus était tombé en panne. La police provinciale vint alors nous chercher et nous ramena à L'Étape par petits groupes congelés.

C'est vers cette époque qu'Élise a commencé à assister aux parties de hockey. Un soir, elle est venue me voir jouer à Chicoutimi avec Jacques Côté et sa femme Claire. À cette époque, nos partisans agitaient des cloches pour nous encourager. Élise, qui voulait bien faire les choses, avait pris une très jolie clochette dans l'argenterie de sa mère. Nous avons bien joué ce soir-là et ma blonde n'a pas cessé d'agiter sa clochette jusqu'à ce qu'un fervent admirateur de l'équipe de Chicoutimi, excédé, la lui arrache des mains et disparaisse dans la foule. Élise était catastrophée. Je vous ai déjà dit que la mère d'Élise n'avait pas une très haute opinion des joueurs de hockey. Par contre, elle tenait beaucoup à son argenterie :

— Qu'est-ce que je vais lui raconter si elle me demande où est passée la cloche ? gémit Élise après la partie.

— Eh bien, lui ai-je dit, commence par oublier les circonstances qui ont entouré sa disparition.

Malgré cet incident, nous aimions beaucoup Chicoutimi, mais les sorties les plus excitantes étaient celles de nos rencontres à Montréal. Le dimanche après-midi, des équipes de la Ligue de hockey senior du Québec se rencontraient au Forum. Ce sont, pour moi, des moments inoubliables. Bien des années plus tard, Camil DesRoches, alors le gourou des relations publiques au Forum, et moi-même en parlions encore. DesRoches devait sortir sur la rue Sainte-Catherine et dire aux gens de rentrer chez eux parce que le Forum était plein à capacité.

«Je n'ai jamais eu à faire ça pour un match du Canadien, me disait-il. Ça ne s'est produit que pour des équipes de la Ligue senior, surtout quand les As jouaient contre les Royaux.» Des autobus et des trains remplis d'amateurs de Québec venaient à Montréal pour assister à ces matchs, et il n'était pas rare que plus de la moitié de la foule appuie l'équipe de la Vieille Capitale.

Il y a un voyage en particulier que je n'oublierai jamais. C'était en décembre 1952, lors de mon premier retour à la LNH après plus d'un an. Je participais à trois matchs du Canadien. Contre les Rangers, le jeudi soir, puis deux fois contre les Bruins, soit un match au Forum le samedi soir et l'autre à Boston le lendemain.

Les garçons et les filles de la bande du Baril d'huîtres avaient loué pour l'occasion un wagon privé qu'ils firent accrocher au train de 14 h 00, le jeudi. La veille, un de nos amis juifs était venu à Montréal afin de trouver des billets pour tout ce monde. Quand le train arriva en gare à Montréal, il était là, billets en main. Il avait fait le tour de la ville, achetant des paires de billets dans des usines, des restaurants, des bureaux, des hôtels et même dans la rue, devant le Forum. J'ai compté trois buts ce soir-là. Le wagon privé de la bande du Baril fut accroché au train de minuit. Je vous laisse imaginer la fête que fut le retour!

J'étais donc plus qu'heureux d'être resté à Québec. Je veux ici rendre hommage à une autre personne qui m'a convaincu de prendre cette décision. Il s'agit d'Émile Couture. Quand j'ai commencé à fréquenter Élise, tout le monde les croyait frère et sœur. En fait, ils n'avaient pas le moindre lien de parenté.

Émile travaillait à la distillerie Calvert, qui avait déjà donné un prix au meilleur joueur de la ligue junior. Il connaissait assez bien les gens de l'organisation des As, et servit plusieurs fois d'intermédiaire entre le club et moi-même. Il assistait à tous les matchs. Cela me faisait chaud au cœur de le savoir là, quelque part dans les gradins, quand je me démenais sur la glace. Je l'avais connu à Victoriaville. Sa famille possédait un restaurant et un hôtel, La Maison blanche, à Laurierville, pas très loin de chez moi. Les gens de la région avaient l'habitude de s'y arrêter quand ils allaient à Montréal ou à Québec. Peu de gens savaient que le nom d'Émile était aussi connu à travers le monde, ou du moins dans un groupe international très sélect du personnel militaire allié.

En 1943, en pleine Seconde Guerre mondiale, Winston Churchill, Franklin D. Roosevelt et Mackenzie King s'étaient rencontrés à Québec pour discuter des opérations que les pays alliés se proposaient d'entreprendre en Europe au cours des mois suivants. Des destroyers et des balayeurs de mines patrouillaient le Saint-Laurent devant le cap Diamant, des avions de guerre des trois pays sillonnaient le ciel, et des soldats armés interdisaient l'accès à une grande partie de la vieille ville. Des postes de garde avaient été dressés sur les rues principales et les voies ferrées. L'endroit le plus gardé de la ville était le Château Frontenac, où les trois chefs d'État tenaient leurs conférences. Pourtant, Émile Couture parvint à sortir du Château avec, sous le bras, les plans du débarquement en Normandie, la fameuse opération *Overlord*.

Voici ce qui est arrivé. Émile était un jeune intendant du 22ᵉ régiment en service lors de ces rencontres au Château. En plus de voir aux fournitures de bureau nécessaires aux représentants des trois pays participant à la conférence, il devait aussi détruire tout ce qui restait sur les tables, le soir après la réunion. L'avant-dernier jour, on lui demanda de vider les bureaux de certains participants qui avaient terminé leurs exposés. En ouvrant le tiroir d'un bureau, il trouva une liasse de papiers dans une chemise rouge. En principe, il aurait dû détruire tout ça sur-le-champ, mais quelque chose l'en empêcha. Il retourna ensuite dans ses quartiers, au lac Beauport. Dans la nuit, pris d'une insatiable curiosité, il sortit la chemise et commença à lire.

Il avait entre les mains les plans détaillés du débarquement de 1944 en Normandie : qui, quoi, où et quand, combien d'avions, de bateaux, d'hommes. Il se recoucha, cherchant en vain le sommeil. Dès l'aube, il revint au Château, où la nouvelle de la disparition du classeur rouge avait créé une incroyable commotion. Émile fit part de sa trouvaille à ses supérieurs. Au départ, ils étaient tous trop paniqués pour écouter son invraisemblable histoire.

Il s'en trouva quand même un pour le croire. Les autorités étaient soulagées d'apprendre que le fameux dossier n'était pas tombé entre des mains ennemies. Une question se posait cependant : que faire du sergent Couture, maintenant au courant de secrets extrêmement importants ?

Son dossier militaire était impeccable. On ne pouvait quand même pas l'enfermer. De plus, les Couture étant une famille très connue, une peine de prison aurait éveillé les soupçons de la communauté et peut-être même alerté l'ennemi.

Pendant des mois, Émile fut tenu à l'œil, comme s'il avait été en résidence surveillée. Ce n'est qu'après l'invasion qu'on lui ficha enfin la paix, mais à condition qu'il ne publie jamais cette histoire sans permission. Le magazine *Life* l'approcha au moins une fois mais, à ce que je sache, son histoire n'a jamais été publiée. Je la connais parce qu'Émile et moi étions très proches, mais il n'aimait pas vraiment en parler. Après la guerre, il a reçu la médaille de l'Empire britannique, une décoration très importante. Quand on lui demandait pourquoi il avait été décoré, il souriait innocemment et répondait toujours : «Je n'ai jamais vraiment compris pourquoi ils donnent ces affaires-là.»

C'était avec des gens de sa trempe que je passais les heures entre les matchs. Émile était célibataire et bon vivant. Il connaissait les meilleurs endroits en ville. Ce sont des gens comme lui qui ont fait de Québec un endroit si excitant pour une jeune vedette de hockey francophone, issu d'une petite ville de province, qui faisait un gros salaire, découvrait l'amour et les plaisirs de la vie, tout en prenant de la maturité. Ils m'ont appris beaucoup.

Sur la glace, dans l'uniforme des As, je me retrouvais parmi d'anciens joueurs de la LHSQ et de la LAH. Ils arrivaient peut-être à la fin de leur carrière, mais ils avaient beaucoup d'expérience, et j'appréciais cette chance que j'avais de travailler avec eux, parce que j'apprenais énormément. Lors de ma première année avec les As, j'ai joué régulièrement aux côtés de Gaye Stewart, autrefois membre des Maple Leafs de Toronto et récipiendaire du trophée Calder (recrue de l'année) en 1942. Jack Gélineau, notre gardien de but, avait reçu cet honneur en 1950, alors qu'il jouait avec les Bruins de Boston.

Il y avait plusieurs autres vétérans comme Ludger Tremblay, le frère aîné de Gilles, le tristement célèbre Frank « Yogi » Kraiger, Joe Crozier, un ancien joueur des Barons de Cleveland dans la LAH, Claude Robert (qui était sur la même ligne que moi la première fois où j'ai joué avec le Canadien en 1950), Jackie Leclair, un autre ancien Canadien et Marcel Bonin, qui allait se retrouver comme moi à Montréal mais par un tout autre chemin.

Yogi Kraiger mériterait qu'on écrive un livre sur lui. C'était un vrai dur et un joueur puissant et intelligent… quand il n'était pas trop rond. Mais quand il avait bu, il était vraiment impayable. Il se bagarrait, oubliait où il avait laissé sa voiture la veille. Malgré sa gueule de bois, il la cherchait pendant des heures à travers la ville.

On était en novembre, à ma première année avec les As. Nous nous sommes retrouvés avec un calendrier sans match pendant cinq ou six jours. Punch Imlach n'aimait pas nous laisser à rien faire, il a donc organisé une partie hors concours à Cornwall. Le matin suivant, nous revenions en autobus par la route 2 qui, avant la construction de la 401, était le principal lien direct entre Montréal et Toronto. Comme on longeait le vieux canal Soulanges, quelqu'un a eu l'idée de relancer la conversation sur les prouesses athlétiques de notre Yogi.

Yogi n'était pas gêné. Il se vantait, soûl ou sobre, d'être un athlète hors pair tant en gymnastique, à la course, au basket-ball, en ski ou au lancer du javelot qu'au hockey. Mais, à l'entendre, là où il excellait vraiment, c'était en natation. Il pouvait parler pendant des heures de ses exploits aquatiques. Nous nous demandions toujours si nous devions le croire. Autrement dit, il était physiquement très impressionnant, le genre de gars qui, pour se réchauffer avant un match, pouvait se soulever une douzaine de fois en se tenant au rebord de la porte du vestiaire simplement avec le bout de ses doigts. Mais il en mettait tellement que, tôt ou tard, nous finissions tous par douter de sa parole. Punch Imlach surtout, qui n'en pouvait plus de l'entendre se vanter. Ce matin-là, il était sur le point d'exploser. Il s'est levé, il a ordonné au conducteur de s'arrêter au prochain pont et, se tournant vers Yogi, il lui a dit : «D'accord, mon garçon. J'ai entendu assez de conneries pour aujourd'hui! Tu racontes que tu peux traverser le lac Supérieur. Moi, je parie 50 $ que tu n'es pas même capable de nager d'un bord à l'autre du canal Soulanges.» Joignant le geste à la parole, il sortit cinquante dollars de son portefeuille.

N'oubliez pas qu'on était à la fin de novembre et que des plaques de glace flottaient près des bords du canal, mais il en fallait plus pour arrêter Yogi. Il s'est levé en disant : «Pour cinquante piastres, je le fais». Il était cassé comme un clou, comme d'habitude. Nous avons donc fait une petite collecte et, en un rien de temps, réuni de quoi tenir le pari de Punch. Au pont suivant, le conducteur a rangé l'autobus le long du canal, et le soigneur Ralph McNaughton a sorti des couvertures de laine et de quoi frictionner le héros.

Tout le monde a sauté hors de l'autobus. Yogi nous a fait un strip-tease, ne gardant que ses caleçons qu'il a d'ailleurs perdus en plongeant dans les eaux glacées du canal. Et on l'a vu traverser, les fesses à l'air, pendant que Ralph marchait vers l'autre rive avec ses couvertures de laine.

La vue d'une vingtaine de jeunes hommes debout sur les bords du canal gelé avait eu l'effet d'un feu rouge sur la circulation. Toutes les voitures et tous les camions freinaient brusquement. Les gens descendaient, énervés, croyant qu'un terrible accident s'était produit.

Puis on a vu Yogi atteindre la rive opposée. Ralph l'enveloppa dans une grosse couverture. Ils ont traversé le pont en courant et sont montés dans l'autobus afin que nous reprenions la route. Tout cela avait évidemment donné soif à Yogi. Nous approchions de Vaudreuil, quand il a dit à Punch :

« Tu ferais mieux de me trouver un gin pour me réchauffer, sinon je risque d'avoir le rhume pour le reste de l'hiver. »

Punch a fait arrêter l'autobus une fois de plus et nous sommes tous entrés à l'Auberge Vaudreuil, à 8 h 00 du matin, pour que Yogi puisse avoir son gin. Il a réussi à se réchauffer, mais il n'a jamais retrouvé ses caleçons.

Punch était évidemment rusé comme un renard. Pour 50 $, la petite saucette de Yogi était, à ses yeux, une aubaine, pour remonter le moral et rétablir l'harmonie au sein de l'équipe.

Marcel Bonin était aussi un personnage assez intéressant. J'avais joué contre lui chez les juniors et j'allais le retrouver à Montréal vers la fin des années 50. À l'automne, Marcel arrivait fréquemment aux séances d'entraînement du matin avec sa tenue de chasse et deux ou trois carabines sous le bras.

Les joueurs conseillaient alors à Punch Imlach de raccourcir l'exercice. « Marcel veut aller chasser dans le comté de Dorchester. Et il fait noir de bonne heure à ce temps-ci de l'année. »

Punch n'était pas assez fou pour se disputer avec un homme armé, surtout pas avec un tireur d'élite comme Marcel. De plus, les gars commençaient à aimer la viande de gibier. Ces jours-là, les séances d'entraînement ne duraient jamais bien longtemps, et chacun en était reconnaissant à Marcel.

Il était entré dans la Ligue nationale à la suite d'un match hors concours que nous avions joué contre les Red Wings de Detroit, en février 1952. Il s'était battu contre Ted «le Terrible» Lindsay et en avait étonné plus d'un en ayant le dessus sur lui. Pendant la même partie, il s'était retrouvé au banc des punitions, en train de se battre avec Vic Stasiuk. On n'a jamais su comment cela avait commencé, mais Marcel enfonça son pouce dans la bouche de Vic et le souleva à bout de bras pour lui frapper la tête à plusieurs reprises contre le mur de ciment. Stasiuk mordait le plus fort possible pour sauver sa peau, mais rien ne pouvait empêcher Marcel de le frapper avec frénésie jusqu'à ce qu'il ne sente plus de résistance de la part de Stasiuk.

On racontait qu'avant de jouer au hockey, Marcel luttait avec des ours pour gagner sa vie. C'est peut-être vrai. En tout cas, les Red Wings ont été drôlement impressionnés par ses coups de poing et le fait, pour le moins étonnant, qu'il aimait la lecture. Peu de temps après, ils ont acheté Bonin qui a continué à terroriser l'adversaire avant de se joindre au Canadien à l'automne 1957.

J'ai mentionné plus tôt que Claude Robert évoluait sur la même ligne que moi lors de ma première partie avec le Canadien. Claude était un solide gaillard, très fort, qui est devenu plus tard policier à Montréal. Chez lui aussi le seuil de la douleur était plutôt élevé. Il en a donné la preuve à Punch Imlach le jour où nous avons battu les Reds de Providence lors d'un match hors concours de la LAH, à Grand-Mère.

Au cours du match, Claude a subi une solide mise en échec dans un coin de la patinoire. Il a été projeté en l'air et est vraiment mal retombé. Il est retourné en boitant vers le banc des joueurs, puis directement au vestiaire. Après la période, il a dit à Punch et au soigneur qu'il était blessé et ne croyait pas pouvoir terminer la partie. À cette époque, on jouait malgré la douleur, même forte. Les entraîneurs faisaient d'ailleurs tout pour qu'un joueur retourne sur la glace.

— Je pense qu'il va falloir lui geler la jambe, a dit alors Punch à Ralph. Passe-moi la seringue.

Or, comme la plupart des joueurs robustes, Claude avait une peur maladive des aiguilles.

— J'ai pas besoin de piqûre, a-t-il répondu. À bien y penser, ça fait déjà moins mal.

Et il est retourné au banc des joueurs, puis sur la glace.

Il a participé à tous nos matchs pendant les trois semaines suivantes, mais il continuait à se plaindre de sa jambe. Finalement, Punch l'a envoyé se faire examiner à l'hôpital. Les radiographies ont montré une fracture très nette. Claude avait joué plus d'une demi-douzaine de parties avec une jambe cassée.

Des années plus tard, les médias ont fait tout un plat à propos de Bobby Baun qui avait joué un match dans les séries finales avec une fracture à peine visible. J'ai tout de suite pensé à Claude. Il s'agit peut-être d'une coïncidence, mais l'entraîneur de Baun, cette saison-là, n'était nul autre que Punch Imlach.

Bien qu'il ait été un vrai dur, Claude était toujours élégamment vêtu. Il paraissait bien, faisait attention à son argent et avait les moyens de s'acheter de beaux vêtements. Marcel Bonin, un autre dur, jetait littéralement son argent par les fenêtres ; il flambait la majeure partie de ce qu'il gagnait en carabines, en équipement et en voyages de chasse.

Un beau jour, dans la chambre des joueurs, j'ai surpris Claude et Marcel en grande conversation, parlant de mode et d'épargne. Claude était en train de ranger ses vêtements. À voir son casier, on aurait dit la garde-robe d'un homme d'affaires plutôt que celle d'un jeune joueur de hockey. Ses habits, toujours bien enveloppés dans les sacs de plastique du nettoyeur, étaient accrochés de façon ordonnée, les chemises étaient bien empilées et rangées sur l'étagère, le support à cravates était bien garni.

— Tôt ou tard, tu vas te retrouver dans la Ligue nationale, disait Claude à Marcel. Ils ne te laisseront pas porter des chemises de bûcherons et des habits de chasse. Tu vas être obligé de porter le veston et la cravate. Tu ferais mieux de commencer à t'habituer tout de suite.

— Mais j'ai pas les moyens de me payer tout ça, protestait Bonin.

— Oui, Marcel, t'as les moyens. Un bel habit, ça coûte pas plus cher qu'une carabine. Il suffit que tu te fasses un budget, que tu établisses des priorités. C'est une question d'économie.

Je les ai laissés à leur conversation, convaincu que Claude s'était engagé dans une lutte sans espoir, certain de pouvoir métamorphoser Marcel.

Or, au match suivant à domicile, quelle ne fut pas notre surprise de voir arriver ce cher Marcel tout endimanché, en veston, chemise et cravate. Le plus étonné de nous tous était sans contredit Claude.

— Mais Marcel, c'est mon linge que tu as sur le dos !

— Je sais, Claude. C'est une question d'économie.

• • •

J'ai joué dans la Ligue de hockey senior du Québec avec des hommes qui m'ont beaucoup appris, comme Ludger Tremblay et Gaye Stewart. Après une année à Toronto en tant que recrue, Gaye avait fini par jouer pour toutes les équipes de la Ligue nationale, sauf Boston. En 9 saisons, de 1941-42 à 1953-54, il a joué 510 parties dans la LNH, accumulant 185 buts et 159 passes. Les jeunes d'aujourd'hui qui quittent les rangs juniors n'auront jamais la chance que j'ai eue de jouer aux côtés de joueurs possédant autant d'expérience, avant d'arriver à la Ligue nationale.

En plus de ces vétérans, joueurs d'avant et défenseurs, la Ligue de hockey senior du Québec comptait dans ses rangs plusieurs futures vedettes comme Dickie Moore, Bob Fryday, Bob Frampton, les Douglas et Jacques Plante, qui ont tous joué pour les Royaux de Montréal de Frank Carlin. Les Sénateurs d'Ottawa de Tommy Gorman se produisaient au vieil auditorium d'Ottawa avec, en vedette, Nil Tremblay et Al

Kuntz à l'attaque, Butch Stahan à la défensive et le légendaire Legs Fraser devant le filet. Au sein de l'équipe de Salaberry-de-Valleyfield, dirigée par Toe Blake, se trouvaient mes anciens coéquipiers de la Ligue junior, Gordie Haworth et Bruce Cline, André Corriveau, Jacques Deslauriers et Larry Kwong. À Sherbrooke, les vedettes étaient Tod Campeau, Jimmy Planche, Bobby Pepin et Jacques Locas. À Chicoutimi, il y avait Lou et Stan Smrke, Pete Tkachuk, Ralph Buchanan, Sherman White, Gerry Glaude, Marcel Pelletier dans le filet, ainsi que Georges Roy et Jean Lamirande à la défense. L'entraîneur était l'excellent Roland Hébert, mon ancien mentor du temps des juniors à Victoriaville. Les derniers, mais non les moindres, les Cataractes de Shawinigan qui s'étaient regroupés derrière le gardien de but vedette Al Millar, alignaient également de grands jeunes joueurs, tels Jack Taylor, Erwin Grosse, Roger Bédard et Spike Laliberté.

La Ligue de hockey senior du Québec était aussi le refuge de plusieurs joueurs qui, pour une raison ou pour une autre, ne pouvaient pas entrer dans la Ligue nationale. Herbie Carnegie était de ceux là. Puissant patineur, excellent joueur d'avant, tant au centre qu'à l'aile, Herbie avait un gros handicap : il était noir. Quand j'étais enfant à Victoriaville, il jouait avec son frère Ozzie et un autre Noir, Manny McIntyre, dans la Ligue provinciale du Québec, pour l'équipe de Sherbrooke. Herbie a réussi à monter un à un tous les échelons du hockey amateur, parce qu'il avait énormément de talent et une grande intelligence du jeu.

Je crois qu'il a été exclu de la Ligue nationale à cause de la couleur de sa peau ; je ne vois pas d'autre raison. Il était très populaire auprès des partisans qui lui réservaient de longues ovations, aussi bien à domicile que sur la route. Je crois qu'il avait lui-même compris ce qui lui fermait les portes, mais cela ne l'a jamais empêché de donner le meilleur de lui-même sur la glace. Je suis resté en contact avec lui pendant des années. J'étais très heureux quand je l'ai vu entreprendre une seconde carrière avec succès à Investors Syndicate. Il est devenu le représentant de divers fonds mutuels et des amis communs m'ont dit qu'il avait été un important donateur pour les services publics de la banlieue North York de Toronto. C'était un grand joueur de hockey et un vrai gentleman. Tout le monde l'aimait, tant sur la patinoire qu'en dehors.

Il y avait aussi d'autres excellents joueurs dans l'équipe des As, des joueurs avant comme Armand Gaudreault, Martial Pruneau, Jackie Leclair, Copper Leyte, Bob Hayes et Murdo Mackay. Notre capitaine, Phil Renaud, évoluait à la défense avec Joe Crozier, Yogi Kraiger, Jean-Guy Talbot et Butch Houle. Nous étions, dans l'ensemble, rapides, solides et très déterminés. C'est ce qui nous a permis de battre Chicoutimi en finale dans notre ligue, puis les Beavers de Saint-Jean de Peanuts O'Flaherty, pour remporter, en 1953, la coupe Alexander, trophée du championnat de hockey senior dans l'est du Canada.

À mes deux saisons avec les As, j'ai remporté le championnat des marqueurs de la LHSQ, ce qui a évidemment augmenté le désir du Canadien de me faire signer un contrat. Les médias montréalais commentaient en long et en large mes réticences à venir jouer dans la métropole, empêchant ainsi le public de m'oublier. Quant au *Toronto Star*, il est allé jusqu'à publier une affiche de moi avec ce texte :

> « Jean Béliveau, vingt ans, 6 pieds 2, 195 livres, recherché par le Canadien de Montréal pour jouer dans la LNH. Récompense : 15 000 $ par saison… et il refuse. La raison : Jean Béliveau, vedette des As de Québec, est le joueur de hockey "amateur" le mieux payé. En plus, il ramasse quelques milliers de dollars additionnels en travaillant dans les relations publiques et en animant une émission de radio quotidienne. »

Quelques mois plus tard, la même affiche circulait dans la presse francophone. Mais les chiffres n'étaient plus tellement exacts : je mesurais alors 6 pieds 3 et pesais 205 livres.

Les spéculations allaient bon train dans la Ligue nationale, au Canada aussi bien qu'aux États-Unis. « Si Béliveau n'a pas signé à son anniversaire (le 31 août), écrivait-on à New York, il sera retiré de la liste de négociation du Canadien et pourra être réclamé par l'équipe la moins puissante de la LNH, soit les Rangers. » Ailleurs, on prétendait que les Blackhawks m'avaient fait un pont d'or et que j'avais accepté d'aller jouer à Chicago.

Chacun y allait de sa petite théorie. Il semble que tous les journalistes sportifs de l'Est du Canada avaient imaginé un quelconque arrangement entre le Canadien et moi. L'offre qui fit le plus parler est celle de Frank Selke. Elle s'élevait à 53 000 $, répartis comme suit : un boni de 20 000 $ à la signature, 10 000 $ la première année, 11 000 $ la deuxième, 12 000 $ la troisième. Bien sûr, nous l'avions refusée. Souvenez-vous que, grâce à l'intervention de Gérald Martineau, je gagnais déjà 20 000 $ par année avec les As.

Mon intention n'était pourtant pas de passer toute ma vie à Québec, assis sur mes lauriers, à jouir de mon gros salaire. Il était temps de tourner la page, de voir ce dont j'étais capable dans les ligues majeures. En plus, si j'étais resté à Québec plus longtemps, je risquais de faire pâlir l'image du premier ministre Duplessis.

À cette époque, la personnalité numéro un de la radio à Québec était Saint-Georges Côté, de CHRC, qui m'invitait souvent à son émission du matin. En 1952, il fit l'acquisition d'un restaurant très populaire sur le boulevard Sainte-Anne, La Dame blanche. Il a fait une ouverture grandiose avec des hot-dogs longs d'une douzaine de pouces et deux invités « vedettes » : Élise et moi. Le même jour, le premier ministre Duplessis et un groupe de dignitaires politiques inauguraient une nouvelle autoroute. La cérémonie avait lieu au pont de Québec. Très peu de gens s'y sont présentés. Élise et moi étions, pendant ce temps, entourés d'une foule de 7000 amateurs de hockey… et de hot-dogs.

Nous nous sommes fiancés à Noël, en 1952, et avons commencé à envisager sérieusement notre avenir. Élise a donc été la première à apprendre ma décision d'aller jouer à Montréal.

« C'est ma dernière année à Québec, lui ai-je dit un beau soir. J'ai toujours eu l'intention de jouer un jour ou l'autre avec le Canadien. La prochaine saison sera la bonne. Après notre mariage, en juin, on ira à Montréal trouver un endroit où habiter. »

Je n'étais pas pressé d'annoncer la nouvelle à Frank Selke, parce que je voulais garder mon pouvoir de négociation. Deux championnats des marqueurs, une coupe Alexander et des salles remplies à craquer partout au Québec, même au Forum, tout cela s'ajoutait à mon crédit.

Le 27 juin 1953, un peu après 11 h 00 le matin, l'unique femme de ma vie est devenue madame Jean Béliveau à l'église Saint-Patrick, à Québec. Pendant notre lune de miel, les autorités de la LHSQ se sont rencontrées à Montréal pour débattre d'une nouvelle question : la ligue allait-elle devenir professionnelle ou non ? Punch Imlach, qui ne connaissait pas ma décision lui non plus, n'était pas en faveur de cette idée mais, quand il est arrivé à la conférence, tous les autres propriétaires semblaient s'être ligués contre lui.

Punch a commencé par leur rappeler que Jean Béliveau avait rempli leurs stades durant les deux dernières saisons. Forrest Keene de Sherbrooke a alors dit que ça n'avait aucun rapport avec l'objet de la discussion. Tommy Gorman d'Ottawa a ajouté qu'en devenant professionnel, il lui serait plus facile d'acquérir les joueurs dont il avait besoin plutôt que d'attendre que les équipes de la LNH et de la LAH lui envoient ceux dont elles ne voulaient pas. (Il appert que Sherbrooke a quitté la LHSQ peu après le début de la saison 1953-54, et les Sénateurs d'Ottawa de Gorman ont plié bagage juste avant Noël.)

Avec la sagesse d'un visionnaire, Punch a répondu que ces deux points en litige pouvaient être débattus, mais qu'une chose était certaine : si la Ligue de hockey senior du Québec devenait professionnelle, Jean Béliveau appartiendrait, de fait et de droit, au Canadien de Montréal qui le réclamerait au bout de cinq secondes.

Punch a perdu au vote. Je n'avais donc plus le choix. Je devais me préparer à entrer dans la Ligue nationale. Le moment n'aurait pu être mieux choisi. C'était alors mon plus cher désir.

5

LES GLORIEUSES ANNÉES CINQUANTE

Par définition, une autobiographie s'écrit à la première personne. Mais je n'ai jamais vécu, ni dans ma carrière ni dans ma vie personnelle, en pensant à moi. Ce que j'ai accompli, les efforts que j'ai faits, les résultats obtenus, les récompenses méritées, tout a été d'abord et avant tout affaire d'équipe. S'il y a une chose que j'aimerais qu'on retienne quand je ne serai plus là, c'est que j'ai toujours été un homme d'équipe. Pour moi, il n'y a pas de plus beau compliment.

Dieu m'a donné le talent, le goût de réussir et cette chance inouïe de devenir une grande vedette au sein d'une grande équipe, le Canadien de Montréal, dans les années cinquante. Nous avons établi un record qu'on n'est pas près de battre, soit gagner la coupe Stanley cinq années consécutives. Il est fort peu probable que pareil exploit soit un jour répété. D'abord, parce que la Ligue nationale comporte maintenant trente équipes et le nouveau système de repêchage favorise les plus faibles, afin qu'un certain équilibre soit maintenu. Il n'est donc plus possible de constituer, comme autrefois, des dynasties capables de remporter trois ou quatre coupes Stanley d'affilée, encore moins cinq comme nous l'avons fait.

J'aimerais vous parler de cette équipe qu'a été le Canadien des années cinquante. J'aimerais vous faire comprendre pourquoi et comment il s'est imposé avec tant de force et est devenu une équipe mythique, même si le temps des grandes victoires semble à jamais révolu.

Voyons tout d'abord les chiffres avant de parler des joueurs qui ont contribué à ces incroyables statistiques. En 1955-56, nous avons reçu le trophée Prince-de-Galles pour avoir terminé la saison avec 100 points : 45 victoires, 15 défaites et 10 matchs nuls. Les Red Wings de Detroit suivaient loin derrière avec 76 points. Lors des éliminatoires, nous avons obtenu la coupe Stanley après avoir défait les Rangers, puis les Red Wings, 4 matchs à 1 dans les deux cas.

Dès l'automne suivant, nous nous sommes engagés dans une course à trois avec Detroit et Boston. À la fin de la saison, les Wings avaient accumulé 88 points : nous en avions 82, les Bruins, deux de moins. Nous avons éliminé les Red Wings puis les Bruins, comme l'année précédente, chaque fois en cinq parties, et reçu notre deuxième coupe.

Après les parties régulières de 1957-58, notre fiche s'établissait ainsi : 96 points, 19 de plus que les Rangers, nos plus proches rivaux. En demi-finale, nous avons blanchi les Red Wings et ensuite battu Boston en six matchs.

En 1958-59, nous avons de nouveau remporté le trophée Prince-de-Galles, ayant terminé en tête de la ligue avec 21 points de plus que les Bruins. Puis nous avons dominé les éliminatoires, défaisant Chicago en six parties et Toronto en cinq. La coupe Stanley est donc restée à Montréal pour une quatrième année consécutive.

En 1959-60, nous en étions à notre quatrième trophée Prince-de-Galles en cinq ans, avec 92 points, contre 79 pour les Maple Leafs. Pendant les éliminatoires, nous avons fait mieux que jamais : nous avons blanchi d'abord Chicago, puis Toronto, seulement huit petits matchs et une cinquième coupe Stanley de suite nous appartenait.

Cette fabuleuse épopée a débuté pour moi au moment où j'ai signé mon premier contrat avec le Canadien de Montréal, le 3 octobre 1953. Le soir même, j'endossais le chandail bleu-blanc-rouge pour participer à un match contre l'équipe d'étoiles de la LNH.

C'était une tradition à l'époque, entre 1947 et 1965 : le gagnant de la coupe Stanley rencontrait une équipe formée des meilleurs joueurs des cinq autres équipes. Je me suis donc retrouvé ce soir-là sur la même glace que Gordie Howe, Ted Lindsay, Red Kelly, Alex Delvecchio et Terry Sawchuk de Detroit, Fleming Mackell et Bill Quackenbush de Boston, Bill Gadsby de Chicago, ainsi que plusieurs autres grands noms du hockey qui m'impressionnaient et m'intimidaient. Nous avions nos propres joueurs étoiles : Doug Harvey, Gerry McNeil, Maurice Richard et Bert Olmstead. Nous avons néanmoins perdu 3 à 1, mais ce fut pour moi une soirée exaltante et extraordinairement stimulante.

Le Forum était survolté. Le Canadien défendait son titre de champion et la foule avait hâte de savoir s'il maintiendrait sa suprématie. On était également curieux de voir si la patiente culture qu'avait faite Frank Selke du sol riche et fertile que constituaient les ligues juniors et seniors du Québec allait enfin porter ses fruits. Aucune autre équipe de la LNH ne possédait un tel bassin de jeunes vedettes. Boom Boom Geoffrion, Dickie Moore et moi avions été les meilleurs de trois excellentes équipes juniors, et nous avions très bien joué quand le Canadien nous avait rappelés pour disputer quelques matchs avec lui au cours de nos années de formation. Nous faisions, ce soir-là, notre entrée chez les professionnels, tout comme Jacques Plante. Et les gens savaient que d'autres bons joueurs, Jean-Guy Talbot, Don Marshall, Phil Goyette, André Pronovost, Henri Richard, Charlie Hodge, Ralph Backstrom et Claude Provost, par exemple, n'étaient pas loin derrière, prêts à s'embarquer eux aussi dans l'aventure. En plus, dans l'ouest du pays, quelques joueurs très talentueux, comme Bob Turner, Ab McDonald et Billy Hicke, attendaient leur tour.

Si notre équipe pouvait ajouter chaque année une ou deux de ces nouvelles recrues de talent à une équipe qui comptait déjà de grands joueurs comme Doug Harvey, le premier défenseur de la ligue, Maurice Richard, son meilleur franc-tireur et le joueur le plus spectaculaire qui soit, en plus de vétérans comme Tom Johnson, Bert Olmstead, Dollard Saint-Laurent, Floyd Curry, Gerry McNeil et Ken Mosdell, le Canadien allait dominer la LNH pendant des générations. C'était inévitable. Le plan de Frank Selke était infaillible.

Il nous a cependant fallu deux ans avant de remporter une autre coupe Stanley. Il faut dire qu'à Detroit, Jack Adams avait formé, lui aussi, une très puissante dynastie qui allait dominer la fin des années 40 et le début des années 50. Les Red Wings ont terminé en tête de la ligue sept années de suite et rapporté quatre fois le célèbre trophée à Detroit. Mais il y eut autre chose, un des incidents les plus tristement célèbres de l'histoire de la LNH, soit l'émeute qui a suivi la suspension de Maurice Richard.

Le Canadien avait beau être géré par Frank Selke, il était en réalité l'équipe de Maurice Richard. Le Rocket était le cœur et l'âme du Canadien, une source d'inspiration pour nous tous, surtout pour les jeunes qui se bousculaient dans l'ombre pour accéder aux ligues majeures. C'était un personnage mythique, plus grand que nature.

Maurice n'était pas seulement le premier dans le cœur des Canadiens français, il était également le premier chez les joueurs de la LNH : le premier à battre le record de Nels Stewart avec son 325e but, le premier à dépasser les 400 puis les 500 buts en carrière, le premier à compter 50 et ensuite 75 buts en séries finales. Le Québec était alors en pleine mutation. Richard, entré vivant dans la légende, était devenu un symbole, le héros du peuple canadien-français. Il était devenu une icône culturelle.

Nous, les joueurs, voyions chez Maurice Richard, une force et une intensité qu'il savait nous communiquer. Il faisait de chacun de nous un meilleur joueur, plus fort, plus efficace, plus déterminé : sa fièvre était contagieuse. Chaque fibre de son être était révulsée à l'idée de perdre. Tout le monde le savait : ses coéquipiers, ses adversaires, les médias, le public en général. C'est lui qui nous a conduits à ces cinq grandes victoires consécutives.

Les journalistes américains avaient emprunté à leur hymne national pour parler de son regard de feu, *The Rocket's Red Glare*, qui terrorisait les gardiens de but. Au nord du 45ᵉ parallèle, une autre métaphore venait naturellement sous la plume des chroniqueurs : ils comparaient Maurice à une locomotive fonçant à toute allure vers le but et dont le regard cyclopéen tétanisait littéralement l'adversaire.

Mais la meilleure description de Maurice que j'ai lue venait d'un prix Nobel de littérature, l'Américain William Faulkner. Ce romancier du grand Sud, qui ne comprenait pas grand-chose à notre sport national, mais qui connaissait le cœur des hommes, avait été embauché par *Sports Illustrated* pour écrire un article sur le hockey en 1955. Il avait assisté à une rencontre entre le Canadien et les Rangers au Madison Square Garden et cela l'avait littéralement emballé. Il écrivit par la suite que Maurice Richard avait ce « regard de serpent, brillant et froid, passionné, mortel et irrésistible ». En effet, la dernière chose que voyaient les gardiens, quelques centièmes de secondes avant que la rondelle ne pénètre dans leur filet, était ce regard hypnotisant.

Maurice Richard était le premier à admettre qu'il n'était pas le meilleur patineur, ne possédait non plus le meilleur lancer, ni n'était le meilleur manieur de rondelle ou encore le meilleur passeur de l'équipe. Mais il était unique, puisqu'il avait cette irrépressible volonté de gagner qui le propulsait littéralement depuis la ligne bleue jusqu'au fond du filet ennemi. Cette hallucinante puissance d'attaque était sa marque de commerce et terrorisait les gardiens adverses.

Chaque vedette a ses critiques et ses détracteurs, même Maurice Richard. On disait, entre autres choses, qu'il était un piètre contre-attaquant et qu'il se désintéressait parfois totalement du jeu défensif, ce qui affolait et enrageait ses entraîneurs. Ce sont des sottises, bien entendu.

Après ses montées effrénées, Maurice se retrouvait souvent étalé de tout son long au fond de la cage adverse ou dans un coin de la patinoire. Il ne pouvait pas revenir tout de suite au jeu, surtout si l'entraîneur de l'autre équipe faisait de rapides changements dans ses lignes offensives. Maurice avait toujours un ou deux hommes sur le dos. Il devait, avant toute chose, leur échapper, ce qui constituait déjà un remarquable exploit ; puis, s'emparer de la rondelle ou se placer de façon à pouvoir recevoir une passe. On aurait dit qu'il savait, quelques secondes à l'avance, comment le jeu allait évoluer. Il y mettait toujours le meilleur de lui-même, toute sa science, toutes ses forces.

Le Rocket était une bête de hockey remarquablement bien entraînée. Ses charges étaient doublement dangereuses parce qu'il lançait de la gauche alors qu'il jouait à l'aile droite. Il pouvait donc dégainer rapidement, droit devant lui, ce qui prenait presque toujours les défenseurs au dépourvu. Son lancer du revers était tout aussi raide et imprévisible. Combien de fois ai-je vu des gardiens de but chercher la rondelle devant eux, sur la patinoire, alors que Maurice l'avait déjà déposée dans leur filet !

Il a été pour le peuple canadien-français beaucoup plus qu'un joueur de hockey. Il était le héros en qui chacun projetait ses espoirs. C'était, je l'ai dit, une époque de grands changements. Beaucoup de gens quittaient les campagnes pour s'établir dans les villes où ils espéraient, sinon faire fortune, du moins se trouver une confortable place au soleil. Maurice était devenu pour eux le symbole de la réussite, le signe en tout cas que tous les rêves étaient possibles.

Comme des milliers de jeunes, j'avais passé les samedis soir de mon enfance rivé au poste de radio familial, à écouter *La Soirée du hockey*. J'étais dans le petit salon, chez mes parents, à Victoriaville mais, en même temps, j'étais au Forum de Montréal. Je suivais avec passion les prouesses épiques de mon héros. J'imaginais, je voyais tous ses gestes, toutes ses feintes. Le lendemain matin, après la grand-messe, j'essayais d'imiter ses prouesses sur la patinoire derrière la maison.

Plus tard, jouant à ses côtés, je continuais à éprouver pour lui une sorte d'admiration un peu craintive. Lorsque je m'arrêtais à penser que c'était Maurice Richard qui nous avait ouvert la voie, j'étais subjugué, submergé par le respect. Mais il était lui-même plutôt timide et modeste. Il était d'autant plus attachant qu'il ne parlait jamais de ses exploits. En 1952, quand le Canadien m'avait rappelé en renfort pour quelques matchs avec lui, j'avais compté trois buts contre les Rangers. Le Rocket m'avait aidé, chaque fois, me faisant des passes parfaites qui m'avaient permis de déjouer facilement Chuck Rayner.

Par la suite, la seule fois où nous avons joué ensemble, ce fut pour former cet écrasant jeu de puissance du Canadien qui allait forcer la LNH à changer les règles du jeu. De nos jours, dès qu'une équipe compte un but en supériorité numérique, le joueur pénalisé peut quitter le banc des punitions et rejoindre les rangs des siens. Cela n'a pas toujours été le cas. Autrefois, un joueur puni restait au banc pendant les deux minutes que durait sa punition, peu importe ce qui se passait sur la glace. La LNH a dû changer cette règle, parce que le Canadien comptait souvent deux, trois, parfois même quatre buts pendant que l'autre équipe se trouvait en infériorité numérique.

Depuis qu'on a créé la LNH, les joueurs ont dû compter au moins 100 000 buts. Mais pour moi, le plus spectaculaire de tous est celui qu'a marqué le Rocket au cours des éliminatoires de 1952. Bien que je ne participais pas encore à ces séries avec le Canadien, je dois dire que ce but tenait de la légende.

Cette année-là, tout le monde s'attendait à ce que le Canadien remporte assez facilement la demi-finale. Mais lorsqu'il est retourné à Boston le 6 avril, les Bruins menaient la série 3 à 2. Nous avons quand même gagné la sixième partie grâce à un but en prolongation de Paul Masnick, un joueur de la Saskatchewan que Selke avait découvert et formé. Deux jours plus tard, les deux équipes se retrouvaient sur la glace du Forum pour le match décisif.

Le drame s'est produit peu après le début de la deuxième période, alors que Maurice fut frappé et perdit conscience avec un compte de 1 à 1. Le Rocket effectuait une de ses montées spectaculaires. Il venait de déjouer Hal Laycoe en fonçant à toute allure vers la zone ennemie, quand l'ailier des Bruins, Léo Labine, qui s'était caché, presque accroupi, derrière son coéquipier, s'est brusquement présenté devant lui, si bien que le Rocket ne l'a aperçu qu'à la dernière seconde. Il a tenté de l'enjamber, mais il était trop tard. Labine l'a frappé dans les tibias, Maurice a tournoyé dans les airs et est allé s'écraser, tête première sur la glace où il est resté étendu de tout son long, inconscient.

On aurait pu entendre une mouche voler. Le Rocket gisait dans une mare de sang qui se répandait sur la glace. Il avait une vilaine blessure juste au-dessus de l'œil gauche. Les soigneurs Bill Head et Hector Dubois lui ont fait respirer des sels. Quand Maurice, plus ou moins réanimé, a été escorté, chancelant, vers la clinique du Forum, personne parmi les quelque 15 000 partisans qui remplissaient le Forum ne pouvait raisonnablement croire qu'il reviendrait au jeu. Il est resté environ une heure à l'infirmerie, à demi conscient, demandant à quelques reprises au médecin de lui donner la marque.

Il restait environ cinq minutes avant la fin de la troisième période et le match était encore égal 1 à 1 quand Maurice est revenu s'asseoir au banc des joueurs. Après s'être informé de son état, l'entraîneur Dick Irvin l'a envoyé au jeu avec Bert Olmstead et Elmer Lach alors qu'il restait moins de quatre minutes à la période. Pendant qu'on procédait à la mise au jeu, le Forum était étrangement calme, tous les regards rivés sur le numéro 9.

Dès qu'elle a touché la glace, la rondelle a roulé au fond de notre zone. Butch Bouchard l'a rattrapée derrière le filet et l'a rapidement passée au Rocket qui semblait rechargé à bloc. Le Rocket est remonté à l'aile droite à toute vitesse et s'est dirigé vers le défenseur Bill Quackenbush qu'il a tenu à distance avec un bras. Puis il l'a contourné pour foncer vers le gardien des Bruins, Sugar Jim Henry. Une seconde plus tard, on voyait le filet s'agiter : le Rocket avait profité de la mince ouverture que lui avait laissée Henry. Le Forum a littéralement explosé.

À l'issue du match, un Maurice Richard tout étourdi et ensanglanté a serré la main du gardien des Bruins, qui avait lui-même récolté deux yeux au beurre noir lors d'une confrontation précédente.

Trois ans plus tard, Hal Laycoe a aussi été impliqué avec le Rocket dans un autre incident spectaculaire qui allait déclencher la fameuse émeute «Maurice Richard» au mois de mars 1955. Laycoe, qui portait des lunettes et avait joué avec nous pendant quatre saisons entre 1947 et 1951, était loin d'être un salaud. Il avait même été le partenaire de tennis du Rocket pendant tout un été. Je crois même que les deux hommes s'aimaient bien et se respectaient.

Avant de parler des événements de mars 1955, je dois dire que même s'il était alors une grande vedette, Maurice Richard a dû tout au long de sa carrière se battre à bras raccourcis contre des joueurs très lourds et bien bâtis. Ses batailles étaient presque aussi spectaculaires que ses buts. Il en a fait voir de toutes les couleurs à Ted Lindsay de Detroit, il a roué de coups le solide Fernie Flaman de Boston et a passé le KO à Bob «Killer» Dill des Rangers au Madison Square Garden.

On peut en dire autant de Gordie Howe et des autres grands hockeyeurs des années 50. Quand le «policier» de l'équipe adverse faisait son apparition sur la glace, chaque joueur devait être sur ses gardes, et surtout le joueur étoile. Heureusement, Maurice avait ses poings et le tempérament d'une grenade qui vient d'exploser.

Au cours de cette saison 1954-55, sept événements avaient, d'une certaine manière, préparé cette émeute. Pendant un match à Toronto, durant le temps des fêtes, Maurice s'était retrouvé engagé dans une bagarre assez féroce avec le défenseur des Leafs Bob Bailey. On les a séparés et envoyés à leur vestiaire respectif. Comme Maurice s'approchait de notre banc, Dick Irvin s'est penché sur la bande et a dit quelque chose au Rocket qui a fait volte-face et sauté de nouveau sur Bailey. Puis il s'en est pris au juge de ligne George Hayes qui avait fait mine de se mêler de la bagarre. L'arbitre Red Storey n'a pas imposé de punition supplémentaire ni mentionné l'incident dans son compte rendu de la partie. Les journaux ont écrit par la suite que Maurice était furieux parce qu'il croyait que Bailey avait essayé de lui arracher les yeux. Les Leafs, quant à eux, ont envoyé à Clarence Campbell, le président de la ligue, le film de la bagarre et de l'intervention de Dick Irvin, ce qui méritait, selon eux, une suspension ou, à tout le moins, une très sévère réprimande.

Personne ne fut suspendu, mais Maurice et Frank Selke ont été vertement semoncés par les dirigeants de la LNH et la ligue décida de mettre un frein à la violence au jeu qui ne cessait d'augmenter. Ainsi, plus tard dans la saison, quand Ted Lindsay a attaqué un partisan à Toronto, la ligue l'a suspendu pour 10 jours. C'était un avertissement sans équivoque : toute altercation impliquant un officiel ou un spectateur serait dorénavant sévèrement punie.

Le dimanche 13 mars, nous jouions à Boston. Les Bruins menaient la partie 4 à 2. Nous étions alors en pleine course avec Detroit pour le trophée Prince-de-Galles, et une défaite face aux Bruins, qui occupaient la quatrième position, était extrêmement frustrante. Vers la fin du match, j'ai pris la mise au jeu, flanqué de Bert Olmstead et de Maurice Richard. Ce dernier s'est approché de Hal Laycoe à la ligne bleue, et Laycoe, en levant son bâton, l'a coupé à la tête. Je me trouvais alors à quelques pas de là. J'ai vu Maurice enlever son gant. Il a passé sa main sur sa blessure ; elle s'est couverte de sang.

Il a immédiatement sauté sur Laycoe et nous avons tous enlevé nos gants pour lui venir en aide. J'ai plaqué Fleming Mackell contre la baie vitrée tout en essayant de suivre la mêlée du coin de l'œil. Apparemment, quand le Rocket s'est jeté sur Laycoe, l'arbitre Frank Udvari et le juge de ligne Cliff Thompson se sont interposés. Une autre version de l'histoire veut que Doug Harvey soit venu à la rescousse de Maurice que le juge de ligne tentait d'immobiliser. D'une manière ou d'une autre, Maurice a réussi à se dégager et a frappé Laycoe. Thompson est intervenu une seconde fois. Maurice a déclaré par la suite que pendant qu'il était retenu par le juge de ligne, Laycoe n'arrêtait pas de le frapper. Après avoir demandé à Thompson à trois reprises de le laisser se défendre, Richard s'est retourné pour pousser le juge de ligne, ce qui lui a valu une pénalité de match de la part de l'arbitre Udvari.

Plus tard, les journaux ont cité Dick Irvin selon qui Maurice était tellement fâché qu'il était dans une sorte de transe : « Je ne sais même pas s'il se rendait compte qu'il avait affaire à un juge de ligne », aurait-il dit. Selon un autre compte rendu, Irvin aurait lui-même tendu un bâton à Maurice pour qu'il puisse frapper Laycoe encore une fois.

Un tel geste ne pouvait passer inaperçu. On s'attendait à ce que le Rocket soit suspendu pour les trois dernières parties de la saison régulière. C'était une punition sévère, mais juste, et Richard perdait du même coup tout espoir de remporter le championnat des pointeurs. Personne, néanmoins, ne s'attendait à ce que le Rocket accepte la sentence sans rechigner. Mais quand on annonça que Campbell suspendait Richard pour le reste de l'année, incluant les éliminatoires, ce fut la stupeur. La faute était grave, certes, mais le châtiment imposé semblait aux yeux de tous exagéré, tant pour Maurice Richard que pour le Canadien.

J'étais persuadé que Campbell n'avait pas pris seul cette décision et que les dirigeants des cinq autres équipes s'étaient ralliés contre le Canadien. Frank Selke a manifesté bien haut sa rancœur envers ses collègues : « Tous ces gentlemen demandent que quelque chose soit fait pour punir et écarter Maurice Richard, un joueur dont la plus grande faute a été de battre leur équipe et de remplir leurs arénas. »

Les francophones de Montréal étaient profondément choqués par la suspension du Rocket. Beaucoup considéraient que ce n'était qu'une autre façon d'humilier les Canadiens français. Les dirigeants de la LNH reçurent des menaces de mort et des menaces d'attentat à la bombe. Camilien Houde, le maire de Montréal, conseilla à Campbell de faire preuve de prudence et d'annuler le match du samedi suivant contre les

Red Wings de Detroit. Campbell, qui avait été procureur au procès de Nuremberg, était un homme avec énormément de sang-froid. Il déclara publiquement qu'il refusait de céder aux menaces et promit qu'il serait au Forum à sa place habituelle.

Malgré notre défaite face aux Bruins de Boston et la suspension du Rocket, nous étions toujours dans la course pour le championnat de la ligue. Une victoire contre les Wings, ce jeudi-là, et nous décrochions le trophée Prince-de-Galles. Mais la suspension de Richard nous avait déboussolés et considérablement affaiblis. Les Wings en ont profité, prenant dès la première période une confortable avance de 4 à 1. C'est alors qu'un jeune fanatique s'est approché de Campbell et a tenté de le frapper au visage. Puis, de toutes parts, on s'est mis à lui lancer des tomates, des œufs, et toutes sortes d'objets. Il y avait plus d'action dans les gradins que sur la glace.

Pendant la pause qui a suivi cette première période, la clameur ne cessait d'augmenter. Quand Selke est entré dans le vestiaire, le vacarme était devenu assourdissant : « Habillez-vous, les gars, nous dit-il. Le commissaire aux incendies a donné l'ordre d'évacuer le Forum. » Après nous être douchés et habillés, nous sommes sortis du Forum pour découvrir que le centre-ville de Montréal était un véritable champ de bataille.

Tout au long des années que j'ai passées dans la LNH, j'ai appris à apprécier Clarence Campbell, un homme de devoir qui a toujours eu les intérêts de la ligue à cœur. Mais je ne pouvais pas, à ce moment-là, être d'accord avec la suspension qu'il avait imposée au Rocket, surtout parce que sa décision me semblait avoir été prise d'un commun accord avec les dirigeants des autres équipes qui avaient tout intérêt à affaiblir le Canadien. Comme presque tout le monde, je voyais dans le geste de Campbell une sorte de conspiration. Je ne croyais pas non plus qu'il avait agi sagement en se présentant au Forum ce soir-là. C'était, me semblait-il, un geste de provocation pure et simple.

À bien y penser, je me demande aujourd'hui s'il aurait pu agir autrement. En tant que président de la ligue, il ne pouvait pas se cacher ou donner l'impression d'avoir peur, d'autant plus que les quartiers généraux de la LNH se trouvaient à deux pas du Forum. De toute façon, son absence n'aurait probablement pas changé grand-chose.

Mais peu importe, Campbell avait profondément blessé Maurice Richard, qu'il privait du titre de meilleur compteur de la ligue. Toute l'équipe était également punie. La première place, qui nous semblait assurée, allait nous être ravie au dernier moment. Privés de notre meilleur joueur, de notre plus grande source d'inspiration, nous avons perdu la série aux mains des Red Wings. Si Maurice avait été avec nous, nous les aurions probablement battus. Dans les éliminatoires, le Rocket jouait avec une intensité et une détermination à toute épreuve, et il comptait toujours des buts déterminants.

Au moment où cette suspension fut imposée à Maurice, nous étions, Boom Boom et moi, respectivement deuxième et troisième marqueurs, et l'idée de le dépasser alors qu'il ne pouvait pas jouer ne plaisait ni à l'un ni à l'autre. C'était pour nous un cruel dilemme. Nous ne voulions pas supplanter Maurice, mais en même temps notre équipe devait finir devant les Red Wings pour avoir l'avantage de la glace au début des séries finales. Malgré son tempérament rieur et ses pitreries, Geoffrion était un homme très sensible, très soucieux de son image et anxieux de plaire aux amateurs :

— Si on termine la saison devant le Rocket, me dit-il avant ce fameux match contre les Wings, on va passer pour des traîtres.

Doug Harvey, qui était assis près de nous, est intervenu :

— Il faut qu'on soit les premiers, les gars. Pas question de lancer à côté du filet.

Il avait dit cela sur le ton d'un général déterminé à étriper ses soldats s'ils ne faisaient pas leur possible.

J'étais d'accord avec lui :

— Écoute, Boom Boom, lui ai-je dit, si l'occasion se présente, il faut que tu comptes. Les partisans vont comprendre.

J'avais tort et Boom Boom avait raison. L'équipe a terminé

au deuxième rang, deux points derrière les Wings. Geoffrion a terminé la saison avec un point de plus que le Rocket et deux de plus que moi, alors que nous avons été les trois meilleurs compteurs. J'ai frappé le poteau à deux reprises au cours de ce dernier match de la saison régulière.

Quelques jours plus tard, tout juste avant notre premier match à domicile contre Boston en demi-finale, on présenta Maurice à la foule du Forum qui lui réserva une longue et délirante ovation. Quelques minutes plus tard, on remit à Boom Boom le trophée Art-Ross, décerné au meilleur compteur de la ligue. Quand il se rendit sur la patinoire pour recevoir son trophée, les partisans le huèrent et lancèrent des saletés sur la glace pendant plusieurs minutes. Boom Boom n'a pas oublié cette humiliation de sitôt. Il avait le cœur brisé. Nous avions beau lui expliquer que la réaction de la foule n'était pas réfléchie, que Maurice n'y était pour rien et que personne au fond ne lui en voulait, il restait inconsolable. Il a quand même joué un bon match et a été notre meilleur compteur des séries, avec 8 buts et 5 passes en 12 rencontres. Nous avons finalement été battus en sept parties par les Red Wings qui ont ramené chez eux une bien peu glorieuse coupe Stanley.

• • •

Alors que j'en étais encore à ma première saison avec les As de Québec, Elmer Lach avait commencé à dire qu'il serait temps pour lui d'accrocher ses patins lorsque je jouerais avec le Canadien. C'était plutôt étonnant, surtout de la part d'un joueur qui, même à la fin de sa carrière, a toujours été très productif et plein d'énergie. Pendant quatre saisons, il avait fait équipe avec l'indéfectible Toe Blake et le spectaculaire Rocket : ils formaient la célèbre *Punch Line*. C'était le meilleur trio de la ligue, le plus spectaculaire, le plus fort. Après que Toe se soit fracturé une jambe et qu'il ait pris sa retraite, Elmer a poursuivi avec le Rocket et différents ailiers gauches dont Bert Olmstead, un joueur qui, comme Toe, travaillait fort bien dans les coins.

Quand je suis arrivé chez le Canadien en 1953, Elmer y était toujours. C'était un joueur utile, tant sur la glace que dans le vestiaire. Dick Irvin lui proposa d'être mon tuteur pendant ma première saison à Montréal. J'ai toujours aimé apprendre de cette façon. Déjà, alors que je jouais pour les Citadelles, Punch Imlach m'avait fait travailler avec mes futurs coéquipiers des As. J'avais ainsi considérablement amélioré ma vitesse en étant forcé de me mesurer à des joueurs plus âgés et plus expérimentés que moi. Elmer excellait tout particulièrement lors des mises au jeu. Il m'a expliqué qu'il valait mieux être déjà en mouvement au moment où la rondelle était jetée. On gagnait ainsi une fraction de seconde sur l'adversaire et, du même coup, on remportait bien des mises au jeu, facteur déterminant dans une victoire.

Elmer était aussi un des passeurs les plus habiles que j'ai rencontrés dans la ligue. Il avait une façon extraordinaire d'envoyer des passes rapides et souples, où la rondelle collait parfaitement à la palette de votre bâton. C'était aussi un patineur très régulier qui possédait cette rare qualité d'être imprévisible. Si ses lancers n'étaient pas très puissants, ils étaient toujours dangereux, parce que d'une extraordinaire précision. Il lui arrivait de se dissimuler derrière un défenseur adverse, surtout à cinq ou six mètres du filet. Si des joueurs adverses parvenaient à neutraliser Maurice ou Toe, ses ailiers, Elmer surgissait de sa cachette et prenait le gardien de but par surprise. Si ce dernier se mettait de côté pour tenter de le repérer, Elmer envoyait vite une passe parfaite à un de ses ailiers. Je savais qu'une longue carrière dans la LNH m'attendait si j'arrivais à faire des relais ayant la moitié de la précision de ceux d'Elmer Lach.

Bert Olmstead, un autre vétéran, m'a aussi permis d'améliorer mon jeu pendant mes premières années à Montréal. Bert était un bon ailier gauche, un vrai dur aussi, qui pouvait assommer un adversaire, et quelques secondes plus tard, sur le banc des joueurs, engueuler un de ses coéquipiers parce qu'il avait mal défendu sa position lors du dernier jeu. Les meilleures années que Boom Boom et moi ayons jamais connues, c'est-à-dire 1955 et 1956, alors que nous avons l'un à la suite de l'autre remporté le championnat des pointeurs, ont été celles où Bert formait un trio avec nous. Il ne nous laissait jamais une minute de répit, toujours à nous pousser dans le dos… « Encore, plus haut les gars, plus fort, plus loin. »

Bert se retrouvait souvent dans un coin de la patinoire avec deux ou trois adversaires sur le dos, pendant que j'attendais, planté devant le filet. J'avais parfois le réflexe d'aller lui porter secours, mais il m'apercevait toujours du coin de l'œil et se mettait à me crier : « Je ne veux pas te voir ici, compris ? Reste à ta place ! » Les trois quarts du temps, il parvenait à sortir de la mêlée avec la rondelle et Boom Boom ou moi recevions sa passe. Il avait attiré tous nos adversaires sur lui et nous n'avions plus qu'à déjouer le gardien.

Les défenseurs des équipes adverses qui avaient pour mission de nous barrer la route devaient travailler fort. S'ils jouaient à droite, Dickie Moore et Bert Olmstead leur tombaient dessus. À gauche, ils devaient affronter les charges de Boom Boom et du Rocket.

L'année de mon arrivée chez le Canadien, un des grands défenseurs de l'histoire du hockey, notre capitaine Émile « Butch » Bouchard, achevait sa carrière. Je n'ai joué que deux ans avec lui. La dernière année, il ne jouait plus beaucoup mais était encore très respecté dans toute la ligue pour sa ténacité. Un soir, une bataille a éclaté à Detroit. Butch n'a fait ni une ni deux, il s'est dirigé directement vers le banc des Red Wings, a ouvert le portillon et a poursuivi un des joueurs de l'autre côté de la bande. Il y avait plusieurs mastodontes parmi les Wings, mais aucun d'entre eux n'a osé répliquer, tant ils craignaient les colères de Butch. Le seul autre défenseur de l'époque qui pouvait se mesurer à lui sans trop de mal était le regretté Tim Horton.

Butch habitait à Longueuil, non loin de chez moi et, pendant sa dernière saison, nous voyagions souvent ensemble. Comme la plupart des hommes forts et imposants, il était timide et réticent à exposer ses prouesses professionnelles hors de la glace. Il croyait qu'un mot gentil, ou un sourire, était beaucoup plus efficace que la force brute. Étant le capitaine, Butch s'efforçait toujours d'écouter ce que les gens pensaient et il m'a servi de modèle alors que je suis devenu à mon tour capitaine de l'équipe dans les années 60.

Pour moi, Butch présentait une autre particularité. Au cours de ma carrière, j'ai joué avec plusieurs frères : les Richard, les Mahovlich, les Rousseau et les Plante. Dans le cas des Bouchard, j'aurai joué avec le père et le fils. Pierre Bouchard, ou Butch junior pour les intimes, a été mon coéquipier pendant ma dernière saison. Il avait la force et le rire facile et communicatif de son père. Contrairement à la plupart des joueurs qui avaient des enfants, Butch senior n'amenait pas souvent Pierre au Forum. C'est à la maison, j'imagine, qu'il lui a enseigné les rudiments et les raffinements du hockey.

Mais le vétéran le plus influent du Canadien, à l'époque où je suis arrivé, était incontestablement Doug Harvey, un comité d'accueil sur deux pattes. Si un nouveau venu avait besoin de quoi que ce soit, il n'avait qu'à aller voir Doug. C'était un homme d'équipe, sur la glace, dans le vestiaire, sur la route, partout et tout le temps.

C'était aussi le meilleur défenseur que la LNH ait connu. Bien sûr, il y a eu Bobby Orr qui a changé le hockey à lui seul. Pour ce qui est de l'offensive, il était incontestablement supérieur à Doug. Il était tellement rapide qu'il pouvait tenter une incursion jusqu'au fond de la zone adverse et, si sa sortie avait échoué, se replier sur la défensive à sa ligne bleue, avant que l'équipe adverse ne se soit ressaisie. Il ne pouvait cependant pas contrôler le jeu avec autant d'aisance que Doug. Tout le monde est d'accord sur ce point : les coéquipiers de Doug, ses adversaires, ou quiconque a eu la chance d'admirer son habileté sur la glace.

À la défensive, Doug Harvey était nettement supérieur à Bobby Orr. Comme je l'ai mentionné précédemment, il a probablement été l'athlète le plus complet qui ait évolué dans la Ligue nationale de hockey. Avant qu'il soit repêché par le Canadien, les dépisteurs, les gérants et les rédacteurs sportifs avaient parlé pendant des années de son talent tout aussi incroyable pour le baseball, le football et le hockey.

Rarement ai-je vu une telle merveille. Lorsque le Canadien avait des blessés et qu'il nous était impossible de les remplacer, à Boston ou à Detroit, par exemple, Doug passait toute la soirée sur la patinoire. Quand il avait besoin de récupérer ou s'il trouvait que le jeu devenait un peu trop rapide à son goût, il le ralentissait tout simplement.

Qu'un seul joueur puisse décider du rythme d'un match peut paraître impensable, mais Doug y parvenait. Il lui suffisait de rester en possession de la rondelle pendant de longs moments. Les joueurs d'avant de l'équipe adverse hésitaient à foncer sur lui car ils savaient qu'il pouvait facilement utiliser sa force ou les humilier en s'esquivant rapidement. Lorsque l'attention de ses adversaires se relâchait, Doug faisait une longue passe à un coéquipier qui avait pu semer ses opposants et pouvait monter seul devant le filet ennemi. Même à la fin de sa carrière, avec 30 livres en trop, quand il a joué avec les Blues de Saint-Louis en 1968, il parvenait encore, mais d'une façon plus subtile, à contrôler le jeu.

Lorsque Doug était sur la glace, on devait jouer comme lui ou ne pas jouer. Les gens se demandent souvent comment les joueurs de mon époque se comporteraient s'ils se retrouvaient aujourd'hui dans la Ligue nationale. Doug Harvey, j'en suis persuadé, se débrouillerait très bien, surtout mieux que certains ailiers actuels qui ont la mauvaise habitude de rester près de leur ligne bleue à attendre qu'un défenseur leur refile la rondelle. Doug n'attendait pas qu'on lui prépare le terrain, il écrivait et réalisait les scénarios des grands matchs.

Il disait toujours aux joueurs d'avant: «Je vous passerai la rondelle si vous êtes en mouvement, pas si je vous vois plantés le long de la bande, comme des petits vieux qui attendent de mourir. La rondelle, il faut aller la chercher. »

Alors nous patinions et Doug nous faisait des passes intelligentes, raides, précises. Entre 1955 et 1962, il a obtenu sept fois le trophée Norris décerné au meilleur défenseur de la ligue. En 1959, le Norris est allé à notre coéquipier Tom Johnson. Seul Bobby Orr, avec ses huit trophées, a battu l'impressionnant record de Doug.

Je me rappelle cette fois où Doug maîtrisait littéralement le jeu. C'était en mars 1960 et nous étions partis à la conquête de notre cinquième coupe Stanley d'affilée. Nous avons commencé cette série par une victoire de 4 à 3, arrachée de peine et de misère aux Blackhawks de Chicago, étonnamment coriaces, même sans Stan Mikita et Bobby Hull, tous deux blessés. Deux soirs plus tard, nous menions 3 à 2, quand Bill Hay est parvenu à enlever la rondelle à Doug, qui cherchait à gagner du temps à la ligne bleue, et est allé déjouer notre gardien une minute avant la fin de la troisième période. C'est avec des têtes d'enterrement que nous sommes retournés au vestiaire pour attendre la prolongation.

« Je vous en dois une, les gars ! » nous a simplement dit Doug, mine de rien. Environ huit minutes après le début de la quatrième période, sur la glace du Forum, il a tenu sa promesse. Il est resté tout aussi vigilant pendant les parties suivantes. Les Hawks n'ont plus compté un seul autre but au cours des séries. Nous avons en effet remporté les deux derniers matchs 4 à 0, puis 2 à 0 à Chicago pour passer en finale. C'est à Jacques Plante surtout que nous devions ces deux blanchissages consécutifs, mais Jacques disait que Doug lui avait considérablement facilité la tâche et, surtout, qu'il l'avait inspiré par sa farouche détermination.

Pendant cette série contre Chicago, Doug semblait avoir perdu cet éclatant sourire qu'il arborait depuis toujours. C'était un grand comique. Il semblait toujours insouciant. Avant un match important, sa seule préoccupation était d'alléger l'atmosphère et de nous détendre un peu. Il n'y a rien de pire que le trac pour déconcentrer un joueur et briser l'esprit d'équipe. Quand le match ne représentait pas un enjeu important, Doug pouvait nous faire rire pendant les trois périodes. Une fois, à Sudbury, pendant un match d'exhibition contre les Wolves de la Ligue de hockey senior de l'Ontario, il nous a fait un inoubliable numéro de clown.

Hector «Toe» Blake avait alors remplacé Dick Irvin au poste d'entraîneur. Sudbury était le lieu de naissance de Toe qui voulait, bien sûr, que son passage dans sa ville natale soit remarqué. Grâce à Doug, il l'a été. Nous menions 5 à 0 en troisième période et, repliés sur la défensive, nous nous contentions d'empêcher les Wolves de compter. Ils l'ont quand même fait, à notre grand étonnement et, je pense bien, au leur également.

Lorsque l'équipe locale enfilait un but, l'effigie d'un loup sortait de derrière un rideau et traversait l'amphithéâtre d'un bout à l'autre, pendant qu'un effroyable hurlement sortait des haut-parleurs. La foule, déjà électrisée par le but que venait de compter son équipe, se mettait aussitôt à hurler en chœur. On aurait cru pendant un moment qu'une vraie meute de loups se trouvait dans l'aréna.

Doug était tellement impressionné par ce spectacle que, quelques minutes plus tard, il a plus ou moins délibérément envoyé la rondelle dans notre filet, sous le regard ébahi de Jacques Plante… juste pour revoir le loup de Sudbury et entendre ces extraordinaires hurlements. Quand il est revenu au banc, Toe Blake l'attendait. Hors de lui, rouge comme une tomate, une veine palpitant de façon alarmante sur sa tempe :

— Es-tu tombé sur la tête, Doug ? Qu'est-ce qui t'a pris, veux-tu me dire ?

— Excuse-moi, Toe, mais avoue que pour revoir ce loup-là ça valait la peine, reprit Doug avec son plus beau sourire.

J'ai évoqué précédemment le problème de boisson de Doug, ce qui l'a sans doute diminué aux yeux de plusieurs, mais pas des miens. Il buvait, c'est indéniable, et il adorait fêter. Je peux dire que son comportement ne nous a pourtant jamais nui d'aucune façon et qu'il est resté, jusqu'à la fin, un homme attentif aux autres, ne ménageant jamais ses efforts, soucieux du bien-être de l'équipe plus que du sien.

Il a passé sa jeunesse dans un milieu où on travaillait fort et où on buvait ferme. Il était resté profondément attaché à ce petit monde de cols bleus et à la taverne Snowdon.

On m'a souvent demandé ce que j'aurais pu faire pour l'aider et si nous, ses compagnons, avions compris ce qu'il vivait, les dangers auxquels il s'exposait. En vérité, je crois qu'il n'y avait pas grand-chose à faire. Ce n'était pas à nous de lui dicter sa conduite. Doug était un des leaders de l'équipe. Il était plus âgé, plus expérimenté que la majorité d'entre nous. De plus, le fait qu'il boive ne nuisait pas à son jeu. Il ne s'est jamais présenté le moindrement éméché à un match.

C'est vrai que les week-ends étaient difficiles et qu'il arrosait parfois nos victoires un peu trop fort, ou qu'il noyait sa peine quand nous avions perdu. Mais il n'était pas le seul à le faire. Tout comme les joueurs d'aujourd'hui, nous allions toujours prendre une bière après le match. Un hockeyeur qui se démène le moindrement pendant une partie peut facilement perdre cinq ou six livres. Il faut boire beaucoup pour récupérer tout ce liquide perdu. À 11 h 00 du soir, un joueur n'a jamais faim, il a soif. Et qu'est-ce qui est ouvert à 11 h 00 ?

Doug appréciait beaucoup ses compagnons et il n'aurait jamais fait de mal à une mouche. Sauf à lui-même, peut-être. Il était toujours anxieux d'aider. Un jour, longtemps après qu'il eut accroché ses patins, il m'a téléphoné au Forum. Il était dans un camp de vacances financé par un organisme de charité, quelque part dans les Cantons-de-l'Est. Il construisait bénévolement une chambre froide.

— On manque de bois, me dit-il. Crois-tu que ta fondation pourrait nous aider ? Il faisait référence à la fondation que j'avais mise sur pied à la fin de ma carrière de joueur et qui m'a permis de recueillir des fonds pour des organismes de charité pendant plus de vingt ans.

— Bien sûr, ai-je répondu. Combien te faut-il ?

— Je pense que 500 $ suffiraient.

— D'accord, dis à tes amis de m'envoyer la facture. Mais toi, Doug, qu'est-ce que tu fais ? Et puis, d'abord, depuis combien de temps es-tu ici ?

— À peu près une semaine. Tu devrais voir ça, Jean, c'est magnifique ici. On est en train de construire cette chambre froide en prenant une bière et en s'amusant.

J'ai toujours eu l'impression que, quelque part, Doug était resté un petit garçon. La vie est là pour qu'on l'apprécie. La vie est courte, alors il faut profiter au maximum de chaque instant.

Après notre défaite aux mains des Blackhawks au printemps de 1961, Frank Selke a échangé Doug Harvey et Albert Langlois aux Rangers de New York pour Lou Fontinato, une véritable armoire à glace. À New York, Doug était à la fois joueur et entraîneur. Il avait vraiment l'œil pour tout ce qui concernait le hockey. Il savait reconnaître le talent, mais il ne pouvait pas supporter cette espèce de solitude à laquelle le confinaient ses nouvelles fonctions, cette barrière invisible qui le séparait désormais de ses coéquipiers. Il a abandonné au bout d'une saison. De plus, ses méthodes n'étaient pas très catholiques. Il en a choqué plus d'un en faisant sa première réunion d'équipe dans un bar. Il a quitté New York en 1964 et ensuite erré dans les ligues mineures pendant un certain temps, comme joueur, entraîneur ou dépisteur, pour finir avec les As de Québec, sous la direction de son ancien coéquipier, Boom Boom Geoffrion.

Un beau matin, alors que les As partaient en tournée, pour ne pas avoir à se rendre en ville, Doug a décidé d'attendre l'autobus sur l'autoroute, près de chez lui, au lac Beauport. Il faisait un froid de loup. Quand l'autobus est arrivé, Doug était en train de se chauffer les mains au-dessus d'un feu qu'il avait allumé dans un vieux baril d'huile, bel exemple d'auto-suffisance pour le reste de l'équipe.

Quand Doug est parti pour New York, les gens ont dit que Selke l'avait écarté parce qu'il était très actif au sein du syndicat des joueurs. Selke avait apparemment déjà échangé Dollard

Saint-Laurent et quelques autres joueurs aux Blackhawks pour cette raison. Peut-être ces accusations étaient-elles fondées. Il me semble pourtant que cela ne ressemblait pas beaucoup à Frank Selke. J'ai toujours cru qu'en envoyant Doug à New York, Selke lui donnait plutôt la chance de reprendre en main sa carrière. Si Doug était resté entraîneur, je crois qu'il serait allé loin, à condition bien sûr qu'il ait pu maîtriser un peu mieux ses penchants. N'oublions pas qu'il allait avoir trente-sept ans au moment où il fut cédé aux Rangers. Sa carrière en tant que joueur tirait donc à sa fin, d'une manière ou d'une autre.

• • •

De tous les joueurs de cette grande équipe du Canadien des années 50 — dont 13 ont été intronisés au Temple de la renommée à Toronto —, le plus féroce et le plus acharné était Richard Winston « Dickie » Moore. Quand je suis arrivé à Montréal pour jouer avec le Canadien, je connaissais déjà Dickie intimement. Nous nous étions abondamment battus chez les juniors. Nous nous haïssions alors passionnément et nous nous en donnions des preuves tangibles, soir après soir. Je crois que Dickie n'aurait pas supporté qu'il en soit autrement.

Dickie Moore a tout fait pour joindre les rangs du Canadien, tout de suite après ses années juniors, en 1951. Mais on le considérait encore trop jeune, trop inexpérimenté, et il s'est retrouvé avec les Royaux de la Ligue de hockey senior du Québec. J'étais moi aussi dans la LHSQ, avec les As de Québec. Dickie a donc pu me rendre, encore une fois, la vie insupportable.

Cependant, il n'est pas resté longtemps chez les seniors. Lorsque Maurice Richard fut pris de maux de ventre persistants durant la majeure partie de la saison 1951-52, le Canadien a appelé Dickie à la rescousse. Entre le 15 décembre et la fin de la saison, en 33 parties, il a marqué 18 buts et récolté 15 passes. Il semblait bien que sa carrière allait décoller pour de bon.

Il fut cependant blessé tout au début de la saison suivante, comme l'avait été le Rocket à ses débuts dans la LNH, et comme j'allais l'être, à mon tour, à ma première saison. Dickie ne participa qu'à 31 parties au cours des 2 saisons suivantes. À sa troisième saison — qui était ma première —, nous avons eu l'occasion de mieux nous connaître et dans des circonstances infiniment meilleures que chez les juniors. Cette année-là, à cause d'une vilaine blessure au genou, il n'a participé qu'à 13 matchs de la saison régulière. Il a pu cependant se joindre à nous pour les séries éliminatoires et récolté 13 points en 11 matchs. J'ai moi-même manqué 26 matchs pour diverses raisons, dont une assez vilaine fêlure à une cheville.

Ses genoux étaient plus amochés, je crois, que ceux de Bobby Orr. Vers la fin de sa carrière, on pouvait le reconnaître sans même le voir, rien qu'au cliquetis que faisaient les os de ses chevilles, de ses articulations, quand il marchait.

Dickie remporta le championnat des compteurs en 1957-58, bien qu'il ait joué une bonne partie de la saison avec un poignet fracturé. Quand il a subi cette première blessure, il nous a réunis pour nous demander si nous voulions continuer à jouer avec lui. Il craignait de nuire aux efforts de Henri Richard, le « Pocket Rocket », pour décrocher le championnat des compteurs. Les médecins lui ont mis un plâtre spécial et Toe Blake l'a placé à l'aile droite de notre jeu de puissance où il se trouvait plus ou moins protégé. Dickie termina cette saison avec 36 buts et 48 passes, 4 points devant Henri Richard. L'année suivante, il conserva le trophée Art-Ross, avec 41 buts et 55 passes pour un total de 96 points, un record de ligue qui dura 6 saisons, jusqu'à ce que Bobby Hull amasse 97 points en 1965-66.

• • •

Exactement 12 joueurs du Canadien ont joué pour l'équipe qui a remporté les cinq coupes Stanley consécutives : Maurice et Henri Richard, Boom Boom Geoffrion, Dickie Moore,

Jacques Plante, Tom Johnson, Don Marshall, Claude Provost, Bob Turner, Doug Harvey, Jean-Guy Talbot et moi-même. Comme Maurice Richard, il y avait de ces joueurs qui refusaient absolument de perdre. Nous étions tous des compétiteurs enragés, mais Boom Boom était une véritable tornade en soi.

En 1959, nous nous étions rendus à Chicago pour les éliminatoires. Un matin, en feuilletant l'horaire de la télévision au petit déjeuner, Boom Boom remarqua avec excitation qu'un film au titre prometteur, *Job in Chicago*, serait diffusé le soir même. «À Chicago, ça ne peut pas faire autrement que d'être une histoire mettant en scène la mafia, nous dit-il. Probablement l'histoire d'Al Capone, avec beaucoup d'action, des fusillades. »

Pendant toute la journée, il n'a pas cessé de me parler du film, pour être sûr que je ne l'oublie pas et que je travaille avec lui pour qu'on soit de retour à nos chambres le plus tôt possible.

À 10 h 30 du soir, nous étions prêts, installés devant le téléviseur, tout heureux de voir ce film dont le Boomer nous avait tant parlé. Or, nous allions découvrir que *Job in Chicago* était en réalité *Jobs in Chicago*. Il s'agissait d'une émission d'information, une sorte de catalogue des emplois disponibles dans la région.

Le texte était à caractère informatif: «Job 66. Telle compagnie à Oak Grove a besoin d'un plombier. Appelez tel numéro, mentionnez le numéro 66. » Et ainsi de suite. Une foule d'emplois dans toutes sortes d'industries, la construction surtout, un véritable bureau de placement. La seule chose qui pouvait rappeler un film de gangsters était la voix saccadée, comme une mitraillette, de l'annonceur. Le Boomer était bleu. Il a blasphémé, en bon Québécois, pendant une demi-heure. Puis il s'est mis à rire avec nous, content au fond d'avoir fait notre joie.

Vers le milieu des années 50, Kenny Reardon, un ancien défenseur du Canadien, membre du Temple de la renommée, fut nommé assistant-gérant général de l'équipe. Il s'était fait connaître, du temps où il jouait, par sa façon tout à fait particulière de patiner. Pendant une séance d'entraînement, alors que Kenny nous surveillait, appuyé contre la bande, Boom Boom nous a fait une parfaite imitation de son style, en se dandinant sur le bout de ses patins, d'un bout à l'autre de la patinoire. Puis il a contourné un défenseur, freiné brusquement et projeté la rondelle dans les plus hauts gradins.

Le Boomer était à lui seul la moitié de l'escouade humoristique de l'équipe. Je vous parlerai plus loin de l'autre moitié. Mais son goût pour l'humour a bien failli lui être fatal en 1958. C'était pendant un exercice ; on aurait dit que le Boomer s'apprêtait à foncer sur André Pronovost. Il n'y a pas eu de collision, mais deux secondes plus tard, Geoffrion allait s'effondrer sur la glace. Nous avons cru qu'il s'amusait comme d'habitude et nous ne nous sommes pas tout de suite occupés de lui. Après un moment, voyant qu'il ne se relevait pas, je me suis approché, vaguement inquiet, pour découvrir un Boom Boom au visage crispé qui trouva tout juste la force de me dire, entre les dents : « Je ne sais pas ce que j'ai, Jean. Mais c'est sérieux. » J'ai tout de suite fait signe à l'entraîneur Hector Dubois de venir et, en compagnie de Bill Head, il l'a emmené à l'hôpital, où il fut opéré d'urgence pour une rupture de la rate.

Les médecins ont expliqué que cela aurait pu se produire n'importe quand, même pendant qu'il marchait dans la rue ou qu'il était au repos.

En 1993, Boom Boom et sa femme Marlene, la fille d'Howie Morenz, ont subi des opérations à Atlanta, en Géorgie, où ils vivent depuis plusieurs années. Marlene a eu trois pontages : huit heures sur la table d'opération ; quant à Boom Boom, il a été traité pour un cancer de la prostate. Je suis bien content de pouvoir dire qu'ils sont maintenant tous les deux parfaitement rétablis.

En plus de ses talents de comédien, Boom Boom adorait chanter. Il avait une voix bien timbrée, très juste. Il a même chanté plusieurs fois à la télévision, tant en français qu'en anglais. En tournée, nous allions parfois dans les bars où l'on présentait des spectacles. Nous étions à peine assis que Boom Boom était rendu sur la scène, micro en main. Tout le monde fait ça, aujourd'hui. C'est ce qu'on appelle le karaoké. À l'époque, on disait tout simplement : «jouer au Gros Jambon».

Peut-être la plus célèbre apparition du Boomer fut au *Juliette Show*, une émission de variétés très populaire à CBC. Il avait changé les paroles de la chanson *C'est magnifique* de façon à faire, pour rire, l'éloge de sa propre personne. Il pouvait également imiter de façon étonnante Maurice Chevalier aussi bien que Dean Martin.

Geoffrion savait, bien sûr, être sérieux à ses heures. Quand il jouait, c'était pour gagner. En 1961, il s'était donné pour défi de battre le record de 50 buts en une saison que détenait le Rocket. Le 16 mars, lors d'une victoire de 5 à 2 contre les Leafs, à Montréal, il a marqué un but magnifique en déjouant Cesare Maniago de façon spectaculaire. La saison tirait à sa fin. Le Boomer disputait ce soir-là son soixante-deuxième match de la saison ; l'équipe, son soixante-huitième.

Tout au long de ma carrière, on m'a souvent reproché de faire trop de passes, mais j'ai toujours aimé préparer des jeux offensifs, et je pense que j'ai participé à 37 ou 38 des 50 buts que le Boomer a comptés cette saison-là, ce qui a fait taire les critiques. Il s'est classé en tête des compteurs de la ligue avec 95 points, 5 de plus que moi. Cette année-là, quand on lui a remis le trophée Art-Ross, au Forum, personne ne l'a hué.

Ensemble, nous avions mis au point plusieurs techniques de jeu. À cette époque, la plupart des défenseurs avaient tendance à être plutôt lents et trapus. En tant que bon manieur de bâton, je devais me placer à la ligne bleue. Dès que j'avais possession de la rondelle, je m'élançais à droite. Si le défenseur venait vers moi, je passais la rondelle au Boomer. Si le défenseur reculait, nous foncions, tous les deux, l'un vers sa droite, l'autre vers sa gauche et il était rapidement débordé, déjoué. Nous faisions la même chose avec le gardien de but.

Quand on est incontestablement la meilleure équipe au monde, comme le Canadien à cette époque, il est bien difficile de ne pas être, de temps en temps, un tantinet arrogant. Le Boomer aimait bien se moquer des perdants. Un dimanche soir, au Madison Square Garden, nous avons battu les Rangers 6 à 0. L'entraîneur des Rangers, Phil Watson, était furieux. Dès que la foule eut quitté les gradins, il a convoqué tous ses joueurs sur la patinoire pour une séance d'entraînement.

Quand, vers 23 h 00, nous avons quitté le vestiaire des visiteurs, nous avons aperçu cet étrange spectacle des Rangers fatigués, défaits, en plein exercice sous le regard courroucé de l'intraitable Phil Watson.

Le Boomer s'est collé le nez à la baie vitrée, juste devant Andy Bathgate, Wally Hergesheimer, Dean Prentice et Gump Worsley qui suaient sang et eau, et leur a crié : « Allez, patinez ! Allez, plus fort, plus vite, et un peu de cœur au ventre, s'il vous plaît ! » Les pauvres vaincus ne pouvaient que le fixer d'un regard envieux et résigné : ils venaient de se faire battre une deuxième fois en une heure.

Le Boomer était tout un personnage, mais Marcel Bonin, mon ancien coéquipier des As qui est arrivé à Montréal en provenance de Boston en 1957, n'avait rien à lui envier. J'ai déjà dit à quel point Marcel adorait chasser et, à l'occasion, emprunter les vêtements des autres. Il pouvait marcher sur les mains aussi facilement que sur ses pieds. Avant une confrontation importante, pour détendre l'atmosphère et nous faire rire un peu, il traversait parfois le vestiaire sur les mains… et complètement nu.

Ou encore, juste avant qu'on se lève pour aller jouer, il nous demandait : « Contre qui est-ce qu'on joue, ce soir ? » ou « Qui est leur joueur le plus dur ? Marcel a envie de quelque chose de coriace, ce soir. » Et il gonflait ses muscles et prenait des poses, si bien qu'il nous arrivait d'être pris d'un fou rire général juste avant de nous rendre sur la patinoire. Il pouvait aussi casser un verre, s'en mettre un morceau dans la bouche et le mâcher tranquillement, comme il l'aurait fait d'une chique de tabac.

Un soir, dans le vestiaire des joueurs, alors que nous étions en train de nous habiller pour une partie décisive, cinq semaines environ avant la fin de la saison, il nous déclara le plus sérieusement du monde qu'il entrait dans une léthargie :

— Qu'est-ce que tu dis ?

— Vous avez bien compris, les gars, j'arrête de marquer.

Nous étions stupéfaits. Pour nous tous, marquer un but demeurait une expérience magique. Il m'était impossible d'imaginer qu'on arrête volontairement de compter.

— J'ai atteint ma moyenne saisonnière, continua Marcel. J'ai réussi 15 buts, comme les années précédentes. Si j'en marque 20, ils vont m'en demander 25 l'an prochain. Ça ne m'intéresse pas de m'embarquer là-dedans. Alors, pour les sept ou huit prochains matchs, je vais préparer les jeux. Vous marquerez vous-mêmes les buts. Marcel, lui, en a assez.

Pendant les 5 années qu'il a passées avec nous, il n'a jamais enregistré plus de 17 buts. Pourtant, quand il faisait partie du trio avec Boom Boom et moi, en 1959-60 et 1960-61, il a tellement préparé de jeux et fait de belles passes qu'il a accumulé à chacune de ces saisons 51 points. Il aurait peut-être pu mieux faire, mais il avait vraisemblablement décidé de s'arrêter après avoir dépassé les 50 points.

Mieux valait avoir Marcel de son côté quand les choses tournaient mal. Un soir, nous avons été impliqués dans une bagarre à Boston. Le Boomer a commencé à se battre avec Jack Bionda, un défenseur d'une force exceptionnelle. Pendant ce temps, Marcel était dans le coin de la patinoire, en train de régler son compte à un autre joueur. Une fois la bagarre terminée, chacun s'est dirigé vers son banc ou vers le banc des punitions. Sauf Bionda, qui restait assis, épuisé, au centre de la patinoire, en essayant de se remettre de la raclée que venait de lui administrer Boom Boom.

Il était à bout de souffle et ne dérangeait personne. En passant près de lui, Marcel s'est arrêté un moment, a semblé réfléchir, puis s'est penché vers lui et bang ! il l'a assommé d'un seul coup, avant de continuer son chemin jusqu'à notre banc.

Quelques secondes plus tard, évidemment, les deux équipes étaient de nouveau réunies au centre de la patinoire dans une mêlée générale.

Une autre fois, il a déclenché un fou rire général au stade de Chicago. C'était un soir de fin de saison. Il faisait très chaud. J'essayais de me concentrer de mon mieux sur la mise au jeu, tâchant de mettre en pratique les leçons d'Elmer Lach, mon maître en la matière. Rester immobile le plus longtemps possible devant mon vis-à-vis, tout en gardant mon bâton en mouvement jusqu'à ce que la rondelle touche la glace. Le juge de ligne était sur le point de faire la mise au jeu, quand je me suis retiré pour vérifier la position de mes coéquipiers. J'allais reprendre ma position quand j'ai aperçu Marcel, en train de discuter gaiement avec quelqu'un dans les gradins. « Marcel, qu'est-ce que tu fais ? »

Il m'a désigné son interlocuteur d'un signe de tête : « Ce type-là vient juste de me lancer de la bière dans le cou. J'étais en train de lui demander de me prévenir, la prochaine fois, pour que je me retourne et qu'il me verse sa bière juste ici. » Et il montrait sa gorge. Les amateurs et les joueurs ont éclaté de rire. Qu'est-ce que je pouvais dire ou faire ? Nous pouvions nous permettre, à cette époque, d'agir et de parler de la sorte ; nous gagnions tout le temps.

Après avoir pris sa retraite, Marcel est entré dans la police, à Joliette. Un après-midi, alors qu'il n'était pas en service, une quincaillerie de la place fut victime d'un cambriolage. L'alarme a été donnée et les voleurs se sont retrouvés pris au piège dans le magasin. Ils étaient armés et des coups de feu furent échangés. Quand le chef de police est arrivé, il a demandé qu'on aille chercher Marcel.

Marcel était parti à la chasse ce jour-là. On a donc mis du temps à le rejoindre. Quand il est arrivé, environ une heure après le début du drame, armé jusqu'aux dents, les photographes de presse étaient déjà sur les lieux.

C'est lui qui m'a raconté la suite de l'histoire : « Je me suis avancé, collé au mur, en essayant de trouver une ouverture afin que je puisse parler aux types qui se trouvaient dans le magasin. Tout à coup, j'ai entendu un "pssst" juste derrière moi. C'était un des photographes de Montréal, que j'avais déjà rencontré au Forum et que je connaissais bien. Il voulait que je pose, comme à l'époque où je portais l'uniforme du Canadien et qu'on nous faisait faire des photos de promotion.

Il me regarde et me dit : « Écarte un peu la carabine de ton corps, ça va faire une meilleure photo. »

Je me suis retourné vers lui et je lui ai dit : « Es-tu fou ? Ces gars-là sont en train de tirer des balles, pas des rondelles ! »

Le photographe ne voulait rien entendre. Il n'a pas laissé Marcel tranquille tant qu'il n'a pas eu sa photo. Je peux comprendre son étonnement. C'était probablement la première fois de sa vie qu'il voyait Marcel demander à quelqu'un d'être sérieux. Les voleurs ont fini par se rendre sans problème, heureusement pour eux. Marcel était un tireur d'élite, le genre d'homme qui peut atteindre une cible derrière lui en tirant par-dessus son épaule et en visant avec la seule aide du reflet de la cible sur une bague de diamant devant lui.

• • •

Voilà dépeints quelques-uns des principaux artisans de cette magnifique légende qui a littéralement enchanté le Québec dans les années 50 et qui continue de fasciner toute l'Amérique. Je vous parlerai plus tard d'Henri Richard, de Claude Provost et de Jacques Plante. Je reconnais avoir passé sous silence de nombreux joueurs importants, dont Tom Johnson, Bob Turner et Dollard Saint-Laurent, trois joueurs remarquables.

Tom, par exemple, a disputé 857 matchs en 13 saisons dans la LNH. À ses débuts dans l'uniforme bleu-blanc-rouge, Butch Bouchard était son coéquipier et ils devinrent rapidement très proches. Par la suite, il a joué le plus souvent aux côtés de Jean-Guy Talbot. Tout comme Johnson, Bob Turner était originaire de l'Ouest. Excellent patineur, il était arrivé chez le Canadien en 1955-56, de sorte qu'il a embrassé la coupe Stanley à la fin de ses cinq premières années dans la Ligue nationale. J'ai appris au printemps 2005 la triste nouvelle du décès de Bob.

Tous les membres de l'organisation du Canadien ont contribué à leur manière à ces grandes victoires. Nous avons tous ensemble créé une légende dont nous pourrons toujours être fiers.

Les années cinquante furent une époque heureuse, mais elles m'ont également réservé des moments douloureux et difficiles. Ma mère est morte des suites d'un cancer à l'âge de 49 ans, en 1957, l'année de la naissance de ma fille. Mon père s'est remarié et Mida, ma belle-mère, l'a beaucoup aidé à élever mes jeunes frères.

Il faut maintenant que je parle d'un pénible événement annonciateur des problèmes que j'allais connaître plus tard. Élise et moi avions déjà connu à Québec les grandeurs et les misères de la célébrité. Nous avions appris à composer avec les exigences des médias, bien qu'après notre arrivée à Montréal, la pression soit devenue vraiment très forte. Chaque semaine, quelqu'un d'un journal ou d'une revue, de la radio, de la télévision, venait frapper à notre porte, en quête de nouveaux potins sur les Béliveau. On nous photographiait dans tous les moments de notre vie familiale, on entrait dans notre intimité, dans notre bonheur le plus simple, le plus quotidien. On nous photographiait en train de cuisiner, de manger, de lire, d'écouter de la musique. C'était ce que voulaient voir nos admirateurs, et nous étions généralement heureux de les satisfaire.

Or, il y avait toujours un autre côté à la médaille, ce qu'on appelle la rançon de la gloire. En 1955, une rumeur a commencé à circuler selon laquelle nous connaissions, Élise et moi, des problèmes de couple. Cette rumeur avait pris naissance à Québec, où l'on voyait souvent Élise sans moi. En fait, mon épouse allait régulièrement voir sa mère qui était tombée malade cette année-là.

La rumeur s'est amplifiée. On a commencé à parler d'un rival, le lutteur professionnel Jean Rougeau. Il n'y avait qu'un seul petit détail qui clochait dans ce commérage: Élise ne l'avait jamais rencontré de sa vie. Des journalistes sérieux ont enquêté. La rumeur s'est révélée sans fondement et on a fini par l'oublier.

Néanmoins, cette affaire nous a causé beaucoup de peine et d'ennuis, en plus d'avoir inspiré cruellement certains esprits tordus. Un soir, par exemple, une femme appela à la maison pour donner à Élise des détails vraiment grotesques sur mes prétendues aventures.

« Pauvre madame Béliveau, vous devriez voir où se trouve votre mari en ce moment. »

Cette femme savait sans doute que j'avais un horaire chargé et qu'il m'arrivait très souvent d'être absent de la maison. Elle en profitait pour faire ses appels. Ce soir-là, Élise voyait précisément où j'étais, puisque je me trouvais assis juste à côté d'elle. Elle en a d'ailleurs rapidement informé son interlocutrice anonyme dont nous n'avons plus jamais entendu parler. Malgré tout, ces potins à propos de mes infidélités et de celles d'Élise ont continué pendant un certain temps.

Nous avons traversé quand même cette épreuve sans trop de mal, parce que nous nous aimons vraiment et nous nous respectons mutuellement. Nous ne nous sommes jamais sentis menacés par les journaux à potins, mais ces histoires laissent toujours des traces dans plus d'un foyer. Quelques années plus tard, j'ai eu l'occasion de rencontrer Jean Rougeau. Il m'a dit qu'il avait été profondément choqué par tout cela. Lui aussi avait une femme et des enfants, et cette fausse rumeur avait bouleversé sa famille.

Les années cinquante prirent fin sur une note positive avec la conquête de la coupe Stanley de 1959-60. Ma deuxième décennie dans le hockey allait être très mouvementée avec de nouveaux triomphes et des problèmes inhabituels qui m'attendaient. J'allais vivre un autre chapitre de la passionnante saga du Tricolore.

6

LES ANNÉES OUBLIÉES

Sam Pollock considérait les années soixante comme « la décennie oubliée » de l'histoire du Canadien de Montréal. Quand ils discutent pour savoir quelle est la plus grande équipe de l'histoire de la Ligue nationale, les historiens les plus sérieux semblent ignorer celle qui a remporté quatre coupes Stanley en cinq ans, et même cinq en sept ans, si l'on considère que l'équipe victorieuse en 1970-71 appartenait en réalité à la dynastie des années 60.

Deux autres équipes seulement dans l'histoire de la Ligue nationale ont remporté cinq coupes en sept ans : Toronto entre 1945 et 1951 et Edmonton entre 1984 et 1990. Tout le monde parle avec grande admiration de ces deux équipes. Mais pour des raisons que je ne m'explique pas, le Canadien des années 60, qui a réussi un semblable exploit, est peu reconnu et encore moins respecté.

À cette époque pourtant, personne ne doutait de nos capacités. Tout comme les Maple Leafs (pendant la première moitié de la décennie) et les Blackhawks de Chicago (vers le milieu des années 60), nous étions considérés, même par nos ennemis, avec infiniment de respect. Vers la fin de la décennie, on parlait même de « dynastie ». Puis sont arrivés Lafleur, Shutt, Gainey, Dryden et les autres, et on nous a littéralement éclipsés, relégués à l'arrière- plan, dans les coulisses de l'histoire du hockey.

Sur le plan personnel, je peux affirmer honnêtement que ma deuxième décennie avec le Canadien de Montréal a été encore plus mouvementée et plus stressante que la première. Ce fut pour moi comme une surprise désagréable après les nombreux succès que j'avais connus, un choc que j'ai, par moments, durement ressenti, tant sur le plan moral qu'émotif. Certaines blessures ont failli compromettre définitivement ma carrière. Comme marqueur, j'ai aussi eu des périodes de léthargie et j'ai su ce que c'était que d'être hué par des partisans qui m'avaient autrefois adulé. J'ai dû apprendre à vivre et à jouer malgré les rumeurs accablantes qui circulaient sur ma retraite imminente.

Je n'étais plus jeune. En effet, ma santé avait été une préoccupation constante entre 1960 et 1971, c'est-à-dire depuis la fin de la dynastie des années 50, jusqu'à ce que j'accroche mes patins. Encore aujourd'hui, des partisans d'un certain âge me rappellent une vieille histoire qui circulait à l'époque à mon sujet. On disait que j'avais un moteur de Volkswagen dans un châssis de Cadillac, que mon cœur n'était pas assez fort pour ma corpulence, pas assez puissant pour me permettre de bien pratiquer ce sport exigeant. Cette histoire, dont j'étais le héros, était essentiellement véridique, mais alors que j'étais toujours doté d'un châssis de Cadillac, le moteur changeait régulièrement de marque, chaque fois en fait qu'un moteur plus petit et moins puissant apparaissait sur le marché.

Tout cela a commencé en 1953. L'organisation du Canadien avait cru bon de se procurer une police d'assurance, car je venais de signer avec eux un contrat de 100 000 $ pour une durée de cinq ans. L'équipe serait ainsi protégée si ma carrière sur glace devait se terminer brusquement à la suite d'une blessure, d'un accident ou d'une maladie. On me fit passer un examen médical très poussé et les médecins relevèrent ce qu'ils ont qualifié « d'anomalie » cardiaque qui, dans leur jargon, se situe un cran à peine sous une « malformation » cardiaque. Au grand désespoir de Frank Selke, la compagnie d'assurances refusa de m'offrir une garantie. Le médecin qui m'avait examiné avait écrit dans son rapport : « Il présente un moteur d'Austin dans un châssis de Cadillac. » L'Austin, une petite voiture anglaise, était équipée du plus petit moteur que le bon docteur connaissait. La Coccinelle de Volkswagen ne lui est sûrement pas venue à l'idée à ce moment-là.

Personne ne crut que ma vie était en danger, mais cela me posait quand même de sérieux problèmes. Lorsque je devais fournir un effort important, mon cœur ne parvenait pas à pomper assez de sang pour bien oxygéner mon organisme. Les principaux symptômes étaient la fatigue, des nausées, une perte temporaire de la vue, des difficultés respiratoires et des douleurs si aiguës à la poitrine que j'avais l'impression que mon cœur allait éclater.

Un autre que moi aurait peut-être tout laissé tomber et refait sa vie dans un autre domaine. Mais je suis resté, et j'ai bien fait. J'ai aidé le Canadien à gagner cinq coupes Stanley consécutives.

Après la saison de 1961-62, la nature a commencé à me rattraper. J'étais toujours fatigué. J'ai donc décidé d'aller à la clinique Leahy, à Boston, où j'ai passé toutes les épreuves d'effort imaginables. Ils me faisaient courir sur un tapis roulant, puis je devais gonfler des ballons et on me branchait sur l'électrocardiographe. Ces techniques d'évaluation de la forme physique sont choses courantes aujourd'hui dans tous les gymnases et les studios de santé mais, à cette époque, c'était nouveau et mystérieux, du moins pour moi. Les deux premières minutes sur le tapis roulant étaient très éprouvantes et je manquais rapidement de souffle. Peu à peu, ma réponse musculaire s'améliorait, mon corps s'adaptait et, au bout de six minutes, quand on me fit signe d'arrêter, ma « machine » s'était vraiment mise en marche et j'aurais pu continuer à courir sans plus d'effort pendant plusieurs minutes encore.

Les médecins étaient très étonnés que je puisse faire carrière dans le sport professionnel. D'après eux, je n'avais pas les qualités physiques nécessaires. Ils en ont cependant déduit que je ne risquais rien si je continuais à jouer. Il y aurait sans doute un certain inconfort et des malaises, mais rien d'alarmant. Apparemment, mon corps s'était habitué à cet état depuis plusieurs années et s'était imposé un rythme qui, comme l'avaient démontré les tests, s'accélérait avec l'effort. Autrement dit, j'étais lent à démarrer, mais une fois lancé, mon « moteur » fonctionnait de mieux en mieux. Je n'ai pas vérifié mes statistiques au cours des années, mais il se pourrait bien que j'aie compté plus de buts dans la deuxième et la troisième période que dans la première.

Malgré cette « anomalie », j'ai quand même réussi à jouer pendant 18 ans dans la LNH. Vous comprendrez cependant que j'aie vivement réagi quand j'ai appris que les joueurs de basket-ball Hank Gathers et Reggie Lewis, qui souffraient de la même insuffisance, sont morts subitement durant un match. Il y a un mystère déroutant à voir des corps d'athlètes, apparemment en parfaite condition, dont l'élément essentiel est défectueux et peut lâcher à tout moment, et qu'on ne puisse rien y faire. Cela m'a alors sûrement donné une gravité que n'ont habituellement pas les jeunes de cet âge. Je crois que j'ai su composer avec cette faiblesse, mais j'ai dû travailler fort pour en éliminer les aspects négatifs de mon esprit.

Par contre, je n'ai jamais eu de contrôle sur les blessures que je me faisais en jouant. Certaines étaient plus graves que d'autres. Dans les années 60, j'ai commencé à croire qu'on m'avait vraiment jeté un mauvais sort, alors que presque toutes les blessures importantes que j'ai eues m'ont été infligées pendant des matchs contre Chicago.

Je pense en particulier à ce véritable assaut dont je fus victime lors du troisième match de la finale de 1961-62. C'est seulement plus tard que j'ai su ce qui s'était produit. J'étais dans le coin de la patinoire où je disputais la rondelle à mon ex-coéquipier Dollard Saint-Laurent, quand l'autre défenseur des Hawks, le grand Jack Evans, abandonna son poste devant le filet pour venir m'écraser contre la bande. Puis il m'a violemment coincé la tête entre son bâton et la baie vitrée. Je me suis habillé pour les matchs suivants, mais j'étais incapable de jouer. Henri Richard avait, quant à lui, un bras fracturé.

Le Canadien était donc à court de deux centres et les Hawks ont gagné la série en six matchs.

On a diagnostiqué une « légère commotion » après le coup que m'avait administré Evans, mais jamais une commotion n'aura eu un effet si prolongé sur qui que ce soit. J'en étais à peine remis au camp d'entraînement au mois de septembre suivant. Je croyais même que j'avais subi une fracture du crâne, mais d'après les examens qu'on m'a fait passer, tout semblait parfait. Je ne me sentais pas bien malgré tout et ce n'est qu'une fois la saison bien entamée que j'ai vraiment retrouvé ma vigueur et mes esprits.

C'est également lors de matchs contre les Blackhawks que j'ai subi les deux autres blessures qui m'ont fait le plus souffrir. Le 17 décembre 1966, nous avons signé un verdict nul, 4 à 4, au Forum. Yvan Cournoyer, Bobby Rousseau et moi étions avancés très loin dans la zone des Hawks. J'ai franchi la ligne bleue avec la rondelle et je me suis dirigé vers Glenn Hall, le gardien de but des Hawks que protégeaient les défenseurs Doug Jarrett et Ed Van Impe qui semblaient déterminés à m'arrêter. Jarrett s'avançait vers moi quand j'ai senti un élancement terrible au visage. En me mettant en échec, Stan Mikita avait levé son bâton qui m'avait frôlé l'épaule pour m'entrer dans l'œil.

C'est ainsi que j'ai fait connaissance avec ce qu'on appelait à l'époque la palette banane. Il s'agissait en fait d'un bâton dont la palette était ridiculement courbée. Mikita et Bobby Hull avaient adopté ce bâton en croyant qu'ils pouvaient améliorer leurs lancers. Effectivement, ces bâtons bananes terrorisaient certains gardiens de but, mais ils étaient aussi très dangereux pour les autres joueurs, tellement qu'on les a plus tard interdits. Si la palette de Mikita avait été droite, j'aurais été coupé au niveau du sourcil ou en dessous de l'œil, sur la pommette. Mais, ainsi recourbée, elle a pu contourner l'arcade sourcilière et déchirer le globe oculaire. Un an plus tôt, un défenseur de Detroit, Doug Barkley, qui avait devant lui une carrière des plus prometteuses, avait perdu un œil dans des circonstances similaires, tout comme Claude Ruel chez les juniors. C'est à eux et à leurs carrières brisées que je pensais en me tordant de douleur sur la glace au Forum. Mon œil a fini par guérir, mais je n'ai pas pu jouer pendant les 17 confrontations suivantes.

La presse a profité de cet incident pour commencer à clamer haut et fort que j'étais prédisposé aux accidents. Ces sages messieurs des médias considéraient que j'étais devenu «fragile». J'étais, selon eux, souvent blessé et rarement capable de jouer pendant toute une saison. Or, c'était absolument faux. On accordait tout simplement plus d'attention à mes blessures qu'à celles des autres joueurs. Examinons brièvement les chiffres, puisque ceux-ci parlent d'eux-mêmes. En 1960-61, je n'ai raté qu'un seul match à la suite d'une blessure. La saison suivante n'a pas été aussi glorieuse. J'ai été absent du jeu pendant 27 parties. En 1962-63 et 1963-64, j'ai raté au total 3 rencontres, et 12 en 1964-65. En 1965-66, j'ai dû m'éclipser pendant 3 matchs et pendant 17 en 1966-67, à cause de cette coupure à l'œil. En 1967-68, à la suite de blessures au pouce et à la poitrine, j'ai raté 11 affrontements ; en 1968-69, 1 seul, et 7 en 1969-70. Enfin, à ma dernière saison, en 1970-71, je me suis débrouillé, malgré ma fragilité, pour participer aux 70 parties de la saison régulière.

Autrement dit, en 11 saisons chez le Canadien, soit entre 1960-61 et 1970-71, il m'est arrivé 4 fois de manquer plus de 10 matchs et 6 fois d'être absent du jeu pendant 3 parties ou moins. Mon taux d'absentéisme était donc comparable à la moyenne, avec un peu moins de 10 %.

Ces données ne parviennent toutefois pas à corriger les perceptions erronées à mon sujet. Vers 1962-63, ma relation avec les médias s'était, pour ainsi dire, détériorée. Non seulement les entendais-je demander à toutes les sauces : « Va-t-il prendre sa retraite ? » chaque fois qu'il était question de moi, mais tous mes faits et gestes étaient scrutés, analysés et longuement commentés par les experts de la presse qui n'aimaient pas beaucoup ce qu'ils voyaient, ou plutôt ce qu'ils avaient inventé. On a commencé à se poser des questions sur mes états d'âme, sur mon moral, à se demander si j'étais assez fort pour supporter la pression. Il y avait deux thèmes récurrents. Tantôt, on disait que Jean Béliveau, profondément blessé par les critiques formulées à son égard, se sentait désormais incapable de produire comme il l'avait fait dans les années 50. Tantôt, on rappelait que Jean Béliveau avait toujours été un « gentil géant » et que, comme la plupart des personnes gentilles, il n'avait pas l'instinct du combat très poussé.

Ces analyses bâclées se retrouvaient immanquablement dans les journaux. Certains soirs de la saison 1962-63, je pouvais entendre les amateurs me huer et m'insulter quand je passais près de la bande. Je ressentais tout cela durement, ce qui a déclenché une autre rumeur, celle de « Béliveau, le géant blessé ». Ma vie était devenue un véritable champ de bataille où on se battait à coup de rumeurs, d'articles de journaux, de commentaires de gérants d'estrade.

Certains titres qui ont fait la une des journaux ou des extraits publiés à cette époque illustrent peut-être le mieux mes propos. La plupart datent de 1962, au moment où le Canadien, en pleine mutation, essayait désespérément de se ressaisir en tant qu'équipe ; quelques-uns remontent à 1966, à l'époque de ma blessure à l'œil.

- « Même pendant les pratiques, Béliveau frappe les poteaux. »
- « Jean Béliveau serait atteint d'une grave maladie. »
- « Béliveau pourrait-il abandonner le Canadien au milieu de la saison ? »
- « Si je compte 30 buts dans la saison, je pense que les partisans devraient être satisfaits. »
- « Béliveau répond aux huées : "On n'est pas des minables !" »

Certaines histoires m'étaient favorables et même un peu exagérées.

- « Béliveau va-t-il enfin recevoir l'hommage qu'il mérite ? »
- « Jean Béliveau : le mieux n'est pas encore assez. »

D'autres ont tenté de décider de mon avenir à ma place.

- « Béliveau est devenu un tout autre homme ! »
- « Jean Béliveau ne se meurt pas : le père Aquin le confirme. »
- « À 35 ans, le temps de la retraite est-il venu pour Jean Béliveau ? »

Je pourrais continuer pendant des pages, mais je crois que c'est assez clair : j'étais emporté dans une sorte de descente aux enfers qui semblait ne jamais devoir s'arrêter. J'avais parfois l'impression de revivre ce qui s'était passé à Québec, mais en sens inverse. À cette époque, les médias voulaient à tout prix me voir venir à Montréal. Maintenant, il me semblait qu'ils n'avaient en tête que de me voir partir.

Les amateurs peuvent être aussi inconstants que la presse. Je me rappelle un soir où le défenseur Terry Harper prit possession du disque derrière notre filet. Il n'avait pas bien joué ces derniers temps, de sorte qu'on le hua dès ce moment. Il traversa ensuite la ligne bleue adverse, patina derrière le filet et, au moment même où il fut assailli par deux défenseurs, refila le disque à John Ferguson, qui était seul et qui l'envoya à Yvan Cournoyer qui n'eut alors qu'à le glisser dans le filet. La foule mit alors fin à ses huées.

On ne m'a pas vraiment chahuté pendant 18 bonnes années, du moins, pas sérieusement. Il y eut quelques incidents isolés, mais les huées provenaient habituellement d'un petit groupe seulement. Un individu ne me lâchait pas. Il devait peser dans les 300 livres. À une occasion, j'ai perdu patience et je lui ai dit : « Comment peux-tu me huer ? Tu n'es même pas capable d'attacher tes lacets. » Les réactions des amateurs sont toujours exagérées. La presse entend quatre ou cinq gars s'engueuler et cela suffit pour qu'elle écrive un article.

J'aurais dû m'attendre à ces sauvages campagnes de presse. Les médias montréalais se font une rude compétition. Il me semble d'ailleurs que cette rivalité est aujourd'hui plus féroce que jamais. Elle a déjà provoqué le départ de deux entraîneurs du Canadien au cours de la présente époque, soit Jacques

Lemaire et Pat Burns, qui ont ensuite remporté des coupes Stanley avec les Devils. Les journalistes ont un travail à faire, qui consiste à vendre des journaux et des revues ou à s'assurer un auditoire à la télévision et la radio. Plus la nouvelle est sensationnelle et terrifiante, plus elle va attirer et retenir l'attention. Mais à Montréal, il me semble parfois qu'on exagère. Quand je vois des nouvelles sportives insignifiantes faire la une en gros caractères, je ne peux m'empêcher de penser souvent qu'il y a des événements infiniment plus importants qui se produisent dans le monde.

Deux choses me consolaient à l'époque où, d'après les gros titres, j'étais un homme fini, malade ou mourant. D'abord, je n'étais pas le seul. Boom Boom Geoffrion avait également connu des problèmes semblables au cours de la saison suivant celle où il avait marqué 50 buts. En 1961-62, sa fiche de marqueur s'était considérablement ternie, avec seulement 23 buts en presque autant de parties, ce qui a fait dire à tout le monde que, inévitablement, Geoffrion avait fait son temps.

Ensuite, heureusement, certains journalistes s'étaient donné la peine de réfléchir à ce qui nous arrivait, à Boom Boom et moi. Paul-Émile Prince, de *La Presse*, avait soulevé un ou deux points intéressants : « Les grands joueurs, comme Béliveau et d'autres aussi, vivent constamment en état d'alerte, écrivait-il. Le public qui apprécie leurs succès exige qu'ils fassent toujours mieux. On ne leur pardonne pas la moindre faiblesse, un match sans magie, une période terne. Il y a cependant plusieurs choses dont il faut tenir compte lorsqu'on évalue la performance d'un joueur : son état d'esprit, ses blessures physiques, la fatigue, la pression que les médias lui mettent sur les épaules, etc. Ce sont des choses que bien souvent le public ignore complètement, ou qu'il oublie. Le rôle de vedette n'est pas aussi simple qu'on peut le croire. »

● ● ●

Au début des années 60, il y avait autre chose qui me perturbait, dans ma vie comme au jeu. J'avais été élu capitaine de l'équipe, après le départ de Doug Harvey pour New York, à l'été de 1961. J'aurais dû me réjouir car c'était une reconnaissance valorisante. Pourtant, c'est rapidement devenu une tâche plutôt embarrassante.

D'abord, cet honneur m'avait surpris. Je ne savais même pas que j'étais en lice. C'était très simple, très informel comme élection. Chacun écrivait le nom du joueur de son choix sur un bout de papier et le gagnant était proclamé après le décompte des votes. À mon avis, trois joueurs seulement étaient d'intéressants candidats : Tom Johnson, Dickie Moore et Bernard Geoffrion.

Je n'étais pas en forme le jour du vote. Cet automne-là, notre camp d'entraînement avait eu lieu à Victoria, où nous logions dans le luxueux hôtel Empress. Nous devions ensuite traverser le pays jusqu'à Montréal en disputant des matchs hors concours contre des équipes de la Western Hockey League : une véritable campagne électorale ! Le premier match devait se disputer à Trail, en Colombie-Britannique. Les Smokeaters, qui avaient remporté le championnat mondial amateur cette année-là, étaient fort bien cotés. J'étais malade comme un chien le jour du match, je faisais beaucoup de fièvre, je transpirais, je frissonnais.

Évidemment, Toe est venu me voir en après-midi, vers 17 h 00 : « Les gens veulent te voir, me dit-il. Fais au moins une apparition. »

J'ai eu toutes les misères du monde à me lever et à m'habiller, tant j'avais les jambes molles. Dès le début de la joute, j'ai bien essayé de contourner un des défenseurs des Smokeaters, mais j'avais les jambes en coton et je ne pouvais accélérer. Le joueur est venu vers moi, je n'ai pu offrir aucune résistance, nous sommes tombés tous les deux et je me suis déchiré des ligaments au genou. L'équipe a continué sans moi la tournée à travers le pays. Je suis rentré directement à Montréal pour être traité. Je n'ai pu disputer, cette saison-là, que 43 parties avec le Canadien. C'était payer cher pour une apparition à un match hors concours.

Le 11 octobre, Toe m'a demandé de venir au Forum pour l'élection du nouveau capitaine. C'était le vendredi précédant le premier match de la saison auquel, bien entendu, il m'était impossible de participer. J'avais une jambe dans le plâtre. Un de mes amis, concessionnaire d'automobiles à Longueuil, m'avait prêté une voiture à quatre portes. Je me suis installé derrière, la jambe allongée sur la banquette, et Élise m'a conduit au centre-ville.

J'aimais Boom Boom comme un frère, mais j'avais l'impression qu'il n'était pas assez sérieux pour être capitaine. J'ai voté pour Dickie, ce jour-là. Je savais, pour avoir été son compagnon de chambre pendant 11 ans, qu'il savait aussi être raisonnable, qu'il était vaillant et généreux, et qu'il avait réellement à cœur le bien de l'équipe. Si les autres joueurs avaient eu la chance de le connaître aussi bien que moi, s'ils avaient connu ses grandes qualités et sa préoccupation pour le bien-être de l'équipe, ils l'auraient peut-être élu.

Pour plusieurs, les problèmes de genoux de Dickie étaient inquiétants. Chaque fois qu'il enfilait son équipement, tout le monde retenait son souffle et priait pour que ces faibles attaches tiennent encore le temps d'un match. La plupart des joueurs croyaient que Dickie ne pourrait rester avec nous encore bien longtemps. C'est sans doute la raison pour laquelle ils n'ont pas voté pour lui. C'était aussi le cas de Tommy Johnson. Il avait déjà 33 ans et on allait donc vraisemblablement l'échanger à Boston dans 1 an ou 2. D'ailleurs, je ne crois pas que Tommy avait les qualités d'un capitaine. C'était un homme tranquille, qui n'aurait pas apprécié toutes les tâches publiques qui incombent au capitaine de l'équipe à Montréal.

Mais qui sait la raison pour laquelle les joueurs avaient voté ainsi ce jour-là ? Quand les papiers furent comptés, j'étais en tête. J'étais étonné. Boom Boom aussi, malheureusement.

Il ne m'en a jamais directement parlé, mais chacun savait qu'il était profondément déçu.

Quelques semaines après le début de la saison, je suis allé voir Toe pour lui dire que j'étais prêt à abandonner mon poste. Il avait remarqué lui aussi la déception de Boom Boom. Je lui ai fait comprendre que je serais tout à fait disposé à troquer le chandail marqué du « C » pour celui marqué du « A » de l'assistant, si cela pouvait contribuer à l'unité de l'équipe. En tant qu'entraîneur, il désirait que chacun de ses joueurs, particulièrement ses vedettes, soit heureux et productif. Nous sommes allés ensemble rencontrer Frank Selke, qui n'a rien voulu savoir de ma proposition.

« Pas question, me dit-il sèchement, après m'avoir écouté un moment. Les joueurs ont voté pour toi. Pour nommer Geoffrion, il faudrait que j'annule leurs votes. Je ne ferai jamais ça. M. Geoffrion va devoir apprendre à accepter la décision de ses coéquipiers. »

Comme je l'ai déjà souligné, il n'y a jamais eu de conflit ouvert entre le Boomer et moi. Comment aurait-il pu y en avoir ? Avec un regard, un mot, il me faisait rire comme un fou, se mettait à rire lui aussi et tout semblait s'arranger. Mais la rumeur de son mécontentement a circulé et les autres équipes en ont profité. L'entraîneur des Bruins, Milt Schmidt, est même allé jusqu'à faire une offre à Boom Boom par le truchement des médias : « Geoffrion sera capitaine de notre équipe si M. Selke veut bien l'échanger. » Pour la seconde fois, Frank Selke a répondu : « Pas question. »

Schmidt avait une bonne raison de vouloir éloigner Geoffrion de Béliveau. Nous détenions, lui et moi, les deux meilleurs moyennes de points par match. Je menais avec 1,16 ; Boom Boom était deuxième avec 1,02, suivi d'Andy Bathgate avec 0,993, Gordie Howe avec 0,977 et Bobby Hull avec 0,924. Sans doute que tous les entraîneurs de la ligue trouvaient que cette idée de nous séparer était l'invention du siècle.

En 1960-61, Geoffrion a marqué 50 buts et nous nous sommes retrouvés en tête de la ligue, lui avec 95 points, moi avec 90. Dickie Moore et Henri Richard figuraient également parmi les 10 meilleurs marqueurs. La saison suivante, nous avions tous deux dégringolé, le Boomer et moi. Les quatre meilleurs marqueurs du Canadien avaient raté 64 matchs en tout. J'en avais raté 27; Henri Richard, 16; Dickie, 13; et Boom Boom, 8. Pourtant nous demeurions la meilleure équipe de la Ligue nationale. Nous avons même terminé la saison en tête, 13 points devant Toronto, prouvant ainsi que le Canadien de Montréal était fort et uni. Ralph Backstrom et Claude Provost avaient bien tenu le coup en notre absence mais, pour la première fois depuis 1942-43, il n'y avait aucun joueur du Canadien au sein de la première ou la deuxième équipe d'étoiles.

Nous n'avons rien fait qui vaille et on nous a rapidement éliminés des finales de 1961-62. La saison 1962-63 n'a pas été plus glorieuse. Les Maple Leafs nous ont blanchis 5 à 0 dans le cinquième match des demi-finales.

Frank Selke avait déjà décidé que des changements radicaux s'imposaient. Quand Doug Harvey est parti pour New York en 1961, nous avons engagé le grand Lou Fontinato, mais nous l'avons perdu le 9 mars 1963 dans un horrible accident survenu sur la glace du Forum. Lou s'apprêtait à plaquer la recrue des Rangers, Vic Hadfield, derrière le filet, mais Hadfield a esquivé le coup et Fontinato, déséquilibré, est entré tête première dans la bande. Il est resté longtemps immobile et on a dû l'emmener sur une civière, la tête immobilisée dans un carcan. Avec une vertèbre cervicale écrasée, il est resté paralysé pendant des mois. Il a finalement complètement récupéré de cet accident, mais n'a plus jamais rejoué dans la LNH.

Lou a été remplacé par le jeune défenseur Jacques Laperrière qui a terminé la saison avec nous. Plus tôt pendant cette saison, un autre nouveau venu, Terry Harper, originaire de la Saskatchewan, s'était joint à nous après que Tom Johnson eut subi une blessure. Ces changements faisaient partie de la grande transformation entreprise par Frank Selke qui, petit à petit, démembra l'équipe des années 50 pour mettre en place celle des années 60.

Depuis trois ans, il avait apporté d'importants changements dans notre système défensif. Harvey et Bob Turner étaient partis en 1961, Fontinato et Tom Johnson en 1963. Ce fut également en 1963 que Dickie Moore nous quitta, ses pauvres genoux ayant eu raison de son indomptable courage. Jean-Claude Tremblay était encore avec nous. Mais au moment où la saison 1963-64 débuta, Jean-Guy Talbot restait le seul défenseur vétéran à avoir connu la glorieuse époque des cinq coupes consécutives.

Alors que la saison 1963-64 battait son plein, Frank Selke avait mis sur pied une tout autre équipe. Le nouveau Canadien de Montréal serait très différent, beaucoup plus coriace qu'il ne l'avait jamais été, le plus puissant de sa ligue, physiquement parlant. Je vous en reparlerai un peu plus loin. Pour le moment, je veux attirer votre attention sur la plus audacieuse décision qu'ait prise Selke. Je n'aurais jamais pu imaginer, ni personne d'ailleurs, qu'il ferait une chose semblable. Lorsque ses intentions apparurent au grand jour, plusieurs l'accusèrent de vouloir guérir la maladie en tuant le patient. Pour rajeunir le club, Frank échangea, en effet, notre gardien Jacques Plante et nos centres Don Marshall et Phil Goyette, trois joueurs très talentueux, contre Lorne «Gump» Worsley des Rangers et deux solides ailiers, Dave Balon et Léon Rochefort. Il s'agissait là de mesures draconiennes, assorties d'un risque énorme, mais le temps a donné raison à Selke.

Jacques Plante avait gardé le but du Canadien, avec Charlie Hodge, pendant mes 10 premières saisons. De 1955-56 à 1961-62, il a toujours fait partie de la première ou de la deuxième équipe d'étoiles, sauf une fois. Et six années sur sept il a remporté le trophée Vézina décerné au meilleur gardien de la Ligue nationale. Pour moi, Jacques Plante est le meilleur gardien de but que j'ai connu, avec Terry Sawchuk, et je placerais Ken Dryden, Glenn Hall, Bernie Parent, Johnny Bower et Patrick Roy tout juste en dessous.

Roy m'a finalement convaincu grâce à l'excellence de son jeu et à ses quatre coupes Stanley, même si j'ai de la difficulté à apprécier le jeu de Roy et de plusieurs autres gardiens d'aujour-d'hui, puisque je ne suis pas un grand adepte du style papillon. Je préfère la bonne vieille méthode du gardien qui se déplace pour fermer les angles avec son corps. Je dois tout de même admettre que peu de rondelles pénètrent dans le haut du filet de nos jours et qu'on peut bloquer les trois quarts de tous les lancers grâce à la technique papillon, surtout depuis que les arbitres semblent tolérer l'obstruction devant le filet et même l'intrusion des joueurs dans la zone du gardien de but.

Beaucoup des techniques qu'on enseigne maintenant aux jeunes gardiens ont été mises au point grâce au génie inno-vateur de Jacques Plante. Chacun sait qu'il fut le premier à porter le masque. Au début, Toe ne voulait rien savoir. Jacques portait son masque à l'entraînement, mais devait l'enlever pour les matchs, jusqu'à ce qu'il soit frappé par un lancer d'Andy Bathgate en 1959, à New York. Andy, un bon joueur très gentil, très courtois, avait un des lancers les plus précis et les plus puissants de la ligue; et il avait mis toute sa force dans celui qui atteignit Jacques en pleine figure. Jacques saignait abondamment quand on l'a emmené à la clinique du Madison Square Garden où un médecin lui fit des points de suture et parvint à lui remettre le nez en place. Quand Jacques est revenu au vestiaire, il a dit à Toe : « Je suis prêt à retourner jouer, mais pas sans mon masque. »

Toe et Jacques, deux fortes personnalités, ont toujours eu une relation plutôt orageuse pendant toutes les années où ils ont travaillé ensemble. Ce soir-là, quelque chose dans la voix de Jacques a dû faire comprendre à Toe que sa décision était irrévocable. Il est revenu au jeu avec son masque et, en moins d'un an, celui-ci est devenu un article indispensable de son équipement. Quelques années plus tard, tous les gardiens de but dans toutes les ligues de hockey du monde faisaient comme lui. Je tremble encore lorsque je pense au nez de Jacques plein de points de suture. Je n'aurais jamais cru qu'il puisse retourner au jeu dans cet état, avec ou sans masque. Les points formaient un gros C, la première lettre du mot « courage ».

Personne n'a jamais abordé la fonction de gardien de but avec autant de réflexion et de science que Jacques Plante. Sa façon d'être continuellement en mouvement a révolutionné le jeu. Il a été le premier gardien à quitter sa zone pour s'aventurer derrière le filet et intercepter une passe. Il allait parfois chercher la rondelle jusque dans le coin de la patinoire ou il fonçait presque jusqu'à la ligne bleue pour voler de longues passes aux joueurs avant de l'équipe adverse. D'autres gardiens risquaient de telles incursions, mais ils n'y parvenaient pas tous, parce qu'ils n'avaient pas le coup de patin de Jacques et ils ne réussissaient pas toujours à retourner à temps dans leur filet.

Grâce à sa rapidité et son agilité, Jacques a pu développer un style tout à fait particulier. Il pouvait se recroqueviller tout au fond de son filet et bondir comme un serpent vers un joueur d'avant trop audacieux, ce qui lui a valu le surnom de Jacques le Serpent (*Jake the Snake*). Tous ses gestes et ses déplacements étaient vifs, précis, toujours parfaitement coordonnés. Il était le gardien rêvé des années cinquante et soixante.

Un soir, par exemple, pendant la première période d'un match à Chicago, il a commencé à se plaindre que la barre du filet était trop basse, plus basse que partout ailleurs dans la ligue. Cela ne nous semblait pas bien important mais Jacques n'en démordait pas. « Devant le filet, je me place toujours de la même manière, disait-il. Or, je n'ai pas grandi depuis la dernière fois, et je vous assure que le filet n'est pas à la hauteur réglementaire. Il est plus bas d'un seizième de pouce au moins, peut-être même d'un huitième. » Il a continué, même après le match, à nous parler de cette barre trop basse, si bien qu'à notre voyage suivant à Chicago, nous avons demandé que le filet soit mesuré. Il était exactement un seizième de pouce trop bas.

Comme plusieurs gardiens de but, Jacques était un homme plutôt solitaire et pouvait parfois faire montre d'un humour acerbe, ce qui ne l'empêchait pas d'être, à sa façon, un homme d'équipe. Mais il était particulier. Les médias ont beaucoup parlé de son passe-temps favori, le tricot. Quand nous voyagions, dans le train, on entendait ses aiguilles s'entrechoquer, un rang à l'endroit, un rang à l'envers. Il tricotait des bas, des tuques, des caleçons, des camisoles. Les journalistes n'en finissaient plus de s'étonner qu'un gardien de but s'occupe à ce genre de choses. Ils avaient imaginé deux théories. Certains disaient que la concentration qu'exige ce travail manuel avait un effet calmant sur son esprit, surtout avant les matchs importants. D'autres, dont je fais partie, croyaient qu'il avait plutôt adopté ce passe-temps par souci d'économie. Pour une raison ou une autre, il semble que plusieurs gardiens de but soient assez proches de leurs sous. Ken Dryden, par exemple, garait toujours sa voiture à l'ouest de l'avenue Green, à Westmount, et marchait jusqu'au Forum, pour économiser quelques dollars en stationnement.

Je ne vous étonnerai pas en disant que les comiques de l'équipe aimaient bien taquiner Jacques à propos de son tricotage, mais j'essayais toujours de les faire taire. Je savais fort bien qu'il n'était pas prudent de jouer avec ses nerfs. «Laissez-le donc tranquille, leur disais-je, en riant un peu moi aussi. Si ça le rend heureux et moins tendu, tant mieux. Il aura au moins de quoi faire une seconde carrière et il sera moins démuni que nous quand viendra le moment de la retraite.» Il semble que j'aie eu raison.

Jacques a laissé un grand vide quand il est parti, devant le filet et dans notre cœur. Je crois qu'il a ressenti, lui aussi, un grand choc quand il s'est retrouvé à New York. Après un an et demi avec les Rangers, une équipe de cinquième place, il a quitté le hockey pour revenir à Québec et travailler comme représentant des ventes dans une brasserie.

Il était trop jeune pour la retraite. En 1965, avec Noël Picard et quelques autres joueurs des As de Québec, il vint renforcer l'équipe du Canadien junior pour défaire, par la marque de 2 à 1, l'équipe nationale soviétique au Forum. Son jeu fut tellement spectaculaire que la foule lui offrit une ovation qui, selon les habitués du Forum, rappelait celles des grands jours de Maurice Richard.

Les Blues de Saint-Louis ont fait appel à ses services en 1968. Il a commencé par refuser, mais quand ils lui ont fait miroiter un contrat de 35 000 $, il est allé partager la tâche de Glenn Hall pendant deux saisons. Ces deux vétérans ont décroché ensemble le trophée Vézina, et Jacques est parti à Toronto où il est resté trois autres saisons, avant de rejoindre Boston en mars 1973, pour la finale de la coupe Stanley. À 45 ans, il ne se sentait pas encore prêt à partir pour de bon. En 1975, il est retourné au jeu avec les Oilers d'Edmonton de l'Association mondiale. Ce fut sa dernière saison. Après avoir parlé de retraite pour la première fois, il a joué 300 autres matchs dans la LNH et l'AMH. Pour moi, il restera toujours le gardien de but par excellence.

Comme je l'ai dit auparavant, nous étions devenus l'équipe la plus coriace de la ligue en 1963-64. Terry Harper, Jacques Laperrière et Ted Harris, qui était encore plus grand, formaient à notre ligne bleue un rempart quasi inexpugnable. En 1965, le solide Noël Picard est venu nous prêter main-forte, et nous avons remporté la coupe Stanley. Dave Balon, Léon Rochefort, Bryan Watson, Claude Larose et Jim Roberts assuraient l'offensive et exerçaient dans les coins une autorité pratiquement absolue.

Mais ce qui faisait le caractère inébranlable de l'équipe, c'était John Bowie Ferguson, le joueur le plus redoutable de la décennie, si ce n'est de l'histoire du Canadien. Fergie était le meilleur combattant que j'ai connu dans la LNH, sans pour autant être une brute. Il pouvait battre qui que ce soit avec ses poings — avec ses mains de géant —, mais tout autant par la finesse de son jeu dans les coins ou la fulgurante rapidité de ses lancers. Pour nous, la plus grande richesse de Fergie était son esprit d'équipe. Au vestiaire, il nous stimulait ou, si nous avions mal travaillé, il nous terrorisait plus encore que l'équipe adverse. Aucun joueur portant le même chandail que Fergie n'aurait osé donner sur la glace moins que le meilleur de lui-même.

Les commentateurs nous rappellent souvent ses «innombrables» punitions. Je pense qu'il faut rétablir ici certains faits et donner les chiffres exacts. Fergie n'a jamais obtenu plus de 185 minutes de punitions dans aucune des 8 saisons qu'il a passées avec nous. Il a été pénalisé pendant 1214 minutes dans sa carrière. On ne trouve même pas, dans le *Guide officiel des Records*, la liste des joueurs qui ont totalisé moins de 1500 minutes sur la liste des 60 joueurs les plus pénalisés où l'on trouve quelques anciens du Canadien, tels Chris Nilan, Bryan Watson, Carol Vadnais, Doug Risebrough et Chris Chelios. Je n'apparais pas non plus sur cette liste. Je n'ai accumulé, en effet, dans toute ma carrière que 1029 minutes de punitions, soit environ 200 de moins que Fergie. Celui-ci n'avait pas besoin de se battre et de passer la moitié de la soirée au banc des punitions pour imposer le respect. Sa réputation le suivait partout où il allait et ses adversaires évitaient de l'affronter.

Ferguson n'avait rien de bien menaçant quand nous l'avons vu pour la première fois au camp d'entraînement en septembre 1963. Il était loin d'être le meilleur patineur sorti de la Ligue américaine de hockey, où il avait joué pour les Barons de Cleveland. Il connaissait ses limites. Il est venu me voir un matin après l'entraînement, l'air très inquiet:

— Tu ne peux pas savoir, Jean, à quel point je veux rester dans cette équipe…

— Je t'ai vu aller Fergie, et je pense honnêtement que tu n'as pas besoin de t'inquiéter, lui ai-je répondu. Continue comme ça. Tout va bien.

Fergie était un agent libre, ce qui était très rare à l'époque, et Toronto, New York, Boston et Montréal essayaient tous d'obtenir ses services. Le Canadien a eu de la chance de le garder, mais Fergie semblait étonné de l'attention et du respect que nous lui portions, comme s'il n'était pas certain de mériter une place parmi nous. S'il avait encore beaucoup à apprendre, son coup de patin laissait encore à désirer, mais bien encadré et encouragé par des coéquipiers plus talentueux, il pouvait faire des miracles. Il en doutait, mais nous en étions persuadés.

Toe se rappelait sans doute à quel point Bert Olmstead nous avait aidés à faire nos premiers pas dans la ligue quelques années auparavant. Il savait que c'est au contact des plus vieux que les jeunes apprennent vraiment. Dès le début de la saison, il a placé Fergie avec le Boomer et moi. Mon ailier habituel, Gilles Tremblay, s'est retrouvé aux côtés d'Henri Richard pendant quelque temps. Ferguson était drôlement nerveux à sa première partie, qui était aussi notre première partie de la saison, contre les Bruins, mais il a vite fait d'apprendre. Après 12 secondes de jeu, il avait déjà ce Ted Green de malheur sur les talons. Dans le feu de l'action, son trac s'est dissipé. Fergie a reçu deux punitions pour s'être battu et marqué deux buts, dans un match nul de 4 à 4. La nouvelle s'est rapidement répandue dans la ligue. Le caractère intimidant de Fergie nous a été d'un précieux secours durant plusieurs années par la suite, et il a sans doute donné aux Bruins un répit alors qu'ils sont devenus les *Big Bad Bruins*.

Cette évolution prit fin en 1968 alors que nous rencontrions les Bruins, une équipe fougueuse et pleine d'assurance qui alignait de grands et gros joueurs : Phil Esposito, Johnny Bucyk, Johnny McKenzie, Wayne Cashman, Ken Hodge, Bobby Orr, Derek Sanderson, Ted Green, qui jouaient, plus souvent qu'autrement, avec les coudes hauts dans les airs. Devant cette muraille impressionnante, nous avions Fergie.

Au cours des ans, Fergie et Green étaient devenus des partenaires de danse réguliers et au début de la première période, une bagarre éclata entre eux. Ferguson a attrapé Green par le collet, lui a passé le chandail par-dessus la tête pour le frapper pendant plusieurs minutes. Les Bruins, décontenancés, ont été éliminés en quatre parties.

En 1964, le « nouveau » Canadien a fait ses preuves et terminé la saison régulière bon premier, mais n'empêche que les Leafs nous ont défaits en sept matchs, en demi-finale. Je souffrais beaucoup d'une blessure au genou subie lors de la quatrième rencontre. J'ai essayé de revenir pour la septième partie, mais il était trop tard. Cette série est restée célèbre pour les bagarres qui ont éclaté pendant le premier et le quatrième match et surtout pour le fameux coup qu'Eddie Shack a asséné à Henri Richard et qui a nécessité plusieurs points de suture. Il suffisait de regarder les yeux de Fergie après l'affrontement pour savoir qu'une scène de ce genre ne se répéterait pas et que Shack avait désormais tout intérêt à se comporter comme un ange chaque fois qu'il verrait un chandail bleu-blanc-rouge.

En y repensant, il me semble que nous n'avions pas beaucoup de chance de nous en sortir cette année-là, entre autres raisons parce que l'entraîneur des Leafs, Punch Imlach, s'était livré en fin de saison à des tractations très rusées. Il avait échangé Dick Duff, Bob Nevin et trois joueurs des ligues mineures, dont Rod Seiling, qui jouait alors pour l'équipe nationale du Canada, contre Andy Bathgate et Don McKenney des Rangers de New York. Grâce à eux, les Leafs ont remporté la coupe Stanley.

Autre coup dur, à la fin de cette saison, alors que Boom Boom Geoffrion annonça sa retraite, à l'âge de 33 ans. Il allait diriger les As de Québec. Avec la retraite du Boomer, il ne restait plus que 6 des 12 joueurs de la fameuse équipe qui avait remporté 5 coupes consécutives : Henri Richard, Claude Provost, Bill Hicke, Jean-Guy Talbot, Ralph Backstrom et moi-même. Nous étions trois à jouer encore au centre, ce qui nous permettait de maintenir la structure interne de l'équipe, malgré toutes les transformations que nous avions subies. J'ai déjà parlé de ces joueurs « physiques » qui ont profondément changé l'équipe, mais nous avions aussi un groupe de très bons marqueurs offensifs, soit Bobby Rousseau, Gilles Tremblay, André Boudrias et Yvan Cournoyer, qui sont tous arrivés en 1964. En plus, on allait bientôt pouvoir compter sur Serge Savard, Jacques Lemaire, Carol Vadnais, Jude Drouin et Christian Bordeleau.

Henri, Claude et Ralph, des joueurs de grande expérience et encore dans la force de l'âge, étaient absolument essentiels au Canadien des années 60. Ils étaient là chaque soir, bon an mal an, nous guidant, d'une coupe à l'autre, tout en restant modestes malgré l'extraordinaire succès dont ils étaient les artisans.

Claude Provost était le prototype du soldat qui monte au front ; un gars aimable, plutôt calme et secret, mais capable aussi de s'amuser. Il nous a été infiniment précieux, en neutralisant cette formidable machine à compter qu'était Bobby Hull. Dans les années 60, Hull faisait la pluie et le beau temps partout dans la ligue, sauf quand les Hawks jouaient contre le Canadien. Parce qu'avec nous, il y avait Provost. Son travail consistait à couvrir la « Comète blonde » et il le faisait avec génie et grande honnêteté. Pas une fois, à ma connaissance, ne l'a-t-il attaqué par derrière ou fait trébucher. Il avait un jeu propre, mais il savait le prendre de vitesse et lui coller aux talons malgré les arabesques ou les feintes que faisait le pauvre Bobby Hull qui finissait par s'énerver et perdre ses moyens. De plus, Claude savait préparer des jeux offensifs souvent productifs. En 1964-65, il a été choisi, devant Gordie Howe, pour faire partie de la première équipe d'étoiles. Hull admettait lui-même que Claude était le meilleur défenseur auquel il devait faire face. Alors que d'autres usaient de tactiques illégales à son endroit, Hull maintenait que personne ne lui donnait autant de fil à retordre que Claude Provost.

Ralph Backstrom aurait été une grande vedette dans toute autre équipe de la LNH, surtout pendant ses sept ou huit premières saisons. Il avait remporté, en 1959, le trophée Calder décerné à la meilleure recrue de l'année. Il est devenu le troisième joueur de centre de notre équipe, derrière Henri et moi-même, ce qui lui laissait peu de temps sur la glace. Par conséquent, il ne participait pas souvent aux jeux de puissance et se voyait souvent confiné à un rôle surtout défensif, bien qu'il ait été un très bon marqueur chez les juniors.

Si John Ferguson a pu faire respecter le Tricolore des années 60, Henri Richard lui a donné du caractère. Je l'admirais énormément depuis ses débuts, non seulement pour ses exploits sur la glace. Être le petit frère d'une légende du hockey n'est pas facile. Il faut faire ses preuves et déployer davantage d'efforts que les autres pour que les gens apprécient. Henri a dû attendre plusieurs années après la retraite de Maurice avant que les partisans soient convaincus qu'il était aussi une vedette à sa façon. Pendant toute sa carrière, la première question qu'on lui posait était : « Comment va Maurice ? » Chaque fois, il répondait avec une patience angélique : « Bien, merci. »

Henri était un joueur très prolifique (1046 points en 1256 matchs) et très robuste. Il était un joueur d'équipe superbe et s'est acquitté à merveille de son rôle de capitaine après ma retraite. Ce n'est pas par hasard si Henri Richard détient un record inégalé, ayant remporté 11 coupes Stanley !

• • •

Lors de ma première année avec les As de Québec, j'avais comme ailier gauche Ludger Tremblay, l'aîné d'une famille de 11 enfants originaire de Montmorency, juste à côté de Québec. Il avait connu une carrière intéressante dans la LAH avec les Barons de Cleveland et il était revenu à Québec pour se rapprocher de sa famille. Il travaillait à Québec pour l'Anglo-Canadian Pulp and Paper et jouait avec les As. Dix ans plus tard, à Montréal, j'avais comme ailier gauche le petit frère de Ludger, Gilles Tremblay.

Gilles a connu une carrière extrêmement brève, alors qu'il n'a joué que pendant 11 saisons, parce qu'il souffrait d'asthme. Tout comme son frère Ludger, il était d'une force exceptionnelle et d'une rapidité hallucinante. Il avait un talent naturel et il était le meilleur à son poste après Bobby Hull. Il pouvait mettre en échec avant et arrière les meilleurs défenseurs de la ligue, mais lorsque la situation l'exigeait, il devenait un attaquant dangereux. Toe avait déjà dit à des journalistes qu'il n'échangerait jamais Gilles Tremblay, même pas pour Frank Mahovlich.

Gilles et moi formions une offensive absolument parfaite. Dès que la moindre ouverture se présentait, je lançais la rondelle vers ma gauche, parfois presque à l'aveuglette. Je savais qu'il allait la récupérer. S'il parvenait à s'échapper, personne ne pouvait le rattraper. De même que Claude Provost gardait Bobby Hull en respect, Gilles Tremblay pouvait en faire autant avec Gordie Howe. Malheureusement pour nous, il a souvent été absent du jeu à cause de blessures ou de maladies. Il s'est fracturé une jambe et a dû se retirer pendant plus de la moitié de la saison 1964-65. Quelques années plus tard, victime d'une infection virale, il a raté la moitié de la saison.

J'ai fait plus de passes que jamais à cette époque, avec Gilles à ma gauche et Yvan Cournoyer à ma droite, sans doute la seule personne qui pouvait patiner plus vite que lui. Je me sentais parfois comme le footballeur Sam Etcheverry, qui faisait de longues passes à Hal Patterson et aux autres coureurs de son équipe. Les demi-défensifs de la Ligue canadienne de football (LCF) devaient se débarrasser de ces joueurs, alors que les défenseurs de la LNH devaient traiter nos joueurs d'avant avec respect. S'ils s'approchaient trop, Yvan et Gilles se chargeaient de les repousser ou de les doubler. S'ils essayaient de me coincer, je leur passais la rondelle d'un côté ou de l'autre. Même des équipes aussi puissantes que Chicago et Boston étaient terrorisées par les contre-attaques de mes deux ailiers.

Pendant ce temps, Terry Harper et Jacques Laperrière s'imposaient à la défensive. Ils étaient tous deux très grands et minces, tellement qu'ils semblaient à eux seuls, avec leurs grands bras tentaculaires, couvrir la patinoire d'un bout à l'autre. Jacques avait un lancer frappé du tonnerre, grâce auquel il avait établi, dans l'Association de hockey junior A de Toronto, un record de buts pour un défenseur, qui a tenu jusqu'à l'arrivée de Bobby Orr. Par contre, les lancers de Terry n'auraient pas cassé une vitre ; il n'allait d'ailleurs compter que 14 buts en 10 saisons. Mais ce garçon dégingandé de

Regina était un véritable fanatique du jeu et il n'a jamais cessé de s'améliorer jusqu'à ce qu'il devienne un des meilleurs défenseurs de la LNH.

Bien des amateurs montréalais se moquaient ouvertement de son style plutôt étrange. On disait qu'il ne serait jamais un *Flying Frenchman* et qu'il ne faisait pas honneur au sacro-saint bleu-blanc-rouge. Or, Terry possède cinq bagues de la coupe Stanley, de quoi faire taire ses détracteurs. Pendant 10 ans, il a été l'objet de railleries et d'accusations de toutes sortes. C'était, de la part du public, un traitement injuste qui nous vexait aussi bien que lui. Plusieurs parmi nous ont exprimé leur frustration sans équivoque par le truchement des médias.

Les partisans du Canadien semblent n'avoir jamais compris à quel point il travaillait consciencieusement. Comme Ferguson, il restait souvent sur la glace après les exercices d'équipe et passait de longues heures à s'entraîner. J'ai mentionné plus tôt que le coup de patin de Fergie laissait peut-être à désirer lorsqu'il est arrivé à Montréal, mais quelques années plus tard, il pouvait en montrer à ce chapitre à la majorité des défenseurs d'expérience. De même, à force d'entraînement et d'entêtement, Terry Harper est devenu le meilleur patineur à reculons de la ligue.

Il n'y avait pas que ses coéquipiers qui savaient apprécier les qualités de Terry. Bobby Hull lui-même se plaignait de ne jamais pouvoir le contourner, ni même de réussir à faire une bonne passe lorsque Harper se trouvait devant lui. Lors de sa première entrevue télévisée à *Hockey Night in Canada*, Bobby Orr a confié à Ward Cornell que ses deux grands modèles parmi les défenseurs de la LNH étaient Tim Horton et Terry Harper.

Il y a cependant un domaine dans lequel Terry n'a pas su s'attirer l'admiration de qui que ce soit: il était le plus piètre bagarreur de la ligue. Il perdait toujours, pour la bonne et simple raison qu'il ne s'attaquait qu'aux plus forts que lui. Il ne reculait et n'abandonnait jamais, même s'il était en train de se faire tabasser. Je crois qu'il n'a gagné qu'une seule bagarre sur les quelque 40 qu'il a disputées dans la Ligue nationale, sa seule victoire ayant été contre Bob Pulford de Toronto. Nous admirions cependant son courage. Il provoquait ses adversaires, les harcelait jusqu'à ce qu'ils craquent et perdent leur sang-froid. Alors, on voyait se dessiner sur les lèvres de Terry un sourire méprisant et fantasque, pendant que l'ennemi laissait tomber les gants pour le frapper... et se retrouver ainsi sur le banc des punitions.

Terry a disputé 1066 parties en 19 saisons dans la Ligue nationale et il a bien mérité chaque sou qu'il a gagné. C'était un être farouchement déterminé, possédant une incroyable force de caractère. À l'âge de 12 ans, alors qu'il vivait en Saskatchewan, il avait été gravement brûlé aux jambes et les médecins avaient longtemps cru qu'il ne marcherait plus. Il avait les jambes couvertes d'effroyables cicatrices.

Jacques Laperrière était un homme réservé, qui a arpenté notre ligne bleue pendant une décennie. Il a remporté le trophée Norris du meilleur défenseur de la ligue en 1966, juste avant l'arrivée de Bobby Orr. Ted Harris était un Manitobain fort et calme, le meilleur poids lourd de la ligue. Ses bagarres contre Orland Kurtenbach des Rangers, puis des Leafs, sont légendaires.

Vous avez sans doute l'impression que je suis en train de dresser la liste de mes coéquipiers et de faire l'éloge de chacun d'entre eux. En fait, ce que je tiens à démontrer, c'est que le Canadien de Montréal de 1964-65 à 1970-71 forme probablement la dynastie la plus méconnue de l'histoire de la LNH. Nous avons remporté cinq coupes Stanley en sept saisons. Ces joueurs méritent qu'on les reconnaisse et qu'on les applaudisse.

On a parlé infiniment plus de l'équipe des Oilers d'Edmonton composée de Wayne Gretzky, Jari Kurri, Mark Messier, Kevin Lowe, Glenn Anderson et Grant Fuhr qui ont réussi cet exploit dans les années 80. L'équipe d'Edmonton débordait de supervedettes, c'est vrai. Nous avions aussi de grands joueurs, mais c'est surtout grâce à notre esprit d'équipe que nous avons, selon moi, égalé sinon surpassé les autres, y compris le

Canadien des années 50. Claude Provost, Gilles Tremblay, John Ferguson, Ted Harris et Terry Harper étaient tous membres de ce que Don Cherry appelait le Temple de la renommée des boîtes à lunch *(The Lunchpail Hall of Fame)* ou le Temple de la renommée des «plombiers», si vous préférez. Cette appellation ressemble peut-être à un cliché, mais à moins d'être sérieusement blessés, ces joueurs ne rataient jamais un match et donnaient toujours le meilleur d'eux-mêmes. Ils gagnaient et continuaient de gagner. Frank Selke et Sam Pollock savaient réunir et retenir des joueurs extraordinaires qui accéderaient éventuellement au véritable Temple de la renommée de la LNH.

Ainsi, alors que la décennie avait plutôt mal commencé, les choses se sont nettement améliorées vers 1964, une année décisive pour l'équipe. Frank Selke quitta à contrecœur son poste de directeur général et fut remplacé par son protégé, Sam Pollock.

Une des premières initiatives de Sam a été d'échanger Bill Hicke aux Rangers pour un ailier d'expérience, Dick Duff. Cette transaction allait être très fructueuse pendant le reste de la saison et les séries. Dick était un petit joueur d'avant qui accomplissait un travail incroyable devant le filet. Il avait un très beau style et savait d'instinct comment compléter ou préparer les jeux avec son joueur de centre. Il pouvait marquer ou faire une passe si rapide que les gardiens de but n'avaient pas le temps de réagir. Sam l'a placé sur un trio avec Cournoyer et moi-même, et Fergie est allé prêter main forte à Ralph Backstrom pour former une seconde ligne défensive.

Duff avait trouvé un truc qui prenait toujours les défenseurs au dépourvu. Il s'approchait lentement, lançait la rondelle entre leurs patins et allait la reprendre derrière eux. Il se faisait une passe, en somme et plus souvent qu'autrement, ce stratagème fonctionnait. Duff poursuivait alors sur sa lancée, franchissait la ligne bleue et se plaçait de là où Cournoyer ou moi pouvions recevoir une passe. Il avait un remarquable sens de l'espace.

Detroit nous a volé la première place à la fin de cette saison, grâce à leurs centres Norm Ullman et Alex Delvecchio. Comme les Hawks, la plus puissante équipe de la ligue, nous comptions plusieurs blessés dans nos rangs. Lors des demi-finales, nous avons quand même éliminé Toronto en six parties. Quant aux Hawks, menés par Stan Mikita, Bobby Hull, Pierre Pilote et Glenn Hall, ils ont eu raison des Red Wings en sept matchs.

La série finale allait être extrêmement serrée. C'est l'avantage de la glace qui a fait la différence. Nous avons gagné nos trois rencontres à domicile et les Hawks les trois disputés sur leur patinoire, de sorte que, le premier mai, nous nous retrouvions chez nous et devant nos partisans pour le match décisif. Chaque équipe avait perdu plusieurs vedettes en cours de route. Le défenseur de Chicago, Pierre Pilote, et Ken Wharram avaient raté les deux premiers matchs que nous avions remportés 3 à 2 et 2 à 0, mais ils étaient revenus pour participer aux deux dernières victoires des Hawks, 3 à 1 et 5 à 1. Devant notre filet, Lorne Worsley avait été remplacé par Charlie Hodge pour la quatrième partie, que nous avons perdue. Charlie a cependant pris sa revanche au cinquième match, quand nous avons blanchi les Hawks 6 à 0 au Forum. Notre jeu de puissance avait été extraordinairement productif ce soir-là avec quatre buts en avantage numérique, dont un à courte portée par J.-C. Tremblay.

Nous sommes retournés à Chicago bien déterminés à mettre fin à la série. Ralph Backstrom nous avait donné l'avantage au début de la seconde période, mais des buts de Wharram et Doug Mohns au début de la troisième nous ont forcés à disputer un septième match.

Ce sixième match fut particulièrement pénible, alors que l'arbitre Frank Udvari avait décerné 17 minutes de pénalité à Terry Harper, ainsi qu'à Stan Mikita, pour mauvaise conduite. Sam Pollock ne s'est pas gêné pour dire par la suite que la foule avait influencé l'arbitre et les juges de ligne.

Nous avions la ferme intention de gagner cette septième partie. Après tout, nous avions battu Glen Hall, le gardien des Hawks lors de nos deux derniers matchs au Forum. De plus, nous allions jouer devant nos partisans. Tant mieux si les arbitres étaient sensibles aux clameurs de la foule, comme le croyait Sam. Cela jouerait ici en notre faveur. Toe Blake en a surpris plusieurs en redonnant le filet à Worsley.

Bien sûr, l'avantage de la glace n'est pas toujours un gage de victoire. Il suffit qu'une rondelle sautillante dévie par inadvertance sur un patin ou une jambière, que le gardien ou un joueur commette une infime erreur, pour que l'imprévisible et l'irréparable se produise. Chicago l'avait démontré en demi-finale contre les Red Wings. La série était égale, 3 à 3. Le septième match avait lieu à Detroit, chez les Wings. Les Hawks l'ont tout de même gagné, 4 à 2. Au cours de ces séries de 1965, toutes les parties avaient été remportées par l'équipe possédant l'avantage de la glace et de la foule, sauf la septième des Hawks à Detroit et notre sixième et dernière à Toronto.

Quand nous sommes arrivés sur la patinoire du Forum pour disputer le match final contre Chicago, la foule nous a réservé une formidable ovation. Moins de 15 secondes après le début du match, Dick Duff m'a remis la rondelle et j'ai pu déjouer Hall. Nous menions 1 à 0. À la fin de la première période, le compte était 4 à 0 grâce aux buts de Duff, Richard et Cournoyer. Nous nous sommes confinés à un jeu plus défensif jusqu'à la fin du match et nous avons blanchi les Hawks. Peu après 22 h 00, j'ai pu brandir ma première coupe Stanley en tant que capitaine du Canadien. La longue attente était enfin terminée.

Un an plus tard, nous nous sommes retrouvés en finale contre les Red Wings de Detroit après avoir battu Toronto. Nous avons perdu nos deux premiers matchs à domicile, une humiliation sans précédent, pour autant que je me souvienne. Le réseau américain qui diffusait ces rencontres avait installé le 24 avril pour la télévision en couleur de puissants projecteurs qui changeaient jusqu'à l'atmosphère du Forum. Nous étions dépaysés chez nous. Nous avons quitté Montréal plutôt déconfits, puisque nous partions pour Detroit, la queue entre les jambes, après deux défaites de 3-2 et 5-3.

À Detroit, nous descendions habituellement au Sheraton-Cadillac, en plein centre-ville. Mais cette fois, Toe Blake décida de nous éloigner de toute distraction, afin que nous puissions nous concentrer et nous reposer. Il nous a donc installés à Dearborn, une banlieue paisible et verte, sans savoir qu'un congrès de quatuors de figaro avait lieu à notre hôtel. À toute heure du jour et de la nuit, nous entendions *Sweet Adeline* et *By the Light of the Silvery Moon*. Je revois encore Toe, en pyjama, descendant l'escalier au pas de course, pour essayer de faire taire les congressistes et leurs instruments. « Mes gars ont un match important demain soir. Fermez-la donc ! » hurlait-il. Pendant qu'il faisait mettre une sourdine à un quatuor, un autre dans la pièce à côté, dans le hall ou dans les jardins, entonnait un nouvel air.

Je ne me souviens plus si Sam Pollock avait aidé Toe dans cette croisade pour le silence, mais je sais qu'il était là. Une série finale à Detroit ou à Chicago, les deux villes de la ligue les plus éloignées de Montréal, représentait pour lui un véritable cauchemar. Sam refusait de prendre l'avion, et le train était trop lent ou les horaires ne convenaient pas. Il devait donc faire le trajet, aller et retour, en voiture. Pendant les trois semaines que duraient les séries, son chauffeur Brian Travers parcourait des milliers de kilomètres. Sam s'installait avec des oreillers sur la banquette arrière, tous ses dossiers étalés devant lui. En 1968, après avoir remporté la coupe aux dépens des Blues, nous avons réussi à le convaincre de prendre l'avion avec nous, au grand dam de Brian qui a dû rentrer seul de Saint-Louis.

Une fois arrivés à Dearborn, Sam cherchait par tous les moyens à nous stimuler et à nous sortir de la léthargie provoquée par nos deux défaites à Montréal. À notre arrivée, il m'a remis 500 $ en me disant « trouve un bon restaurant et ne regarde pas à la dépense. Si tu manques d'argent, je te rembourserai. » Il avait compris que nous devions nous libérer de cette pression énorme qui nous écrasait. C'était sur notre moral qu'il voulait agir et il a réussi. Nous avons remporté les quatre matchs suivants, dont trois à Detroit.

Le printemps suivant, tous les Montréalais s'attendaient à ce que nous conservions la coupe Stanley. C'était la moindre des choses, en effet, que de l'offrir au maire Jean Drapeau à l'occasion de l'Expo 67 et du centenaire de la Confédération. Mais personne n'avait consulté Terry Sawchuk, Johnny Bower, ni même les joueurs de Toronto, qui nous ont éliminés en six matchs pour remporter la fameuse coupe le 2 mai.

Cette saison de 1966-67 marqua la fin d'un long chapitre dans l'histoire de la LNH. Une formidable expansion allait suivre et le nombre d'équipes passerait de 6 à 12. Au camp d'entraînement, en septembre, pas moins de 110 joueurs venus des filiales que nous possédions un peu partout dans le monde du hockey se présentèrent à Montréal, où ils furent évalués, classifiés. Puis ils repartirent à Cleveland, à Houston, à Québec, au nord, à l'est, à l'ouest, au sud.

Afin de favoriser les nouvelles formations qui se joignaient à la Ligue nationale, il fut entendu que, lors de la séance de repêchage du printemps suivant, chacune des anciennes équipes ne garderait qu'un gardien de but et 11 de ses joueurs. Or, Sam Pollock avait bien préparé son jeu. Parce que nous possédions une réserve considérable de recrues talentueuses, nous avons pu fournir notre part de bons joueurs à ces six nouvelles formations, sans pour autant démembrer ou affaiblir notre équipe. C'est ainsi que nous avons pu gagner deux autres coupes Stanley, chaque fois contre Saint-Louis.

Comme je l'ai mentionné plus tôt, nous avions éliminé les Bruins en quatre matchs, Fergie s'étant imposé par la force de ses poings devant le terrible Ted Green. Nous avions gagné et étions allés affronter les Blues, à Saint-Louis. Un an plus tard, nous avons eu beaucoup plus de difficulté à éliminer les Bruins qui avaient terminé la saison avec 100 points, 3 de moins que nous et qui, lors des finales de la division est, nous ont tenu tête pendant 6 matchs.

Sur la même formation que Cournoyer et moi-même, Fergie avait connu une excellente saison avec 29 buts. Nous avions alors plusieurs joueurs blessés, de sorte que nos deux gardiens, Rogatien Vachon et Gump Worsley, étaient en difficulté, à un point tel que le jeune Tony Esposito a dû les remplacer et entreprendre 11 matchs devant notre filet. Nous nous sommes battus comme des lions jusqu'en février et nous avons finalement terminé cette dure saison en première place de la ligue.

Cependant, les Bruins ne semblaient pas découragés. Nous avons gagné les deux premières parties de la demi-finale à domicile en prolongation, par la marque de 3 à 2 dans chacun des cas, puis nous sommes allés disputer les deux matchs suivants à Boston. À notre grande surprise, nous avons trouvé là-bas un adversaire étonnamment confiant.

« Nous ne perdrons plus un seul autre match de cette série », avait déclaré Harry Sinden aux journaux bostoniens. Deux de ses jeunes joueurs, Derek Sanderson et Bobby Orr, en rajoutaient. Stimulés par leurs dirigeants et les médias, les Bruins nous ont écrasés 5 à 0 et 3 à 2. Nous avons remporté le cinquième match par la peau des dents, 3 à 2. Nous menions 3 à 0 en deuxième période, mais les Bruins sont revenus de l'arrière et ont bombardé Vachon de 26 lancers.

Le match suivant, soit le sixième, avait lieu à Boston un vendredi soir. Nous menions la série 3 à 2, mais tout le monde semblait considérer que nous sortirions vaincus de cette sixième rencontre et que le match décisif se jouerait au Forum le surlendemain. À peine deux minutes après le début de la première période, Ron Murphy compta sur une passe de Phil Esposito et le Garden explosa. Il était alors 20 h 15. La foule s'attendait certainement à vivre d'autres émotions fortes au cours des heures suivantes, mais personne n'aurait pu prévoir que la partie se terminerait aux petites heures le samedi matin.

Au début de la troisième période, j'ai gagné la mise au jeu à la gauche de Gerry Cheevers et remis la rondelle à Serge Savard. Les deux lignes offensives se sont retrouvées sérieusement emmêlées devant les filets et Cheevers n'a rien vu du lancer de Savard. La rondelle a pénétré dans le coin supérieur gauche du filet, égalisant ainsi la marque 1 à 1.

Nous sommes allés en surtemps et nous avons vraiment eu chaud lors de la première période de prolongation. Fergie avait récolté une punition pendant laquelle les Bruins ont bien failli marquer. Au milieu de la cinquième période de jeu, notre entraîneur Claude Ruel, qui depuis des heures mâchait nerveusement sa gomme, changea sa stratégie. Nous fûmes d'abord étonnés, mais sa décision porta fruit. Pendant toute la saison régulière et presque toutes les éliminatoires, j'avais joué contre Derek Sanderson, un centre talentueux, mais un peu trop sûr de lui. Il avait un très bon lancer, mais Fergie, Cournoyer et moi parvenions à le neutraliser ou à le contourner. Lors de ce sixième match, cependant, Harry Sinden fit des changements dans ses formations et Claude Ruel me fit jouer devant Phil Esposito, avec Claude Provost à ma droite et Fergie à ma gauche.

Devant nous, Esposito, Hodge et Murphy. Nous avons mis fin au match, un peu après la 11e minute de la 5e période, à la 91e minute du match (et croyez-moi, nous les comptions une à une). J'ai poussé la rondelle assez profondément dans la zone des Bruins. Fergie s'est vite avancé vers le coin de la patinoire, forçant le défenseur à déblayer. Don Awrey, l'autre défenseur, a bien tenté de récupérer la rondelle mais Provost, plus rapide, l'a interceptée juste avant qu'elle franchisse la ligne bleue. Je m'étais déjà placé devant le filet, de l'autre côté de Cheevers. Soudainement, la rondelle est venue frapper mon bâton avant de rebondir dans le coin supérieur du filet. Nous avions gagné les séries et je venais de compter le seul but en prolongation de toute ma carrière pendant les éliminatoires.

L'année suivante, nous n'avons même pas participé aux séries. Les Bruins, une équipe jeune, débordante d'ambition et d'énergie, ont enfin réussi à ramener la coupe à Boston. Un an plus tard, nous étions de retour avec de nouvelles armes. J'avais prévu de me retirer après la saison 1969-70, mais Sam Pollock m'a demandé de rester une année de plus. Je crois que c'était une excellente idée à tout point de vue.

À l'automne 1970, le Canadien accueillait dans ses rangs le grand Frank Mahovlich. Des joueurs très prometteurs s'y trouvaient déjà : son jeune frère Peter Mahovlich, Guy Lapointe et Pierre Bouchard. Frank s'est tout de suite adapté à notre style de jeu et sa présence a stimulé Peter. Nous formions une bonne équipe, solide et unie. Mais nous n'étions pas très sûrs de nous quand les séries finales ont commencé au mois d'avril. Au troisième rang de la division est, nous allions d'abord affronter les Bruins, champions de la ligue. Les observateurs nous donnaient, encore une fois, peu de chances.

Nous avions cependant un nouveau gardien de but en Ken Dryden, qui allait faire pencher la balance en notre faveur. Phil Esposito, Johnny Bucyk, Jim Pappin et Dennis Hull peuvent tous témoigner de l'extraordinaire talent qu'il a déployé au cours de ces séries. Étudiant en droit à l'Université McGill, mesurant 6 pieds 4, Dryden avait quitté les Voyageurs d'Halifax pour jouer avec nous les six dernières parties de la saison et avait rapidement fait ses preuves. Le match décisif fut le deuxième qu'on disputa dans l'exigu Garden de Boston. Même si nous avons bien joué lors du premier match, les Bruins en sont sortis vainqueurs par la marque de 3 à 1. Pour le second match, Harry Sinden a remplacé le gardien Gerry Cheevers par Eddie Johnston. Cela semblait une bonne décision pour les Bruins qui, au milieu de la seconde période, menaient 5 à 1.

Puis Henri Richard a soutiré la rondelle à Bobby Orr, tout embarrassé, et déjoué Johnston, ce qui nous a donné une lueur d'espoir. Au début de la troisième période, j'ai attrapé une passe de Fergie et j'ai marqué. Quelques minutes plus tard, j'ai enregistré un autre but avec l'aide de Fergie et Cournoyer. Le pointage était alors de 5 à 4. Au milieu de la troisième période, Jacques Lemaire arracha la rondelle d'un joueur des Bruins et égalisa la marque.

C'est nous, à ce moment-là, qui nous sentions jeunes et pleins de confiance. On aurait dit que les arrogants Bruins commençaient à sentir le poids de leur âge. Moins de cinq minutes avant la fin du match, j'ai rendu la politesse à Fergie en lui remettant la rondelle. Il a déjoué Johnston et nous avons pris les devants. Trois minutes plus tard, le grand Frank nous donnait une confortable avance et nous retournions à Montréal avec la série égale 1 à 1.

Les Bruins n'ont jamais retrouvé leur rythme par la suite. Nous avons finalement remporté cette série quart de finale en sept parties. Puis nous avons défait les North Stars du Minnesota lors de la demi-finale, avant de vaincre Chicago en sept rencontres pour remporter la fameuse coupe, ma cinquième en tant que capitaine et ma dixième en tant que joueur.

Cette victoire de 3 à 2 que nous avons arrachée aux Hawks le 18 mai 1971 à Chicago mettait fin au dernier combat de l'équipe des années 60. Il était temps qu'une nouvelle génération prenne la relève. Nous le savions tous. Je me rappelle très bien le retour en avion de Chicago. J'étais assis à côté de Fergie. Nous avons bu quelques bières et parlé de ce que nous réservait l'avenir. Le joueur le plus robuste que je connaisse avait les larmes aux yeux : « C'est terminé pour moi, me dit-il d'un ton résigné. Je ne peux plus continuer, Jean. J'ai dû me faire aider par Reggie Houle pendant toutes les séries. » Réjean, une autre découverte de Sam Pollock, était rapide comme le vent. « Je pense que je vais prendre ma retraite avec toi. »

Il avait le cœur gros, mais John Bowie Ferguson, le gars le plus fort que j'ai connu, pouvait partir la tête haute, tout comme Claude Provost, Ralph Backstrom, Bobby Rousseau, Gilles et Jean-Claude Tremblay, Terry Harper, Jimmy Roberts, Claude Larose, Jacques Laperrière, Lorne Worsley et Rogatien Vachon. Ces joueurs ont été les héros de la « décennie oubliée » de l'histoire du Canadien.

• • •

Alors que je m'entretenais avec Fergie, je me suis souvenu d'une autre conversation que j'avais eue neuf ans plus tôt, en 1962, avec le sénateur Hartland Molson. Ma vie personnelle était alors troublée. Je ne saurais dire si je faisais une dépression ou, comme on dit aujourd'hui un *burnout*, mais je crois que c'est ce vers quoi je me dirigeais. Je sentais une pression énorme sur mes épaules quand j'étais sur la glace et même dans le vestiaire. Je travaillais très fort, peut-être même trop. J'avais beaucoup de difficulté à prendre suffisamment de recul, car je refoulais tout, incapable de partager mes angoisses avec qui que ce soit.

« Je commence à reconnaître, Sénateur, que je ne pourrai plus jamais jouer comme avant. »

Hartland de Montarville Molson a toujours été solide comme le roc. Il m'a toujours aidé de tant de façons. Encore aujourd'hui, il est réconfortant de penser que j'ai pu compter sur cet homme d'affaires et sportif pendant presque un demi-siècle, depuis le moment où je suis arrivé à Montréal jusqu'à sa mort en 2002. Alors que je jouais pour le Canadien, il était le premier à me téléphoner si j'étais malade ou blessé. Il était pour moi un ami fidèle, un modèle, un deuxième père.

Quand je suis allé le voir en 1962, pour lui parler de mes doutes, il n'a eu qu'à me regarder pour comprendre que j'avais besoin d'être réconforté et conseillé. « Jean, m'a-t-il dit, pendant une longue carrière, il y a toujours des hauts et des bas, surtout quand on a un caractère comme le tien. Tu prends tout trop au sérieux. Quand tu ne réussis pas à faire aussi bien que tu le désires, il est compréhensible que tu puisses te décourager. Je suis persuadé que tu vas trouver d'une manière ou d'une autre une solution à chacun des problèmes qui se posent à toi aujourd'hui. Tu as le talent et la force de caractère pour t'en sortir. Tu ne le réalises peut-être pas, mais tu es encore plus exigeant pour toi que ne l'est le public. »

Ses paroles m'avaient atteint droit au cœur. Après deux ans de lutte acharnée, mes coéquipiers et moi avons remporté cinq coupes. En 1964, on m'a remis le trophée Hart, décerné chaque année au joueur le plus utile à son club, et l'année suivante, le Conn Smythe, remis au meilleur joueur des séries. Je suis sorti de ma léthargie, mais la pression ne m'a jamais quitté.

Avec le recul et la position confortable que j'occupe aujourd'hui, je peux dire sans crainte de me contredire que toutes ces attentes insupportables ont fait de moi un meilleur joueur. J'étais forcé d'exceller et de me dépasser chaque soir. J'étais une vedette, pour le meilleur et pour le pire; et les vedettes, surtout celles qui sont reconnues pour marquer des buts, doivent vivre en sachant qu'on s'attend à ce qu'elles battent même leurs propres records. Chaque fois qu'elles font mieux, elles s'imposent un nouveau défi qu'elles devront tôt ou tard relever. J'ai toujours cru que les amateurs de hockey et les médias connaissaient mieux que moi mes records et mes statistiques. La même chose vaut pour les gardiens de but. Leurs performances, comme celles des grands marqueurs, sont faciles à mesurer et à se remémorer; on compte les buts marqués et les arrêts réussis. Dans le cas des défenseurs, les choses se compliquent.

C'est ici que le caractère du joueur entre en ligne de compte. Chacun réagit à sa manière au stress qu'il subit de l'intérieur ou de l'extérieur. Pour ma part, j'ai toujours été trop perfectionniste, je voulais que tout soit parfait. Je rêvais d'une saison sans aucune défaite, 70 victoires d'affilée. Quand je sautais sur la glace, c'était toujours pour donner le meilleur de moi-même.

Mais le stress fait partie de la vie d'un athlète professionnel. Les attentes des partisans le forcent à s'améliorer sans cesse, à viser toujours plus haut. À Montréal, on ne fait pas qu'espérer la victoire, on la demande, on l'exige.

Le Canadien des années 60 le savait et il a fait ce qu'il avait à faire. Il a toujours été à la hauteur.

7

LES JOUEURS

Ma carrière dans le sport professionnel a chevauché l'évolution du hockey entre l'ancienne Ligue nationale et la période de transition ayant mené au hockey moderne qui se pratique aujourd'hui. J'expliquerai plus tard ce que je pense de tous ces changements et de ceux qui les ont imposés ou provoqués. Mais, pour le moment, j'aimerais parler de quelques joueurs exceptionnels avec et contre lesquels j'ai eu l'honneur de partager la glace.

De mon temps, le jeu différait grandement de ce qu'il est devenu aujourd'hui et j'essaierai d'en expliquer les raisons dans les pages qui suivent. Commençons donc par des comparaisons mathématiques. J'ai d'abord joué, pendant 14 ans, dans une ligue qui ne comportait que 6 équipes. Puis, pendant trois saisons, dans une ligue qui en comptait deux fois plus. Enfin, à ma dernière année, en 1971, 14 équipes faisaient partie de la LNH.

Sachez qu'en ajoutant 12 matchs par saison — une augmentation de 20 % par rapport à l'époque où la ligue ne comptait que 6 équipes — on prolonge les activités d'un mois. À mon époque, la saison débutait longtemps après le début du mois d'octobre et c'est en avril qu'on disputait le dernier match de la finale.

Voyons, dans le tableau suivant, l'évolution à laquelle on a assisté au cours des 40 dernières années :

	1964	2004
Nombre de matchs (en saison régulière)	70	82
Séries éliminatoires nécessaires afin de pouvoir remporter la coupe	2	4
Mode de transport	Train	Avion
Fuseaux horaires	2	4
Nombre d'équipes dans la LNH	6	30
Nationalité des joueurs	Tous Canadiens*	Plusieurs nationalités
Nombre de joueurs alignés par équipe	Au plus 20	Au moins 24
Entraîneur (s) par équipe	1	3
Taille moyenne des joueurs	5 pieds 10, 180 livres	6 pieds 1, 205 livres

* Tommy Williams des Bruins de Boston était le seul Américain ou non-Canadien qui évoluait dans la LNH en 1964.

En 1959-60, nous avons remporté une cinquième coupe Stanley d'affilée en balayant les 2 séries en 8 matchs de suite, de sorte que nous avons joué en tout 78 parties cette saison. Le match décisif fut disputé le 14 avril. En 1965, nous avons pris les Blackhawks d'assaut lors du 7e match de la finale de la coupe Stanley en marquant 3 buts au cours de la première période, dont 1 à peine 14 secondes après avoir débuté la rencontre. C'était le premier mai et il s'agissait de la première fois où une finale de la coupe Stanley finissait après le 30 avril. Une année plus tard, nous gagnions la coupe contre Detroit le 5 mai et en 1967, nous l'avons perdue contre Toronto le 2 mai.

La ligue a frôlé les derniers jours de mai dans les années 70 et 80 et franchi un nouveau seuil le 1er juin 1992 lorsque les Penguins ont battu les Hawks en quatre parties d'affilée. En 1994, les quatre rondes des séries n'ont pas commencé avant le 16 avril. Depuis ce temps, les séries de la coupe Stanley n'ont jamais pris fin avant la fin du mois de juin et le vainqueur de la coupe Stanley doit maintenant jouer au moins une centaine de matchs du début à la fin de la saison.

On étire au maximum la saison et les séries éliminatoires — 36 semaines, soit 28 en saison régulière et 8 en séries — et les joueurs sont passés de sprinters, qu'on a conditionnés afin qu'ils répondent aux normes exigeantes de la compétition à certains moments du calendrier, pour devenir des marathoniens qui s'efforcent d'offrir un rendement élevé au cours d'une période bien plus longue. Par conséquent, l'entraînement est devenu une science en soi.

En 1966, nous étions encore à six ans de la première rencontre au sommet entre les équipes de hockey canadienne et soviétique. On commençait à s'intéresser, de part et d'autre, aux méthodes d'entraînement et aux recherches effectuées dans ce domaine. Les équipes canadiennes seniors avaient subi quelques cuisantes défaites à l'étranger, et c'est alors qu'est né le programme de l'équipe nationale de hockey amateur chapeautée par le père David Bauer.

Le jeu des Européens et des Soviétiques ressemblait à peu de chose près au nôtre, mais ils s'y préparaient différemment. On nous a éventuellement dit que nous nous entraînions et que nous mangions mal. C'était là l'opinion de Lloyd Percival, un Canadien reconnu à l'étranger, mais dont on ignorait pratiquement l'existence au Canada. Il était le gourou de l'exercice et de la formation des athlètes, qui a aidé par la suite le célèbre entraîneur soviétique Anatoli Tarasov à mettre au point de nouveaux programmes européens beaucoup plus efficaces.

Un an avant l'expansion, soit en 1965-66, Percival, qui avait créé le Fitness Institute et l'Association canadienne des entraîneurs, s'est mis à critiquer les méthodes employées en Amérique du Nord. Il a commencé à remettre en question les méthodes d'entraînement de la LNH qu'il jugeait archaïques et absurdes. Il considérait que rien n'avait évolué dans ce domaine depuis une quarantaine d'années. D'après lui, les joueurs qui se présentaient au camp d'entraînement à la fin de septembre, après avoir passé plus de trois mois d'inactivité, étaient brusquement soumis à un exercice intensif. Voilà pourquoi plusieurs d'entre eux se retrouvaient en difficulté dès la mi-saison, ou connaissaient des périodes de profonde léthargie, ou encore, recevaient des blessures qui auraient pu être évitées ou guéries plus rapidement avec une préparation adéquate.

À l'époque où la Ligue nationale ne comptait que six équipes, nous avions amplement de temps pour perdre la forme au cours de ces cinq mois à ne rien faire au printemps et en été. En 1993, par contre, le Canadien de Montréal a remporté la coupe Stanley le 9 juin. Trois mois et quatre jours plus tard, les joueurs sont arrivés au camp d'entraînement reposés et en pleine forme. Ces huit semaines de vacances supplémentaires avaient vraiment fait la différence dans le processus de conditionnement et de guérison des joueurs. S'ils n'avaient pas le temps de perdre la forme, ils s'en trouvaient quand même mieux, mais la fatigue finirait par les rattraper.

Dans son premier ouvrage sur le hockey qu'il a publié en 1951, Percival disait que n'importe quelle équipe de la LNH qui se respecte doit surveiller de plus près l'état de santé de ses athlètes en leur faisant passer régulièrement des examens médicaux, et en tenant compte des limites physiques et mentales de chacun. Il croyait également que chaque équipe devait avoir parmi son personnel cadre un physiologue, un psychologue et un diététicien.

« Les chevaux de course sont mieux traités et entraînés plus intelligemment que les joueurs de hockey, écrivait-il. Au cours des dernières années, les techniques d'entraînement ont évolué dans tous les sports majeurs, partout au monde. Seule la LNH n'a rien fait pour permettre à ses athlètes de bénéficier des résultats de cette recherche. »

Ces paroles avaient indigné Toe Blake, qui prétendait que ses méthodes d'entraînement vieilles de 40 ans étaient dûment éprouvées et qu'elles avaient toujours donné d'excellents résultats. « Ce n'est pas vrai que nous lançons nos joueurs dans la mêlée sans préparation, disait-il. Pas vrai non plus qu'ils se retrouvent au camp d'entraînement en mauvaise condition physique. Bien au contraire, ils sont à 95 ou même à 100 % de leur forme, parce qu'ils ont passé l'été à jouer au golf, au tennis ou à la balle-molle. » Toe prétendait qu'il ne nous avait jamais forcés à faire des exercices trop exigeants et essoufflants pendant les deux premières semaines du camp et il ménageait les joueurs qui étaient blessés à une cheville, à un genou ou à l'aine : « Vous ne réussirez jamais à me convaincre que je devrais faire courir mes joueurs pour les garder en forme, pas plus que je ne pourrais convaincre M. Percival de faire patiner ses coureurs. Les athlètes n'utilisent pas les mêmes muscles selon le sport qu'ils pratiquent. » Toe avait raison sur ce point. Certaines des premières expériences dans les nouvelles méthodes d'entraînement ont laissé les joueurs de hockey pratiquant le jogging aux prises avec des contractions douloureuses au tibia.

Durant le débat, il n'a pas fallu beaucoup de temps avant qu'on demande, en entrevue, l'avis de Butch Bouchard, un des bonzes les plus importants de la ligue. Il a bien sûr défendu les méthodes d'entraînement traditionnellement en vigueur dans la Ligue nationale, disant qu'elles étaient, pour l'instant, passablement radicales. Mais il fit une suggestion qui parut très étrange à l'époque : « Les équipes de hockey devraient probablement fonctionner comme les équipes de football, proposa-t-il. Elles devraient avoir un entraîneur responsable des défenseurs, un autre pour conseiller les joueurs d'avant et peut-être même un troisième pour les gardiens de but. » Autrement dit, un personnel d'entraîneurs plus complet aiderait non seulement à préparer des jeux et mettre en œuvre des stratégies, mais également à surveiller de plus près leurs protégés et à déceler les blessures mineures au fur et à mesure qu'elles surviendraient.

Hervé Lalonde, un Québécois qui travaillait alors comme entraîneur en Suisse, Jacques Saint-Jean, responsable du programme d'éducation physique d'une école de la région de Montréal, et le Dr Guy Charest, professeur à l'Université de

Montréal étaient d'accord avec les critiques qu'avait formulées Percival et faisaient la promotion de ses idées auprès des gens qui étaient prêts à les écouter dans les divers cercles sportifs du Québec.

Saint-Jean avait étudié de près les méthodes d'entraînement des Soviétiques, des Tchèques et des Suédois pour le hockey. En bon connaisseur des milieux sportifs européens, il savait que si le talent de nos joueurs était reconnu là-bas, nos méthodes d'entraînement, elles, ne l'étaient pas : « En Europe, les joueurs de hockey ont un jeu plus scientifique, disait-il. Ils analysent leur jeu et ils réfléchissent. Au Canada, quand une équipe perd, l'entraîneur se contente de dire : "La rondelle ne roulait pas pour nous ce soir" ou "Mes gars n'étaient pas à leur meilleur". Bien souvent, il ne connaît pas vraiment la raison pour laquelle son équipe a perdu, et il ne cherche même pas à le savoir. »

Aussi loin que je me souvienne, c'est le seul argument qui semble avoir ébranlé Toe, même s'il continuait à croire, avec raison je pense, que sa méthode était essentiellement valable. « Nous faisons ce qui fonctionne pour nous, répétait-il. Si un joueur a un mauvais coup de patin ou si son lancer du revers est pourri, ce n'est pas en joggant qu'il va s'améliorer, mais en patinant pendant des heures et en faisant un million de lancers du revers. » Il a fallu attendre le sommet URSS-Canada en 1972 pour que nous commencions à comprendre que nous ne savions pas organiser un camp d'entraînement, surtout pour une équipe d'étoiles mise sur pied dans un très court délai pour participer à un tournoi. Heureusement, nous nous gardions en forme en jouant très régulièrement. Nous manquions peut-être de stratégie et de rigueur, mais nous parvenions encore à battre les Soviétiques, malgré la précision mécanique de leur jeu.

Percival en avait étonné plusieurs dans la LNH en prédisant que cette série n'allait pas donner lieu aux nombreux buts auxquels s'attendaient la plupart des amateurs canadiens. Depuis, nous avons fini par donner raison à Percival sur presque tous les points. Chaque équipe a maintenant son physiothérapeute, son psychologue et son diététicien. Tous les vestiaires sont dotés d'un gymnase ultramoderne et les joueurs passent des examens réguliers tout au long de la saison. Les programmes d'exercices perfectionnés font maintenant partie du paysage quotidien ; les balles d'exercice multicolores, les bicyclettes stationnaires, les appareils à contrepoids et les tapis roulants appartiennent maintenant autant à la panoplie d'équipements indispensables au hockeyeur moderne que les bâtons en composite.

Autrefois, les jours où nous devions disputer un match, nous avions une réunion d'équipe à 11 h 00, mais nous ne chaussions même pas nos patins. Toe exigeait simplement que nous soyons frais et dispos. Je crois même qu'il nous réunissait ainsi le matin simplement pour s'assurer que nous nous étions couchés tôt et que nous avions bien dormi. Aujourd'hui, les joueurs sautent sur la patinoire vers 10 h 00 ou 11 h 00 et patinent un peu pour se dégourdir. J'ai même vu certains entraîneurs tenir de vraies séances d'entraînement ; à quelques heures d'un match cela ne peut, selon moi, être d'une grande utilité.

Les changements imposés dans le régime alimentaire me semblent plus significatifs. Aujourd'hui, personne, mais vraiment personne, n'ose manger un steak avant de disputer un match, comme on le faisait autrefois. À la place, on ne jure plus que par les féculents (des pâtes, des pâtes et encore des pâtes) et une diète très stricte pendant toute la saison. Quand je suis arrivé chez le Canadien, dans les années 50, j'avais l'habitude de manger vers 15 h 00 et lorsque nous étions sur la route, c'était du steak que je mangeais la plupart du temps. Avec le temps, je me suis mis à manger vers 14 h 30. Après avoir franchi le cap de la trentaine, je mangeais vers 14 h 00. Mon corps me disait quelque chose que je ne parvenais pas vraiment à comprendre mais, instinctivement, j'adaptais mes habitudes alimentaires.

En 1976, les entraîneurs de l'équipe de la coupe Canada avaient déjà intégré le jogging au programme, ainsi que la gymnastique suédoise. On a embauché des conseillers en nutrition, on a mesuré la consommation d'oxygène de chaque joueur, au repos et pendant l'effort. Exactement tout ce que le docteur Percival avait suggéré une dizaine d'années plus tôt. En moins de deux ans, toutes les équipes de la LNH avaient adopté l'approche « européenne », bien que les exercices hors de la patinoire n'aient jamais fait fureur parmi les joueurs, sauf les haltères, les tapis roulants et les vélos d'exercice.

Au début des années 60, tout était bien plus simple. Quand nous rentrions de vacances, nous enfilions les chandails rouges ou blancs du Canadien et commencions à nous préparer pour la saison suivante en disputant des matchs entre nous, généralement sous forme de mini-tournois entre quatre équipes. Vingt ans plus tard, j'ai observé dans un vestiaire — juste après un match de la saison régulière — des joueurs qui venaient de fournir un effort énorme sur la patinoire faire une demi-heure de bicyclette avant d'aller prendre leur douche ou d'entrer dans la baignoire à remous. Les périodes de « refroidissement » étaient inconnues à notre époque.

Au cours des ans, j'ai aussi remarqué qu'on ne traitait plus les blessures de la même façon. Dans le temps, si nous avions une blessure au genou, par exemple, on nous ordonnait de prendre du repos. De toute façon, les gros plâtres qu'on nous faisait porter nous immobilisaient, qu'on le veuille ou non. Dans les années 80, on laissait peu de temps au repos mais on accordait une attention considérable à la réadaptation. Un joueur qui venait de subir une intervention chirurgicale délicate était debout et actif le plus rapidement possible. Pendant une semaine, aux côtés du physiothérapeute Gaétan Lefebvre, il était soumis à un programme de réadaptation qui comprenait divers exercices aux engins, des élongations, beaucoup de bicyclette et un massage spécial.

Le joueur moderne porte rarement un gros plâtre comme autrefois. On dispose d'appareils plus souples et flexibles qui supportent le genou sans le comprimer, laissant à l'athlète une certaine liberté de mouvement tout en protégeant les muscles ou les tendons blessés pendant toute la période de récupération. On a maintenant réduit au moins de moitié la durée de convalescence grâce aux appareils de résonance magnétique qui permettent de mieux « voir » les blessures et aux chambres hyperbares qui améliorent le flux sanguin au niveau de la blessure.

L'ennui, c'est que les joueurs d'aujourd'hui prennent pour acquis ces traitements médicaux sophistiqués et ces programmes de réadaptation très efficaces. Autrement dit, être blessé est devenu moins grave qu'autrefois. Les joueurs ont donc tendance à faire moins attention sur la glace. Dans l'ancienne ligue de six équipes, nous avions terriblement peur des blessures. Premièrement, nous savions qu'il y avait quelque part une centaine de joueurs prêts à prendre nos places. Deuxièmement, une blessure nécessitait parfois un long séjour à l'hôpital et pouvait nous tenir longtemps loin de la patinoire, rendant d'autant plus difficile et pénible le retour au jeu. Enfin, notre équipement, si on le compare à l'équipement actuel, nous protégeait bien mal : un peu de feutre et de cuir, du plastique, des jambières et des épaulettes qui parvenaient plus ou moins à réduire les dommages que pouvait causer une rondelle ou un coup de bâton. Nous faisions donc plus attention et nous éprouvions même un certain respect pour un adversaire violent et provocant, même s'il était le pire salaud de la ligue.

Puisque, comme vous le savez, le port du casque ou du masque protecteur n'était pas encore entré dans les moeurs, il fallait toujours garder notre bâton le plus bas possible. Nous ne plaquions jamais un adversaire qui nous tournait le dos. Aujourd'hui, les joueurs portent un équipement aussi sophistiqué que celui des joueurs des ligues majeures de football. Plusieurs d'entre eux, armés de bâtons d'aluminium ou en composite (Kevlar et graphite), ne se gênent pas pour frapper leurs adversaires aux avant-bras ou aux jambes, sous prétexte qu'ils sont bien protégés. De plus, étant donné le grand nombre d'équipes que compte aujourd'hui la LNH, l'agresseur est sûr qu'il ne rencontrera pas avant longtemps le joueur qu'il a frappé, lequel aura eu amplement le temps d'apaiser sa colère, et même d'oublier qui l'a agressé.

Le nouveau style de hockey nous porte à croire que les joueurs ne respectent plus leurs adversaires. Ce style repose sur l'interférence en utilisant tout ce qu'on peut trouver pour contrer l'opposant, qu'il s'agisse de le faire trébucher, de l'accrocher, de le darder ou de le frapper par derrière.

Pour quelle raison compte-t-on moins de buts ? Une des raisons est qu'on protège moins nos vedettes. Les règles de la ligue sur l'instigation des batailles font en sorte que des joueurs de quatrième trio peuvent attaquer facilement et impunément les meilleurs pointeurs de l'équipe adverse, tout en empêchant les autres joueurs de quatrième trio de défendre leurs étoiles.

L'importance trop grande qu'on accorde aux stratégies défensives est une autre raison. Les équipes actuelles ont jusqu'à trois entraîneurs pour enseigner aux joueurs les systèmes défensifs. Dans tous les sports d'équipe, les entraîneurs vous diront qu'on peut enseigner rapidement et facilement les techniques de défense. «Vous ne pouvez enseigner à un joueur à être habile ou à avoir l'œil d'un compteur, puisqu'il s'agit là de talents nés et très spécifiques», selon un entraîneur. Par conséquent, «la meilleure façon d'influencer le pointage et le résultat du match consiste à jouer un jeu défensif».

C'est d'ailleurs ce qui est devenu la priorité de toutes les équipes. Dans mon temps, un Claude Provost aurait pu couvrir un Bobby Hull et les défenseurs Terry Harper et Jacques Laperrière auraient pu se joindre à eux sur la glace. De nos jours, la défense consiste pour les cinq joueurs à pratiquer un style dans le but d'empêcher Joe Sakic ou Peter Forsberg de toucher au disque. Et on pratique en long et en large ces stratagèmes défensifs; la «trappe» n'en est-elle pas l'exemple le plus marquant ?

● ● ●

J'ai décrit en détail les réalisations de mes coéquipiers du Canadien, mais je dois reconnaître également ces joueurs des équipes adverses qui ont donné forme à notre sport dans les années 50 et 60.

Il va sans dire que Gordie Howe a été le joueur dominant de ma génération. On l'a nommé 21 fois au sein de la première ou la deuxième équipe d'étoiles, à une époque où il se mesurait à l'aile droite à des joueurs comme Maurice Richard, Boom Boom Geoffrion et Andy Bathgate. On le comparait souvent à moi, à cause de sa grande taille (6 pieds 1, 205 livres) et de son caractère, et presque aussi souvent à Maurice Richard.

Il était vraiment aussi fort et costaud qu'on le disait, mais il était surtout brillant. Bien des observateurs n'ont retenu de Gordie Howe que sa facilité à jouer du coude. Ils oublient sa grande intelligence. Personne ne comprenait aussi bien que lui la géométrie sans cesse mobile d'une patinoire. Mieux que quiconque, il avait l'art de se mouvoir parmi les joueurs, de se placer de façon à pouvoir recevoir ou faire une passe. Même dans les dernières années de sa longue carrière, il était encore un joueur passionné, intelligent et réfléchi.

J'ai rencontré plusieurs athlètes plus costauds et plus grands que lui, mais je ne crois pas en avoir connu d'aussi forts, sauf peut-être Bobby Hull et Tim Horton. Gordie n'avait pas les épaules larges et carrées de Kevin Hatcher ou de Larry Robinson, mais les siennes étaient solides et massives, posées sur un socle de muscles inébranlable. Il pouvait arriver derrière un joueur, lui passer le bâton sous le bras et le soulever de terre sans le moindre effort.

Une épreuve de force avec Gordie dans un coin était pour la plupart d'entre nous une entreprise aussi vaine et désespérée que de s'en prendre à un poteau de téléphone.

Comment Gordie a-t-il pu continuer à jouer dans la LNH après 50 ans ? La réponse réside dans sa force incroyable, une intelligence du jeu supérieure à la moyenne et, malgré une personnalité plutôt effacée, il possédait cet essentiel soupçon de méchanceté dont il assaisonnait, au besoin, son jeu. Bref, il était le prototype même du joueur parfait. Même Lloyd Percival dans les années 50 lui prédisait une longue carrière.

Bobby Hull, par contre, était une masse de muscles dotée d'un formidable pouvoir d'accélération. Il possédait le lancer le plus puissant que le hockey ait connu. Si on me demandait de comparer le *Golden Jet* à son fils Brett, je dirais que Bobby était plus petit de quelques pouces, certainement plus fort et deux fois plus rapide. Ayant entrepris sa carrière comme joueur de centre, il est demeuré un excellent initiateur de jeux, capable de faire des passes superbes à ses coéquipiers au moment où un ailier de l'équipe adverse et deux défenseurs fonçaient vers lui. Auteur de 610 buts et 560 passes en 16 saisons dans la LNH, Bobby Hull est ensuite aller jouer dans l'AMH, alors qu'il était encore à son apogée. Je suis convaincu qu'il aurait dépassé les 801 buts de Gordie bien avant Wayne Gretzky, s'il était resté dans la LNH.

Bobby a été le premier joueur à compter plusieurs fois 50 buts ou plus en une saison — 5 en tout — à une époque où seuls Maurice Richard et Boom Boom Geoffrion avaient réussi cet exploit, une seule fois chacun.

L'arrivée de Bobby a fait pâlir l'étoile d'un autre joueur magnifique, Frank Mahovlich, mais pas tout à fait. Frank a joué avec Toronto et Detroit avant de se joindre au Canadien, en 1971. Avec la ville de Toronto, il entretenait une sorte de relation d'amour-haine. Il avait aidé les Maple Leafs à décrocher 4 coupes Stanley pendant les 12 saisons qu'il avait passées là-bas, mais son style très classique était souvent dénigré par les partisans torontois et même par Punch Imlach, l'entraîneur des Leafs. Frank aurait pu utiliser sa taille et son poids (6 pieds 2, 200 livres) pour contrer ses adversaires, mais il ne le faisait pas et personne ne voulait reconnaître son véritable talent. D'après les rumeurs, il était paresseux et cette critique a sans doute contribué à cette légère dépression qu'il a faite à Toronto, avant d'être cédé aux Red Wings.

Un soir, au Maple Leaf Garden, en attendant la mise au jeu, je lui ai dit que son style conviendrait parfaitement au

Canadien et qu'il serait fort heureux à Montréal. Je sais qu'il n'a jamais oublié ce petit compliment et il me l'a rappelé, ce soir de janvier 1971, quand il est venu rejoindre le Canadien qui se trouvait alors au Minnesota. Nous avions alors envoyé Mickey Redmond, Jude Drouin et Bill Collins aux Wings en échange.

— Tu te souviens de cette soirée à Toronto, Jean, quand tu m'as dit que mon style conviendrait au Canadien ?

— J'ai dit qu'il conviendrait parfaitement au Canadien, Frank, et si tu veux bien, nous en ferons la preuve dès ce soir.

Un mois plus tard, il participait au jeu qui m'a permis de marquer mon 500e but dans la LNH. J'avais vu juste. Frank était un grand joueur qui fut fort utile au Canadien et il nous a aidés à remporter deux coupes Stanley en trois saisons.

Cependant, il y a encore autre chose dans cette histoire. Apparemment, un des coéquipiers de Frank chez les Leafs a répété à Punch Imlach ce que j'avais dit. Quelques années plus tard, lorsque j'ai eu des problèmes analogues à ceux que Mahovlich avait connus avec les amateurs torontois, Punch s'est fait un plaisir de me complimenter à son tour en déclarant à la presse : « Béliveau devrait jouer avec les Leafs. Son style nous conviendrait parfaitement, et il pourrait même se reposer un peu. »

Une année, en septembre, les Leafs perdirent un match hors concours contre une équipe des ligues mineures. Punch Imlach était furieux du mauvais rendement de ceux qu'il décrivait comme ses « soi-disant » supervedettes. Il n'est pas facile de motiver des joueurs de la LNH lorsqu'ils affrontent à des équipes de la Ligue américaine ou même de l'Association mondiale ou de ligues inférieures. Par contre, les joueurs de la LAH et de l'AMH étaient prêts à sauter par-dessus la bande pour donner la mesure de leur talent.

Suivant cette défaite, Punch s'était exprimé haut et fort : « Si seulement je pouvais avoir le joueur dont j'ai vraiment besoin, disait-il. Jean Béliveau a joué pour moi quand j'étais entraîneur des As de Québec. Je le connais probablement mieux que quiconque. Je continue d'espérer qu'il vienne terminer sa carrière dans l'uniforme des Leafs. »

Punch n'était pas assez fou pour remettre en cause la façon dont Toe Blake m'utilisait. Néanmoins, il n'hésitait jamais à froisser les partisans du Canadien. «À Montréal, les gens n'ont jamais compris le style très classique de Jean Béliveau. Pas besoin d'être un grand expert pour savoir ça. Quand je pense qu'il se fait huer au Forum ! Il ne mérite pas ça. »

C'était du Punch tout craché : habile, rusé. Ce faisant, il n'écorchait pas vraiment l'étiquette en vigueur dans la LNH, car il limitait ses commentaires aux états d'âme d'un joueur que ses supporteurs avaient hué. Il avait pourtant réussi à contrarier son rival de toujours, Toe Blake, tout en me faisant subtilement savoir qu'il n'appréciait pas que je complimente son ailier vedette, Frank Mahovlich, un «joueur classique» qu'il n'avait pourtant pas défendu quand ce dernier avait eu des problèmes avec la foule torontoise.

Il n'est pas étonnant que je parle de Howe, Hull et Mahovlich. Tous trois furent membres du Temple de la renommée dès la fin de leur carrière. Il y a d'autres grands joueurs, dont les noms sont aussi inscrits au Temple de la renommée, même si les amateurs de hockey semblent les avoir oubliés. J'aimerais aussi leur rendre hommage.

Je pense d'abord à quatre des plus grands centres de mon époque : Stan Mikita, Norm Ullman, Dave Keon et Alex Delvecchio. J'ai l'impression de les connaître intimement car j'ai joué contre chacun d'eux 14 fois par année à l'époque où la LNH comptait seulement 6 équipes. D'ailleurs les mêmes lignes s'opposaient souvent pendant toute une saison ou même plusieurs saisons de suite, de sorte que nous devenions très familiers avec nos adversaires, nous connaissions leur tempérament, nous suivions leur évolution, etc.

C'est une erreur de croire que nous étions désavantagés, parce que nous ne pouvions pas nous asseoir et analyser nos performances enregistrées sur bande vidéo. Nous n'avions pas besoin de la vidéo, parce ce qu'il n'y avait que 75 autres joueurs dans la Ligue nationale et nous pouvions les observer « en direct » chaque semaine. Quand nous jouions à Boston vers le milieu des années 60, je savais qu'ils allaient mettre Derek Sanderson contre moi, avec Johnny McKenzie et Don Marcotte. À Chicago, au début des années 60, je devais faire face à la ligne de Stan Mikita alors qu'Henri Richard avait devant lui la formation de Red Hay, Bobby Hull et Murray Balfour. À Toronto, j'affrontais le trio de Dave Keon la plupart du temps et à Detroit, Norm Ullman et ses ailiers m'attendaient.

Aujourd'hui, vous vous demandez peut-être si le fait de jouer toujours contre les mêmes équipes, dans les mêmes villes et devant les mêmes foules devenait fastidieux. Certainement pas pour moi. J'adorais cela. Lorsqu'une équipe venait jouer à Montréal le samedi soir, et que nous nous retrouvions dans son aréna le lendemain, nous avions l'impression de jouer un même match de six périodes. Et c'était ainsi presque chaque fin de semaine. Bien sûr, il y avait un nombre limité de joueurs, mais ils faisaient partie des meilleurs du monde. Comment alors cela aurait-il pu être monotone sur la glace ou dans les gradins ?

De nos jours, certaines équipes se rencontrent à peine une fois par année. Voyons, par exemple, ce calendrier des matchs opposant le Canadien aux Red Wings au cours de trois saisons au début des années 90 :

Le 10 octobre 1991	Montréal à Detroit
Le 1er février 1992	Detroit à Montréal
Le 8 mars 1992	Detroit à Montréal
Le 4 novembre 1992	Montréal à Detroit
Le 7 novembre 1992	Detroit à Montréal
Le 18 décembre 1993	Detroit à Montréal
Le 13 avril 1994	Montréal à Detroit

En 2003-04, le Canadien et les Red Wings n'ont pas joué un seul match en saison régulière à Detroit. Leur seul match contre les Wings eut lieu en octobre, au début de la saison. Les partisans de Detroit ou de Montréal, qui auraient aimé voir

Steve Yzerman, Nicklas Lidstrom et Brett Hull jouer contre
José Théodore, Mike Ribeiro et Richard Zednik, ont dû avoir
l'impression que ces deux équipes évoluaient dans des ligues
différentes, comme au baseball où les Expos n'affrontaient
jamais les Tigers de Detroit.

La LNH réalisera-t-elle qu'avec un calendrier semblable,
elle est en train de tuer ces rivalités de longue date qui sont
d'importantes sources de revenus pour apporter ainsi les changements qui s'imposent dans le nouveau millénaire ? Il semble
que non, comme le démontrent les rares rencontres qui ont
opposé le Canadien aux Red Wings :

Le 1ᵉʳ novembre 2000	Detroit à Montréal
Le 11 février 2002	Detroit à Montréal
Le 17 octobre 2002	Montréal à Detroit
Le 20 octobre 2003	Detroit à Montréal

Les deux équipes n'ont disputé entre elles aucun match en
2001, ce qui n'est rien pour alimenter une rivalité. Durant
plusieurs saisons où la ligue ne comptait que 6 équipes, les 2
se sont rencontrés à 21 reprises, dont 14 en saison régulière et
7 en séries éliminatoires. En 2003-04, si Saku Koivu, Andrei
Markov, Sheldon Souray ou Jose Théodore avaient souhaité
voir les étoiles des Red Wings en action plus souvent, ils
auraient dû les observer à la télévision. Il s'agit là d'un problème majeur dans la LNH de nos jours.

Permettez-moi de revenir aux centres adverses qu'on m'a
toujours opposés : Ullman, Keon, Delvecchio et Mikita.
Comme moi, tous ont été intronisés au Temple de la renommée. Il y a 10 ans, dans la première édition de cet ouvrage, je
mentionnais qu'au moment où débuta la saison 1993-94,
Mikita était le cinquième marqueur de toute l'histoire de
la LNH avec 1467 points ; Delvecchio était dixième avec
1281 points ; Ullman treizième avec 1229 et Keon quaran-
tième avec 986. Plusieurs de ces buts, je peux vous assurer, ont
été marqués contre le Canadien de Montréal. Depuis ce

Jean Béliveau portant fièrement
le célèbre chandail numéro 4 du Tricolore.

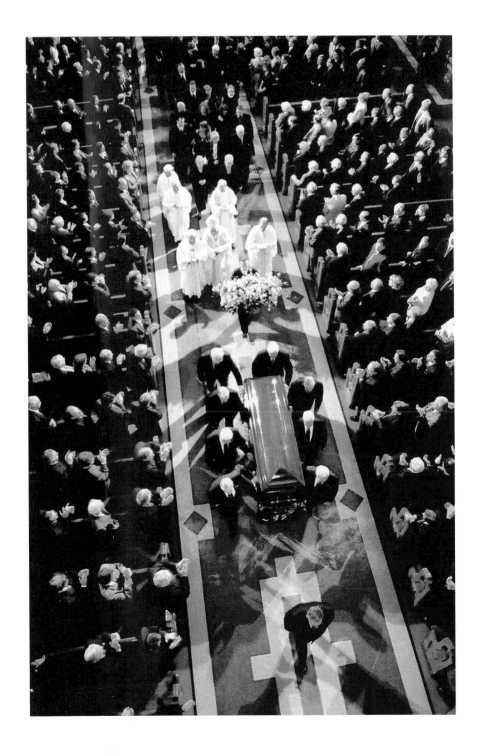

ci-dessus : Photo aérienne de la foule entourant
la gare Windsor et le Centre Molson où le Rocket
était exposé.

à gauche : Procession lors des funérailles de Maurice
Richard le 31 mai 2000.

ci-dessus : Photo panoramique des funérailles
de Maurice Richard à la basilique Notre-Dame.

en haut à droite : Les coéquipiers de Maurice Richard
transportent son cercueil.

en bas à droite : Les porteurs et coéquipiers du Rocket
occupent les premiers bancs lors de la cérémonie.

THE SMILING BOYS ABOVE WON FOUR OF THE NATIONAL HOCKEY LEAGUE'S SIX INDIVIDUAL AWARDS IN 1955-56. AN UNUSUAL AND REMARKABLE ACHIEVEMENT. ON THE LEFT IS DOUG HARVEY WITH THE JAMES NORRIS MEMORIAL TROPHY; JEAN BÉLIVEAU IS IN THE CENTRE WITH THE ART ROSS TROPHY AND THE HART TROPHY WHILE JACQUES PLANTE ON THE RIGHT STANDS WITH HIS AWARD, THE VEZINA TROPHY.

ci-dessus : En hommage à Jean Béliveau pour son cinquantième anniversaire dans la LNH, cette peinture nous montre tous les joueurs du Canadien arborant le célèbre chandail numéro 4 au cours de la cérémonie d'avant-match.

en haut à gauche : Le premier ministre du Québec Lucien Bouchard (au centre), le premier ministre du Canada Jean Chrétien (qui regarde vers l'arrière, juste devant Bouchard), l'ex-premier ministre du Québec Jacques Parizeau (à gauche, deux rangées derrière Bouchard) et le chef du Parti conservateur fédéral, Jean Charest (dans le coin supérieur gauche) entrent dans la basilique Notre-Dame pour assister aux funérailles de Maurice Richard.

à gauche : Doug Harvey, Jean Béliveau et Jacques Plante posent fièrement derrière leurs trophées récoltés en 1955-56.

LES TIGRES Jr. DE VICTORIAVILLE -:- 1948-49

STUDIO BEDARD, Enrg.
Victoriaville, P. Q.

à gauche: Jean (troisième à gauche, rangée centrale) joua la première année de son hockey junior dans son patelin de Victoriaville.

en bas à gauche: Jean (en chemise blanche) avec certains de ses compagnons de classe de l'Académie Saint-Louis-de-Gonzague.

ci-dessous: Jean (au centre, debout) était un élément important de l'équipe de baseball de Victoriaville.

ci-dessus : La plus grande étoile du hockey junior au Québec maîtrisant la rondelle.

en haut à gauche : Jean (première rangée à droite) était capitaine adjoint au cours de la saison 1950-51 des Citadelles de Québec au hockey junior.

en bas à gauche : Jeune homme élancé, Jean évoluait avec les Panthères de Victoriaville de la ligue intermédiaire B, en 1947-48.

ci-dessus: L'étoile des As de Québec de la ligue senior était populaire auprès des femmes au cours des saisons 1951 à 1953.

page opposée:

en haut à gauche: Jean Béliveau bébé, en 1932.

en haut à droite: Jean à l'âge de 4 ans.

au centre à gauche: Jean Béliveau, jeune garçon sur son tricycle.

au centre à droite: Jean, déjà passablement grand à l'âge de 12 ans.

en bas: Jean, jeune étudiant sérieux à l'âge de 15 ans.

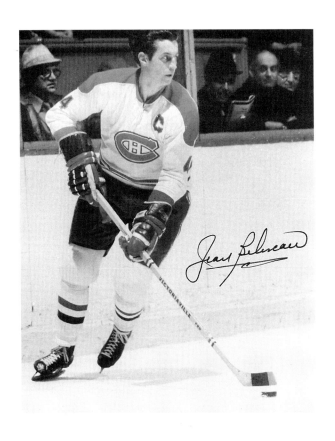

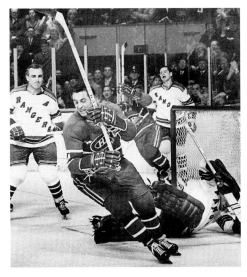

ci-dessus : Mai 1965 : Jean enlace, de sa main gauche, la coupe Stanley qu'il vient de remporter grâce à une victoire de 4-0 contre Chicago au Forum et, de sa main droite, le trophée Conn Smythe, remis au meilleur joueur des séries éliminatoires pour la première fois de l'histoire de la LNH.

en haut à gauche : Jean Béliveau, capitaine du Canadien pendant les années 60.

en bas à gauche : Jean vient de déjouer Ed Giacomin, au grand malheur des défenseurs des Rangers, Harry Howell (au centre) et Arnie Brown (dans le coin).

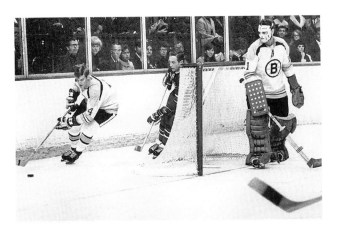

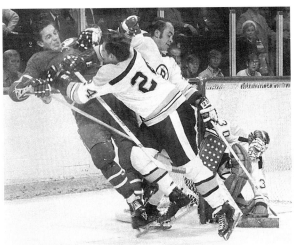

ci-dessus : Le 1ᵉʳ mai 1965, Jean célèbre la treizième coupe Stanley de l'histoire du Canadien.

en haut à gauche : Jean talonne de près le défenseur Bobby Orr qui, selon lui, a révolutionné le hockey professionnel.

au centre à gauche : Le gardien Gerry Cheevers et le défenseur Gary Doak protègent le disque alors qu'un autre joueur des Bruins repousse Jean.

en bas à gauche : Deux joueurs intronisés au Temple de la renommée dans le feu de l'action, Jean et Bobby Hull des Blackhawks.

ci-dessus : Bernard Geoffrion,
Jean Béliveau et Bert Olmstead.

ci-contre : Jean posant dans
le vestiaire au début des années 1950.

en haut à droite : Le Rocket et Jean,
deux grands Canadiens.

en bas à droite : Béliveau marque
contre les Hawks sous les yeux
de Pierre Pilote et Bill « Red » Hay.

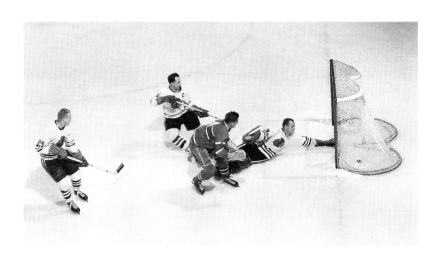

ci-dessus : Ambassadeurs du Canadien vers 1999 : (de gauche à droite) Yvan Cournoyer, Maurice Richard, Jean Béliveau, Guy Lafleur et Henri Richard.

ci-contre : Photo publicitaire de Jean remontant à la fin des années 50.

en haut à droite – D'ex-coéquipiers se réunissent à l'occasion du lancement du premier livre de Jean au mois d'octobre 1994. J.-C. Tremblay (troisième à droite, rangée supérieure) avait quitté l'hôpital pour y assister, mais il devait s'agir de sa dernière apparition publique. Il est retourné à l'hôpital peu après cette photo et le cancer l'emportait un mois plus tard.

à gauche : Le gouverneur général Roland Michener assiste à l'intronisation de Jean Béliveau et Gordie Howe en tant qu'Officiers de l'Ordre du Canada en octobre 1971.

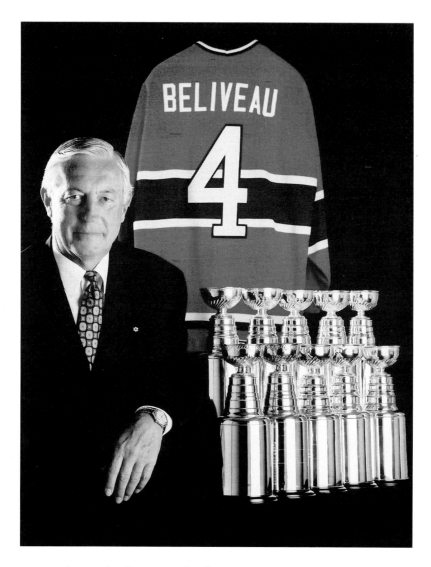

Jean et les dix coupes Stanley
qu'il a remportées comme joueur.

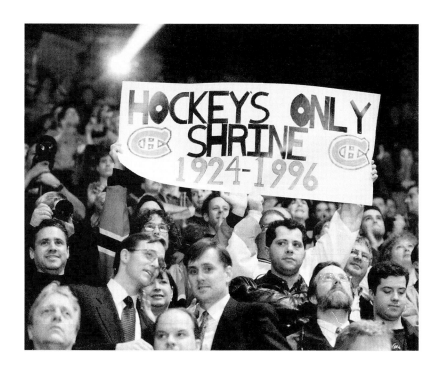

ci-haut: Le 11 mars 1996, les amateurs assistent au dernier match disputé au Forum alors que le Canadien défait les Stars de Dallas par la marque de 4 à 1.

ci-contre: Jean Béliveau passe le flambeau à Henri Richard au cours des cérémonies de clôture du Forum de Montréal, le 11 mars 1996.

ci-dessus : Lors d'une cérémonie d'avant-match au Forum, Jean Béliveau transporte la flamme des Jeux olympiques de Calgary alors qu'elle parcourt le Canada en 1988.

à gauche : Portrait de la famille Béliveau : (dans le sens horaire) Jean, Mylène, Élise, Magalie et Hélène.

temps, leurs noms sont descendus au classement alors que la génération suivante de joueurs a pu accéder à la LNH pour ensuite prendre sa retraite après une longue carrière, mais cela n'enlève rien à leurs exploits. Ils étaient les plus grandes vedettes de leur temps.

Aujourd'hui, cependant, vous ne pourrez plus voir Steve Yzerman à la mise au jeu contre Joe Sakic, ou Peter Forsberg opposé à une autre vedette offensive au cours d'un même match. Vous observerez plutôt des spécialistes de la défensive comme Kris Draper, Darren McCarty et Kirk Maltby alignés contre Sakic et Forsberg, alors que Dan Hinote, Darby Hendrickson et Steve Konowalchuk partageront la glace avec Yzerman.

De nos jours, les tâches offensives et défensives sont claire-ment définies. Dans mon temps, on s'attendait à ce que Mikita, Delvecchio, Ullman et Keon me mettent, moi et ma ligne, hors d'état de nuire, afin qu'ils puissent aller loger la rondelle dans notre filet. Et nous avons tenté d'en faire autant. De nos jours, on n'assiste plus à ce genre de tactiques.

Stan Mikita a été le premier Européen à devenir une vedette de la LNH. Né en Tchécoslovaquie, il a immigré au Canada alors qu'il n'était encore qu'un enfant et il est arrivé chez les Blackhawks en 1958-59. Un an plus tard, il formait la fameuse ligne Scooter avec l'ancien joueur du Canadien Ab McDonald et Kenny Wharram.

Au début, Stan n'hésitait pas à jouer du bâton contre un adversaire. Il a d'ailleurs récolté de nombreuses punitions pour cette raison. En 1966-67, il a néanmoins changé son style et remporté les trophées Art-Ross, Hart et Lady Byng en cette même saison. Mikita avait une vision et une souplesse éton-nantes sur la glace. Comme son coéquipier Bobby Hull, c'était un adepte du bâton de hockey «banane» qui permettait de lancer des boulets terriblement lourds dans les jambes des pauvres gardiens. Stan était à d'autres égards encore plus dan-gereux; il pouvait déjouer n'importe quel gardien, car il avait un lancer d'une précision stupéfiante et savait profiter de la moindre ouverture. Il pouvait dégager son territoire d'un lancer du poignet ou faire des passes impeccables à Wharram ou à McDonald.

Ab McDonald était un bon ailier gauche, très vaillant. Wharram, également rapide et fort habile, jouait à l'aile droite. Si un joueur se permettait la moindre distraction, même pendant une seconde, Mikita, qui lançait de la droite, envoyait le disque à Kenny en plein sur la palette et celui-ci se retrouvait devant le gardien en un clin d'œil. Quelques années plus tard, Doug Mohns a remplacé McDonald pour former la deuxième édition de la ligne Scooter.

À Toronto, Dave Keon était d'un tout autre acabit et d'un tout autre gabarit que Mikita. Il n'était pas très grand, mais semblait toujours patiner sans le moindre effort. Comme Mikita, il était constamment en mouvement, de sorte qu'il était très difficile pour les défenseurs de le neutraliser ou de le contrôler. Punch lmlach l'a placé devant moi plusieurs années de suite. En 1963 et 1964, il a largement contribué à nous éliminer des séries finales. Mon style de jeu nécessitait beaucoup d'espace. J'essayais donc toujours avec mes ailiers de dégager la patinoire afin que nous puissions organiser nos jeux et que je puisse patiner à mon aise. Keon parvenait à contrecarrer mes plans mieux que quiconque, puisqu'il était tellement mobile qu'il nous donnait l'impression de couvrir toute la patinoire et limitait ainsi considérablement mon aire de jeu. Si l'un de nous parvenait à s'échapper en direction du but ennemi, Dave était assez rapide pour le rattraper et l'empêcher de marquer.

Keon était dur à battre, à déjouer, à semer. Il jouait aussi bien au centre que comme ailier. Il suffisait que ses coéquipiers lui envoient de longues passes de l'aile gauche. D'autres joueurs polyvalents, comme Mike Walton et Bob Pulford, pouvaient s'allier à Keon et changer de position pendant le jeu, ce qui embêtait considérablement nos ailiers qui étaient chargés de les arrêter.

Plus tard, Toronto a placé la ligne de Norm Ullman contre la mienne. Nous faisions généralement la première mise au jeu l'un face à l'autre. Norm n'avait ni la rapidité ni la puissance d'attaque de Dave Keon. Il n'en reste pas moins qu'il était un excellent joueur. Très solide et spectaculaire, brillant, il avait le sens du jeu. Le voir travailler avec ses ailiers était un spectacle de toute beauté. Il était très difficile pour nous de briser ses élans ou de le neutraliser, parce qu'il bougeait sans cesse, patinant en cercles puis changeant brusquement de direction, revenant sur ses pas pour mieux préparer ses attaques, filant d'un côté, puis de l'autre. Il pouvait aller chercher la rondelle derrière un but ou dans un coin de la patinoire et la conserver un long moment tout en cherchant des yeux ses coéquipiers. À Detroit et à Toronto, il avait des ailiers très rapides et intelligents, je pense à Floyd Smith et Paul Henderson, qui savaient s'échapper pour se placer dans l'enclave du gardien de but. Ils n'avaient plus alors qu'à faire un signe à Norm qui leur passait la rondelle. J'étais vite à bout de souffle. Je rentrais au banc des joueurs, et Toe envoyait Henri Richard devant Ullman.

Comme Dave Keon, Norm était une machine que rien ne semblait stopper. Henri avait autant d'endurance que lui. Alors, il lui collait aux talons, sans le moindre effort, et lui disputait la rondelle, jusqu'à ce qu'il perde tous ses moyens.

Vous aurez compris le processus. Punch Imlach avait demandé de me neutraliser aux futurs membres du Temple de la renommée qu'il comptait dans son équipe. Il forçait ainsi Toe Blake à changer régulièrement ses propres formations. Imaginez des joueurs comme Bob Pulford, Ron Ellis, Red Kelly et George Armstrong devant Boom Boom Geoffrion, Dickie Moore, Yvan Cournoyer et les frères Richard — tous au Temple de la renommée. Les amateurs étaient assurés de voir du grand hockey. Je n'ai même pas mentionné les défenseurs de Toronto, Tim Horton, Allan Stanley et Marcel Pronovost, et j'ai à peine parlé des nôtres : Tom Johnson, Doug Harvey, Jacques Laperrière et Serge Savard, tous au Temple, eux aussi.

Et que dire des gardiens des diverses équipes de la ligue, dont les noms sont également inscrits au Temple. Pensons à Terry Sawchuk et Johnny Bower, qui jouaient ensemble à Toronto au milieu des années 60, Glenn Hall à Chicago, Gerry Cheevers à Boston, Lorne Worsley et Ed Giacomin à New York.

Johnny Bower était le gardien le plus difficile à déjouer de toute la Ligue. On avait beau opter pour les feintes les plus subtiles, il refusait tout simplement de bouger, si bien qu'il était presque impossible de marquer en fonçant vers lui ou en lançant de loin. Il avait une façon de se placer qui attirait les joueurs vers lui, comme s'ils étaient aspirés par un entonnoir. J'ai envoyé John Ferguson contre lui à quelques reprises. Fergie avait du cœur au ventre, mais il n'était pas un expert de la feinte. Plutôt que d'essayer de déjouer Bower, il fonçait sur lui, le plus vite possible. Allan Stanley, Carl Brewer, Kent Douglas et Tim Horton, furieux, se portaient alors à la défense de leur gardien et se jetaient à plusieurs sur Johnny qui se relevait et filait en marmonnant : « ça fait partie du jeu, les gars ». Ses opposants étaient bien contents de le voir réagir ainsi, parce que personne n'avait vraiment envie d'aller « corriger » John Ferguson.

Terry Sawchuk avait un style bien différent de celui de Bower. Il bougeait beaucoup plus et surveillait sans cesse ses angles. On aurait dit qu'il vous provoquait, qu'il vous forçait à lancer. Mais si vous l'obligiez à bouger, il se faisait un plaisir de le faire. Tout comme Bower, il approchait la quarantaine quand nous avons affronté les Leafs lors des éliminatoires de 1967, et tous deux ont réussi des arrêts incroyables. Sawchuk fut particulièrement époustouflant lorsque les Leafs nous ont blanchis 3 à 0 à l'occasion du deuxième match à Montréal, après que nous avons remporté le premier 6 à 2. Plus tard dans ces mêmes séries, à Toronto, j'ai réussi une échappée et je me suis retrouvé nez à nez avec Sawchuk. Je ne sais toujours pas comment il a bloqué mon lancer.

À mes débuts dans la LNH et jusqu'au milieu de ma carrière, la plupart des autres joueurs de centre étaient beaucoup plus petits que moi. Sauf George Armstrong, Alex Delvecchio et Eddie Litzenberger qui étaient assez grands. La taille d'un joueur de centre, je pense à Ullman, Mikita, Keon et Henri Richard, était d'environ 5 pieds 9 et son poids variait entre 170 et 180 livres. Puis, dans les années 60, des joueurs comme Phil Esposito, Garry Unger, Walt Tkaczuk, Red Berenson, Ivan Boldirev, Peter Mahovlich et Darryl Sittler sont arrivés et ont tous imposé de nouveaux critères de taille et de poids.

• • •

Certaines choses ne me plaisent pas dans le hockey moderne. D'abord, l'utilisation généralisée du bâton comme arme de frappe et le peu d'attention que portent les officiels à cette pratique. Autrefois, lorsqu'ils devaient sévir et infliger une pénalité, les arbitres Bill Friday, John Ashley, Frank Udvari et les autres ne tenaient pas compte de la tournure du match. Peu importe si vous frappiez un joueur adverse pendant la première minute de jeu, à la fin de la troisième période ou au milieu de la prolongation lors d'un match en séries éliminatoires, vous alliez directement au banc des punitions, pendant deux minutes, point final. Aujourd'hui, les officiels permettent aux joueurs d'aller beaucoup trop loin. À mon avis, cela dénature le jeu et le hockey y perd. Seuls les paresseux et les maladroits utilisent leur bâton pour arrêter un joueur. Si un adversaire vous a contourné, vous vous retournez pour l'accrocher ou le faire trébucher avec votre bâton, et vous avez de bonnes chances de vous en sortir sans la moindre pénalité.

La seule façon acceptable d'arrêter l'adversaire est de continuer à patiner, le plaquer, le mettre en échec et lui enlever la rondelle. Si on apprenait aux joueurs à rester sans cesse en mouvement, on reviendrait aux bons vieux plaquages d'antan, avec les hanches et les épaules. Une fois de plus, le jeu serait beaucoup plus beau à regarder et on pourrait vraiment apprécier le talent des joueurs à leur meilleur. Comprenez-moi bien, il ne s'agit pas de laisser les vedettes faire ce qu'elles veulent, nous n'étions certainement pas libres de faire n'importe quoi. Maurice et moi avions toujours quelqu'un qui nous suivait comme une ombre. Mais il y avait moyen de régler cela. Quand j'avais un joueur dans le dos en zone adverse, je me collais moi-même à un de leurs défenseurs. Je tenais ainsi deux joueurs occupés au lieu d'un et mes coéquipiers pouvaient travailler plus librement.

Il y a cependant des choses qui m'impressionnent beaucoup dans le jeu actuel et je suis toujours étonné de voir le talent qui ne cesse d'affluer de toutes parts. Le nombre d'équipes dans la LNH a quadruplé en une seule génération et pourtant, on trouve assez de jeunes capables de former des équipes compétitives et d'attirer les foules. Les oiseaux de malheur qui en avaient contre l'expansion ont eu tort : la LNH ne s'est pas appauvrie. Au contraire, le hockey ne cesse de grandir en intérêt et en importance, parce qu'il reste ce qu'il a toujours été : le sport le plus excitant. Certains pourraient prétendre que je vois ce sport au travers de lunettes un peu trop roses, mais j'y vois un jeu aussi excitant qu'il l'a toujours été, bien qu'il évolue d'une génération à l'autre.

Quand j'ai commencé à prendre des notes sur les athlètes et les sportifs de mon époque et d'aujourd'hui, incluant les joueurs de la LNH qui m'avaient le plus touché, je me suis vite rendu compte que je ne pouvais pas m'en tenir qu'au hockey. Tout au long de ma carrière professionnelle, j'ai eu la chance de rencontrer plusieurs vedettes évoluant dans de nombreux sports.

Au début des années 50, la lutte était un sport très populaire et Whipper Billy Watson, Killer Kowalski, Jean Rougeau, Yvon Robert et Larry Moquin se produisaient devant d'immenses foules. Il y avait alors beaucoup plus de recoupements entre les différents sports. On voyait, au hockey ou au baseball, les grandes vedettes de la boxe ou de la lutte, et vice-versa. J'ai rencontré Jack Dempsey et Joe Louis lorsqu'on les a invités pour promouvoir les programmes de lutte du lundi à la Tour de Québec.

Après mon arrivée à Montréal, j'ai pu rencontrer Whitey Ford, Billy Martin, Mickey Mantle et d'autres joueurs vedettes de baseball des Yankees lors de certains banquets sportifs. À l'époque de John Nault, à Victoriaville, je préférais les Red Sox et j'étais un admirateur inconditionnel de l'incomparable Ted Williams.

Pour une raison ou pour une autre, les joueurs du Canadien ont toujours eu plus d'affinité avec les équipes de Boston. Chaque fois que nous le pouvions, nous regardions les matchs de basket-ball que les Celtics disputaient le dimanche après-midi au Garden où nous affrontions les Bruins le soir même. Si nous arrivions à Boston pendant la saison du baseball, nous courions au Fenway Park pour assister à la rencontre.

Une fois, Ted Williams m'a invité dans sa loge et nous avons discuté en privé pendant une vingtaine de minutes. Quand je suis sorti, les journalistes locaux se sont massés autour de moi ; ils voulaient savoir de quoi nous avions parlé. Apparemment, on m'avait fait un honneur plus grand que je ne croyais. Ted n'avait jamais adressé plus d'une phrase ou deux aux médias. Nous avions tous deux une passion pour la pêche, Williams venait souvent taquiner le poisson dans les lacs et les rivières du Québec et il avait déjà été un invité privilégié de mon ami Jacques Côté, lors d'une partie de pêche sur la merveilleuse rivière à truites qui lui appartenait.

Quelques années après avoir accroché mes patins, Élise et moi traversions le Maine en direction de Cape Cod, quand j'ai lu dans les journaux que les Yankees étaient en ville pour leur match traditionnel du mois de septembre contre les Red Sox. La série de trois matchs commençait le lendemain. Je me suis tourné vers Élise et je lui ai proposé de changer nos plans : « Allons passer la journée de demain à Boston. »

Le lendemain soir, je l'ai emmenée faire une promenade autour du Fenway Park, pour qu'elle ait une idée de l'atmosphère régnant autour d'un stade du baseball majeur. Je n'avais pas l'intention d'entrer. J'étais persuadé qu'il ne restait plus de billets disponibles et nous voulions simplement trouver une façon agréable de passer le temps avant d'aller souper. Mais comme nous passions devant la billetterie, quelqu'un m'a interpellé :

— Jean, qu'est-ce que tu fais ici ?

Il me connaissait de vue, parce qu'il travaillait aussi au Garden.

— Je faisais visiter les lieux à ma femme.

— Tu veux voir le match ?

— Avec plaisir !

Il est revenu quelques instants plus tard avec deux billets et nous étions assis juste à côté de George Steinbrenner, le propriétaire des Yankees. Ce fut une soirée épatante. J'étais là, incognito, à regarder l'extraordinaire spectacle des meilleurs joueurs de baseball à l'œuvre. Nos sièges étaient juste derrière l'abri des Yankees et nous regardions Reggie Jackson faire ses exercices de réchauffement en balançant ses grands bras pendant que les amateurs de Boston le couvraient d'injures. Au milieu de la partie, il a frappé un coup de circuit par-dessus la clôture du champ centre, à plus de 400 pieds du marbre. Quand il est revenu au banc des joueurs, il avait un petit sourire de satisfaction et a jeté un regard amusé à ceux qui l'avaient insulté.

En 1971, l'année de ma retraite, les Expos ont organisé une soirée en mon honneur au parc Jarry. J'ai posé pour les photographes en compagnie de Willie Mays, qui vivait alors ses dernières années avec les Giants de San Francisco.

Mon plus beau souvenir de baseball, cependant, remonte à plus loin durant cette même année, soit en janvier, et il s'agit d'un événement qui s'est déroulé à l'extérieur d'un stade. C'était le soir où j'ai complété mon fameux tour du chapeau et marqué mon 500e but. Élise et moi avions planifié d'aller dîner avec mon gérant d'affaires, Gerry Patterson, et sa femme. Les entrevues d'après-match ne finissaient plus et il était tard au moment où nous avons pu nous retrouver ensemble les deux couples. Je me sentais mal, croyant que tous les bons restaurants allaient être fermés à cette heure, mais Gerry m'a rassuré.

«Ne t'en fais pas, Jean. Je vous emmène dans un endroit très spécial et absolument exclusif où n'entre pas qui veut. C'est une nouvelle table au square Westmount. »

Nous avons traversé la rue Atwater et marché vers l'ouest jusqu'à un immeuble d'habitation, puis nous avons pris l'ascenseur pour nous rendre au dernier étage. Sur l'une des portes qui donnaient sur le corridor une petite affiche écrite à la main indiquait : « Seuls sont admis ceux qui ont compté plus de 500 buts. »

À l'intérieur, nous avons été accueillis par Rusty Staub, un joueur des Expos de Montréal doté de talents culinaires exceptionnels. Cette soirée-là, nous avons festoyé jusqu'aux petites heures du matin, savourant des huîtres Rockefeller et de la sole de Douvres. Rusty avait assisté au match qui avait eu lieu plus tôt et avait quitté pour préparer le repas au moment où j'ai marqué le but fatidique. Il était un très bon joueur de baseball et un excellent cuisinier amateur qui est passé chez les professionnels en ouvrant un restaurant dans l'East Side Manhattan après sa retraite du baseball. Après la tragédie du 11 septembre 2001, il est devenu un travailleur bénévole infatigable, accumulant ainsi des millions de dollars d'aide pour les gens de New York. C'est un homme extraordinaire et j'ai souvent déclaré en blague que j'avais grandement contribué à lancer sa seconde carrière.

Au cours des années, j'ai continué à rencontrer les grands de plusieurs disciplines sportives. Je pense ici à Tom Seaver et Pete Rose au baseball ; à Bill Russell, Bob Cousy, John Havlicek et Wilt Chamberlain, certains des plus grands joueurs de basket-ball ; et aux jockeys Willie Shoemaker et Eddie Arcaro, membres du Temple de la renommée. Dans les milieux montréalais de la boxe, j'ai fait la connaissance de Robert Cléroux, Yvon Durelle, Archie Moore et George Chuvalo ainsi que de deux solides poids plume qui se sont quelquefois affrontés, soit Armand Savoie et Dave Castilloux, qui est récemment décédé.

C'est vers la fin des années 60 que j'ai réalisé ma plus excitante incursion dans un sport autre que le hockey. Je tournais alors une publicité pour American Motors sur la piste de course du mont Tremblant. Al Unser père participait aussi à ce tournage. Avant la pause du déjeuner, il m'a invité à faire quelques tours de piste dans une voiture compacte nord-américaine.

«Allez, viens, le grand Jean, je t'emmène faire un petit tour», m'a-t-il dit avec son accent traînant. Il ne pouvait résister au plaisir de donner la frousse à un ami. La piste était là, invitante, ainsi que des voitures qui n'étaient pas du genre qu'Al conduisait habituellement. Il avait un peu de temps libre et un nouvel ami à qui il souhaitait donner un peu la frousse.

Nous avons filé à plus de 150 milles à l'heure. Du moins, c'est l'impression que j'ai eue, mais je n'ai pas osé ouvrir les yeux pour regarder le compteur.

«Je te remercie, Al, tu viens de confirmer ce dont je me doutais déjà. Je ne ferai jamais carrière dans la course automobile.» J'avais l'estomac qui tournait à la vitesse du son et je n'ai pas osé m'approcher de la table.

Al Unser a finalement remporté 4 fois les 500 milles d'Indianapolis, dont deux de suite en 1970 et 1971, mais je ne crois pas pouvoir dire que je l'ai inspiré ou stimulé de quelque manière que ce soit.

8

LES ENTRAÎNEURS

En juillet 1969, on faisait appel à mes services pour faire la publicité télévisée des conteneurs Purepak. L'agence qui m'embauchait avait décidé de tourner les commerciaux à Los Angeles, ce qui n'était certainement pas pour me déplaire. Le tournage devait durer un jour et demi, au Great Western Forum où l'on avait fait temporairement de la glace, en plein mois de juillet. Nous venions de terminer lorsqu'un des cadres de l'entreprise Purepak m'offrit d'assister au camp d'entraînement des Rams de Los Angeles de la Ligue nationale de football (NFL).

Nous nous sommes donc rendus au State College de Fullerton, le jour même, où j'ai observé pendant des heures les footballeurs à l'entraînement. Ce fut pour moi une découverte étonnante et enrichissante. J'ai vu, sous un soleil de plomb et sous des températures de plus de 100° F, des gars de près de 300 livres répéter pendant des heures les mêmes mouvements et répéter sans cesse des manœuvres défensives et offensives. De plus, après avoir terminé le travail en commun, chacun reprenait des exercices personnels tout aussi exigeants.

Je regardais travailler ces hommes, et je m'émerveillais de l'énergie et du cœur qu'ils mettaient à l'ouvrage, quand l'entraîneur-chef George Allen est venu me saluer. Nous ne nous étions rencontrés qu'une seule fois à l'occasion d'un banquet sportif. À mon grand étonnement, il m'a accueilli d'une façon très chaleureuse et m'a invité à dîner avec l'équipe le soir même.

J'ai appris que l'horaire quotidien des Rams à l'entraînement ressemblait grandement à celui de la majorité des équipes de la Ligue nationale de football. Les exercices de mise en forme et la gymnastique commençaient à 7 h 00, avant le déjeuner, qui était suivi d'une période d'une heure d'études théoriques. À partir de 9 h 30, tous les joueurs étaient sur le terrain pour le réchauffement et les exercices d'équipe. Après le dîner, ils avaient droit à une courte sieste, puis ils se réunissaient pour revoir la théorie et retournaient travailler et suer sur le terrain de 15 h 00 à 18 h 00. Joueurs et entraîneurs dînaient collégialement et formaient ensuite des petits groupes de discussion et de réflexion jusqu'à 21 h 00. Ils faisaient ensuite le bilan de la journée et regardaient le programme du lendemain. À 22 h 00, tout le monde, mort d'épuisement, était couché et dormait à poings fermés.

Dans les années 60, nous avions aussi dans la LNH notre « semaine d'enfer » au début de chaque saison, mais on nous épargnait le soleil de plomb, les longues heures d'études théoriques et tous ces exercices 100 000 fois répétés qui, à l'époque, me semblaient extrêmement fastidieux.

Je me suis assis à la table de George Allen avec ses entraîneurs et j'ai passé une heure très agréable à parler de sport professionnel, à poser des questions sur le football et à répondre à celles qu'on me posait sur le hockey. Vers la fin du repas, George m'a surpris en me demandant de prononcer quelques mots à ses joueurs lors de la réunion d'équipe, de leur parler du succès que le Canadien et moi-même avions connu au cours des ans.

Je me sentais un peu intimidé mais, au moins, j'avais amplement de quoi parler. Deux mois plus tôt, nous avions remporté notre deuxième coupe Stanley d'affilée, notre quatrième en cinq ans, la neuvième de ma carrière. Cependant, je n'étais pas sûr du tout que mon expérience professionnelle allait intéresser des joueurs de football :

— Ça me ferait plaisir de parler à tes joueurs, ai-je dit à George, mais qu'est-ce que tu veux que je leur dise ? Je ne crois pas qu'ils savent qui je suis et je doute qu'ils connaissent le hockey.

— Tu serais surpris, m'a-t-il répondu. Beaucoup de nos joueurs vivent ici une fois la saison terminée et assistent aux matchs des Kings. Tu peux être sûr qu'ils ont entendu parler de toi. Dis-leur simplement comment, chez le Canadien, vous préparez votre saison. Je cherche à les stimuler. Mes Rams forment une vieille équipe. Ils ont beaucoup d'expérience, mais je ne suis plus du tout certain qu'ils ont encore ce désir de gagner que le Canadien de Montréal a su conserver. Tu es un gagnant, toi, et j'aimerais que tu leur communiques cette attitude.

Quand il m'a présenté à ses joueurs, George Allen a insisté sur deux aspects de ma personnalité : mon âge — j'avais 37 ans à l'époque — et ma longue carrière dans un sport exigeant. «Jean est un gars qui pratique un jeu physiquement très exigeant. Son sport est aussi difficile que le vôtre. Il joue pour la même équipe depuis 16 ans et n'a jamais perdu le désir de vaincre. Y a-t-il quelqu'un ici qui espère en faire autant ! Est-ce que quelqu'un peut me nommer une seule équipe de football qui a remporté quatre championnats en cinq ans ! Jean Béliveau a démontré que l'âge ne nuit pas si on sait rester en forme. »

George Allen s'est mérité ce jour-là un autre admirateur, non seulement pour les gentils commentaires qu'il avait faits à mon égard, mais surtout parce que j'ai pu constater qu'il avait sans cesse à l'esprit son équipe et son sport, et qu'il aurait tout fait pour motiver ses joueurs et leur donner le courage au cours d'une saison exigeante. Autrement dit, George Allen était un véritable entraîneur.

Pendant 16 saisons, entre 1952 et 1968, 3 hommes ont régné sur ma vie quotidienne lorsque je pense au hockey. Ils sont maintenant avec moi au Temple de la renommée. Punch Imlach est le seul des trois qui y soit entré uniquement comme entraîneur et qui fasse partie de la catégorie des « bâtisseurs ». Avant de diriger des équipes de la LNH, Dick Irvin et Toe Blake ont tous deux été des joueurs-étoiles. Mais je les ai assez connus pour savoir qu'ils considéraient eux-mêmes leurs prouesses sur la glace moins importantes que ce qu'ils ont accompli derrière le banc des joueurs.

On insistait beaucoup moins sur le « style » d'entraînement ou sur les écoles d'entraînement dans les années cinquante et soixante. Des termes comme « stratège », « tacticien » ou « général du banc » était rarement employés. En ce qui concerne l'entraînement, très peu faisaient la différence entre Imlach, Irvin et Blake. Ils étaient tous des hommes de hockey très expérimentés qui avaient joué et qui, pour cette raison, connaissaient très bien les principes de base. Ils ont réussi, parce qu'ils comprenaient les exigences et les responsabilités d'être premier. Un entraîneur ne peut préparer un plan de jeu efficace s'il est incapable de convaincre son équipe de jouer pour lui. Pour y parvenir, il doit obtenir le respect de ses joueurs.

Je vous ai déjà parlé de Roland Hébert, mon premier entraîneur dans le hockey, affilié au cours de ma première saison avec les Tigres de Victoriaville en 1948. Roland comprenait les principes fondamentaux de l'entraînement chez les juniors. Les joueurs les plus prometteurs avaient besoin de beaucoup de temps sur la glace et il s'arrangeait pour le leur donner. Il me faisait souvent jouer jusqu'à 40 minutes par match.

Quand j'ai déménagé à Québec, Pete Martin des Citadelles m'a fait jouer plus encore. Dès lors, je savais que la voie m'était ouverte jusqu'à la LNH. Chaque année, on me plaçait avec des coéquipiers de plus en plus talentueux et j'affrontais des adversaires de plus en plus forts, ce qui me forçait à m'améliorer. Les médias de Québec critiquaient parfois sévèrement les décisions de Pete Martin et remettaient en question son leadership. L'équipe lui a même adjoint un ancien joueur de la LNH, Kilby McDonald, comme conseiller spécial alors que je jouais pour cette équipe. Personnellement, je n'ai jamais eu à me plaindre de Pete, et je considère que je lui dois beaucoup. Je dois cependant admettre que le hockey que nous pratiquions sous George « Punch » Imlach était d'un tout autre calibre. Ses méthodes d'entraînement étaient totalement différentes de tout ce que j'avais connu jusque-là, plus audacieuses, plus réfléchies, plus efficaces.

Vers la fin des années 30, Punch jouait à Toronto pour les Marlboros de Frank Selke. En 1941, il quittait Toronto pour Cornwall, à la suite d'une dispute avec Selke sur une question salariale. Ce différend allait d'ailleurs mettre du piquant dans toutes les relations professionnelles qu'ils entretiendraient par la suite. Après avoir joué pendant une saison à Cornwall, Punch est entré dans l'armée. Il a servi pendant trois ans dans une « compagnie de hockey » dont faisaient partie Jack Riley, Tommy Ivan, Jimmy Conacher et Buzz Bastien. Punch y a obtenu le grade de lieutenant. Démobilisé, il s'est retrouvé au camp d'entraînement des Red Wings et a vite réalisé que l'entraînement militaire laissait infiniment à désirer sur le plan du hockey et qu'il devait oublier son rêve de jouer un jour dans la LNH.

À son plus grand avantage, Punch était un être réaliste. Il allait bientôt avoir 30 ans, à une époque où peu de joueurs continuaient à jouer passé cet âge. Il voulait s'assurer un avenir confortable et a sauté sur l'occasion que lui offrait l'entraîneur Lex Cook de jouer avec les As de Québec de la LHSQ. Pour arrondir ses revenus, il a même pris un petit boulot au service de la comptabilité de l'Anglo-Canadian Pulp and Paper. Deux années plus tard, Cook est parti pour Dallas.

En 1956, les As remportèrent la coupe Edinburgh, emblème de la suprématie du hockey professionnel mineur au Canada, alors qu'ils étaient littéralement devenus l'équipe d'Imlach. Lorsque les assistances chutèrent vers le milieu des années 50, Punch et deux autres investisseurs firent l'acquisition des As de l'Anglo-Canadian, espérant les transférer dans la Ligue américaine de hockey. Punch détenait vingt-cinq pour cent des parts dans l'équipe, mais suffisamment d'argent pour persuader la LAH d'étendre ses activités à la ville de Québec. La Ligne de hockey senior du Québec était trop petite pour Punch et il était son secret le mieux gardé. En 1957, on l'embaucha à titre de directeur gérant des Indians de Springfield, une équipe appartenant au légendaire Eddie Shore, mais exploitée par les Bruins de Boston.

Mais une surprise de taille l'attendait à Springfield. On exigeait de lui, non seulement qu'il soit l'entraîneur des Indians, mais qu'il assure en plus la gérance de l'équipe. Une mésentente, qui allait durer toute la saison, s'installa entre Shore, qui contredisait tout ce que Punch faisait et téléphona même à Boston plusieurs fois pour exiger son renvoi, et Punch, qui conduisit les Indians jusqu'à la finale de la ligue, ce que personne n'avait même osé espérer. Sitôt la saison terminée, Shore mit fin au contrat de Punch et les Bruins lui offrirent en guise de compensation le poste de directeur général des équipes mineures de leur organisation.

Au même moment, cependant, Stafford Smythe de Toronto fit appel à Punch. Et lorsque la saison 1958-59 commença, celui-ci occupait le poste d'assistant-directeur général des Maple Leafs de Toronto que dirigeait Billy Reay. Les Leafs connurent un début de saison catastrophique. À la fin de novembre, ils étaient en dernière position dans la ligue, avec une fiche de 5 victoires et 20 défaites, du jamais vu dans leur histoire. Il était évident que les Leafs ne jouaient pas pour Reay. Punch réussit à convaincre la haute direction des Maple Leafs de le promouvoir au poste de directeur général. La chose faite, il congédia Reay et entreprit de diriger lui-même l'équipe.

Punch annula le premier exercice de son équipe et convoqua plutôt les joueurs un à un dans une salle de réunion où il leur fit promettre de se conformer à sa direction. Punch fit rapidement sa marque avec cette équipe dès le départ. Il embaucha Johnny Bower et conclut des échanges pour obtenir le défenseur Allan Stanley et les avants Larry Regan et Gerry Ehman, tous des joueurs ayant un caractère affirmé. Le dernier soir de cette saison, les Leafs de Punch eurent raison des Red Wings 6 à 4 à l'Olympia de Detroit, accédant ainsi aux séries. Ils éliminèrent les Bruins en sept matchs lors de la demi-finale, alors que nous les avons battus en cinq parties en finale de la coupe Stanley.

Punch était nouveau dans la LNH, mais il avait passé plus de 10 ans dans les ligues mineures et savait exactement ce qu'il voulait. Son plan de redressement pour les Leafs était simple. Il formerait une équipe un peu mieux équilibrée avec quelques jeunes joueurs d'avant avides et rapides, appuyés par des défenseurs d'expérience et deux vétérans aguerris devant le but, soit exactement le genre d'équipe qui avait fait la pluie et le beau temps dans la LHSQ pendant tout l'après-guerre. D'ailleurs, sous le règne de Punch à Toronto, entre 1958 et 1969, les Maple Leafs ressemblaient à s'y méprendre aux As, tant par leur jeu que par leur style d'équipe.

Punch insistait beaucoup sur le respect mutuel et il a lui-même gagné la confiance de ses joueurs en les traitant avec respect. Quand j'ai commencé à jouer avec les As, il me disait qu'il ne voulait pas que je change quoi que ce soit à mon jeu, mais il m'a fait travailler sur de petits détails qui allaient me permettre de m'améliorer considérablement.

« Après quelques coups de patin rapides, tu peux décoller pour de bon et commencer à faire tes grandes enjambées. Mais tu dois améliorer ton sprint de départ. » Après chaque exercice d'entraînement, il me plaçait sur le point rouge du cercle de mise au jeu, face au joueur d'avant le plus rapide de l'équipe. Celui-ci devait me poursuivre partout sur la patinoire dès que je m'étais emparé de la rondelle. Puis nous changions de rôle ; il portait la rondelle et je devais le rattraper. Nous avons fait cela tous les jours pendant des semaines, jusqu'à ce que Punch soit satisfait de ma vitesse et de mes réflexes.

On a beaucoup parlé et écrit sur Punch Imlach, surtout lorsqu'il est passé à Buffalo en 1970 et qu'il est revenu ensuite chez les Leafs pour les saisons 1979 à 1981. Certains de ces commentaires ont peut-être laissé l'impression d'un homme en retard sur son époque, sans réelle connaissance du jeu moderne. Ce n'est pas le Punch Imlach que j'ai connu. Quand les Leafs ont vécu des années d'instabilité avec Harold Ballard, j'ai pris les remarques anti-Punch avec plus qu'un grain de sel.

Punch disait toujours : « Environ 10 % des joueurs arrivent à se motiver eux-mêmes. Tous les autres, il faut les prendre par le collet et les forcer à travailler. Certains d'entre eux vont peut-être même venir vous remercier plus tard quand ils auront réalisé ce que vous avez fait pour eux. Le travail le plus important d'un entraîneur, c'est de motiver ses joueurs. »

Au moment où Punch se débattait avec les Leafs de Ballard, Dick Irvin et Toe Blake avaient pris leur retraite depuis déjà plus d'une dizaine d'années. S'ils étaient restés actifs dans les années 70, ils auraient sans doute connu le même sort que Punch. Les changements profonds dans les mentalités et les mœurs de l'époque se faisaient sentir jusque dans les relations entre les entraîneurs et les joueurs. Ceux-ci avaient maintenant l'habitude de répliquer, de donner leur avis, de commenter et même de critiquer parfois vertement les décisions de leur entraîneur. Aucun de ces trois, qui étaient d'une autre école, n'était du genre à tolérer ce genre d'attitude. Dans « l'ancien temps », un entraîneur pouvait emprunter le ton d'un sergent de l'armée — « vous faites les choses comme je l'entends, point final » — puisque les mineures débordaient de talents prêts à venir prendre nos places.

Les joueurs de ma génération étaient, eux aussi, perturbés par ce qui se produisait dans la LNH. Nous avions réalisé que les jeunes des années 70 avaient une culture différente. Je faisais alors partie de la direction du Canadien. Nous faisions notre possible pour inculquer des valeurs d'équipe à ces jeunes hommes nés et éduqués dans un monde qui valorisait l'individualisme et rejetait bien souvent la responsabilité personnelle. Ils ont commencé à se plaindre d'avoir à porter le complet-veston lorsqu'ils paraissaient en public. Ils étaient issus d'une société bien différente et cela se voyait sur tous les plans.

Étant de l'après-guerre, la génération de joueurs à laquelle j'appartenais avait été modelée par des valeurs et une autorité de type militaire. Vers la fin des années 70, par contre, cette mentalité semblait intolérable à la majorité des jeunes. Quant à la direction, elle refusait ou semblait incapable de faire des compromis. Au cours des dix dernières années, j'ai entendu des vétérans du hockey se plaindre d'une génération « d'enfants », de jeunes hommes dont la vie des parents ne reposait que sur le développement et la réussite de leurs fils. Chacun des gestes d'un entraîneur doit être expliqué et justifié encore et encore, que ce soit aux premiers échelons du hockey mineur ou chez les professionnels. La négociation pour un entraîneur a bien changé depuis l'époque où j'évoluais comme joueur.

• • •

Punch Imlach, Dick Irvin et Toe Blake étaient tous trois des adeptes d'une discipline très stricte, mais les méthodes qu'ils employaient pour résoudre les problèmes et pour communiquer étaient différentes. Dick Irvin, par exemple, avait une langue de vipère, capable d'atteindre ses victimes de loin. Pendant les quatre années où le Canadien m'a fait la cour, Frank Selke avait adopté une attitude de « laisser-faire », parce qu'il était persuadé que je finirais par accepter ses offres. Dick Irvin, lui, ne se gênait pas pour envoyer des messages provocateurs.

Pendant ma première saison avec les As, une rumeur circulait selon laquelle il aurait dit que Boom Boom Geoffrion était la meilleure recrue de la LNH.

« Ce gars-là est encore plus fort que le Rocket quand il a commencé », clamait Irvin, tout en prenant bien soin de mentionner que lorsque j'arriverais chez le Canadien, il me placerait au centre entre le Boomer et Dickie Moore.

Irvin était impitoyable avec ces joueurs chez qui il percevait de la paresse ou la moindre défaillance physique. Il avait même beaucoup de difficulté à croire qu'un joueur puisse être vraiment blessé ou paralysé par le trac. Pour lui, c'était uniquement une question de bonne ou de mauvaise volonté. Or, à l'époque, les joueurs étaient fréquemment blessés. Maurice Richard, Gordie Howe et moi avions même failli voir nos carrières respectives se terminer avant qu'elles aient commencé, à cause de blessures subies au cours de nos années d'apprentissage. Le Rocket semblait particulièrement vulnérable. Il eut d'abord une cheville fracturée à sa première année dans la Ligue senior. L'année suivante, sa première avec le Canadien, c'est son poignet qui écopa d'une fracture et, peu de temps après, de nouveau la cheville.

« Richard est peut-être trop fragile pour jouer dans la LNH », croyait alors Irvin. Ce n'était évidemment pas le genre de commentaire que Maurice pouvait entendre sans serrer les dents... et les poings. On aurait dit que Dick prenait plaisir à jeter de l'huile sur le feu et les deux hommes sont restés longtemps à couteaux tirés. D'ailleurs, à la suite de l'émeute Richard, en 1955, Frank Selke a signifié à Dick Irvin que, dorénavant, il ne serait plus responsable de l'entraînement du Canadien.

Ma première saison dans la LNH fut écourtée par une blessure. J'ai alors compris que Dick Irvin était la personne la plus antipathique de l'organisation. Je m'étais fêlé la cheville lors d'un match que nous avions disputé en tournée. Dans le train du retour, j'avais très mal, mais je ne savais pas que ma cheville était fracturée. Dick non plus, d'ailleurs, qui considérait ma douleur comme un incident mineur. Je n'oublierai jamais cette marche pénible le long du quai entre le train et jusqu'à la gare Windsor le matin où nous sommes rentrés à Montréal. Au moment où je suis arrivé à la sortie, tous mes coéquipiers s'étaient dispersés et tout était fermé. C'est le temps qu'il m'a fallu pour parcourir les 600 pieds environ jusqu'à la rue. Le lendemain, les radiographies ont révélé une fêlure et on m'a mis un plâtre. J'étais déprimé, mais je me considérais, tout compte fait, plutôt chanceux. Gordie Howe n'avait-il pas connu pire ? À sa première saison dans la LNH, il avait eu une fracture du crâne et une grave commotion. Je me suis toujours demandé si Dick Irvin avait pensé que Howe exagérait.

Irvin et Frank Selke étaient des amis et lorsque Frank lui enleva son poste d'entraîneur, il lui offrit un poste dans l'administration. Dick le refusa et devint plutôt entraîneur à Chicago.

Moins d'un an et demi plus tard, nous avons appris qu'il était diagnostiqué d'un cancer des os. Personne n'avait su qu'il était déjà malade quand il dirigeait le Canadien. Nous avons compris alors qu'il avait dû souffrir terriblement de cette maladie dégénérative pendant la majeure partie des deux années où il avait été notre entraîneur. Il avait énormément d'endurance et exigeait que ses joueurs en aient autant.

Toe Blake, qui est devenu mon entraîneur pendant les 13 années suivantes, était considéré par plusieurs comme le meilleur élève et un héritier véritable de Irvin. Il mena l'équipe à huit coupes Stanley et il est étonnant de se rappeler maintenant que Kenny Reardon, l'assistant au directeur général du Canadien, avait dû mettre son poste en jeu pour qu'il soit engagé. Kenny était le gendre du sénateur Donat Raymond, propriétaire de l'équipe, ce qui ne lui a pas nui.

Après le départ de Dick, Raymond et plusieurs autres auraient préféré Billy Reay comme nouvel entraîneur. Frank Selke, lui, avait pensé à un de ses anciens joueurs de Toronto, Joe Primeau. Il venait de se débarrasser d'un entraîneur à qui il reprochait de n'avoir pas réussi à canaliser positivement la volonté de vaincre du Rocket et il craignait sans doute que Toe, un émule de Dick, n'y parvienne pas non plus.

Les journaux n'en avaient que pour Roger Léger, un entraîneur chevronné de Québec, qu'ils voyaient comme le candidat idéal. Les médias de langue française, tout particulièrement, préconisaient une plus grande présence francophone au sein de l'équipe, tant à la direction que sur le banc. Ils avaient souvent reproché à Dick Irvin de préférer les grands et gros joueurs de l'Ouest du pays à ceux qui sortaient des ligues juniors du Québec. Selke, cependant, avait compris qu'il fallait remédier à la situation. Il avait investi beaucoup de temps, d'argent et d'énergie dans les ligues mineures du Québec, afin de former de bons joueurs francophones. Depuis quelques années, ils étaient d'ailleurs de plus en plus nombreux au sein de l'équipe : Plante, Geoffrion, Saint-Laurent, Talbot, Henri Richard, Provost, Goyette, Pronovost, Bonin et moi-même.

Pour ce qui était de l'entraîneur, Ken Reardon, lui-même un gars de l'Ouest qui s'entendait relativement bien avec l'équipe, savait que le meilleur candidat était Toe Blake. Celui-ci avait dû mettre brusquement fin à sa carrière de hockeyeur en 1948 après s'être fracturé une jambe. Il avait alors été nommé entraîneur du club-école que le Canadien possédait à Houston et qu'il a mené jusqu'au championnat de la ligue. Au mois de septembre suivant, le Canadien l'envoya à Buffalo, mais après une querelle avec le propriétaire, il alla prendre en main l'équipe des Braves de Salaberry-de-Valleyfield, dans la LHSQ. Il était très compétent et aurait pu être le premier choix idéal pour le Canadien s'il n'avait pas tout fait pour se mettre Frank Selke à dos, à l'époque où il travaillait avec les Braves.

Quand Reardon l'a finalement emporté, Toe est arrivé à Montréal pour retrouver l'équipe qu'il avait quittée six ans plus tôt, mais où il ne restait plus que deux de ses anciens coéquipiers : le Rocket et Butch Bouchard. Ce dernier, bien que capitaine, ne jouait plus très régulièrement cette année-là. À quelques reprises, il fit part à Toe de son intention de prendre sa retraite, mais Toe voulait qu'il reste, parce qu'il aimait bien s'entourer de vétérans. Lors des éliminatoires, cette année-là, nous avons battu Detroit en cinq parties. Le 10 avril 1956, le soir de notre grande victoire, 3 à 1, Butch était là pour recevoir la coupe Stanley.

Quant à Toe, l'homme que Frank Selke avait été réticent à embaucher, il a gagné cinq coupes Stanley d'affilée. Sa plus grande force aura été de motiver une équipe de supervedettes à jouer dans l'harmonie. C'est sans doute là l'élément le plus déterminant de tout sport d'équipe.

Au printemps de 1993, par exemple, le Canadien a surpris bien des gens en remportant sa 24e coupe. Québec et Pittsburgh, deux équipes beaucoup plus talentueuses, avaient été éliminées au cours des séries. Elles disposaient toutes deux de très grands joueurs, mais elles manquaient de cohésion et d'esprit d'équipe. Les Nordiques n'avaient pas l'habitude de gagner et les Penguins n'étaient pas en très bons termes avec leur entraîneur. Or, il est impossible de remporter un championnat quand le bien-être des supervedettes passe avant celui de l'équipe ou quand celle-ci est en conflit avec la personne derrière son banc.

Toe Blake n'a pas cessé de nous le répéter. Plus tard, lorsque je suis devenu capitaine, on comptait sur moi pour transmettre ce message : rien ne se gagne sans les efforts de tous, encore moins la coupe Stanley qu'on ne peut aujourd'hui conquérir qu'après quatre difficiles séries de matchs éliminatoires. Il faut la contribution de chaque joueur, obscur soldat ou supervedette. Toe traitait tout le monde sur le même pied, du Rocket à la dernière recrue. Il nous avait tous convaincus que cette approche était la seule qui pouvait donner des résultats positifs.

Toe croyait que le hockey était un jeu simple et que la plupart des équipes gagnantes étaient celles qui donnaient la priorité aux principes de base. Il dessinait parfois des plans de jeux sur le tableau noir, mais il n'y faisait que très rarement référence. Levant les bras en forme de V pour illustrer son argument, il disait : « Le hockey est très simple, disait-il souvent. Ça se joue sur deux V. L'un pointe vers le filet de l'adversaire ; l'autre, vers le nôtre. »

En tant que joueur de centre, on s'attendait à ce que je travaille sur ces deux points, pour me replier sur la défensive lorsque nous étions attaqués, enclencher ou appuyer l'attaque lorsque nous prenions possession de la rondelle. Toe disait aussi qu'une mobilité constante des joueurs et de la rondelle était essentielle. Après avoir fait une passe à un coéquipier, il fallait donc continuer à se déplacer et se dégager pour qu'il puisse vous rendre la rondelle. Toe exigeait qu'on joue avec tous nos coéquipiers, et au même rythme en anticipant bien le jeu. Aujourd'hui, la majorité des ailiers restent collés le long de la clôture près de leur propre ligne bleue où ils attendent une passe d'un de leurs défenseurs restés près du filet, au fond de la zone. Comme je l'ai mentionné plus tôt, nous faisions rarement une telle chose, parce que cela horripilait Doug Harvey et il refusait carrément de faire une passe si nous n'étions pas en train de patiner.

Maintenant, bien sûr, ce genre de jeu mobile est connu sous le nom de jeu « russe » ou « européen ». Cela m'a toujours fait rire, alors que les soi-disant experts en hockey des années 70 et 80 n'arrêtaient pas de déprécier le jeu nord-américain et d'encenser les Européens qu'ils considéraient comme de grands innovateurs. En effet, depuis les années 50, le Canadien avait adopté ce style et ces méthodes qui consistent à garder le contrôle de la rondelle dans les trois zones. Toe insistait beaucoup sur ce point : il ne tolérait pas la paresse ou une utilisation ratée des principes de base : « Comment veux-tu saisir une passe si tu patines avec le bâton à la hauteur de la taille, nous répétait-il. Si tu veux la rondelle, garde ton bâton sur la glace. »

Nous suivions religieusement son plan d'attaque, match après match, et personne ne songeait à remettre en question son autorité. Nous avions tout de même nos petites manies et nos côtés excentriques. Punch, Dick et Toe le savaient et fermaient parfois les yeux (à demi) sur nos fantaisies.

Par exemple, Doug Harvey adorait contrôler la rondelle pendant de longs moments. On aurait dit qu'il mettait le monde entier au défi de la lui enlever. Un soir, à Detroit, il jouait ainsi joyeusement du bâton, passant parfois un peu trop près de notre filet. Derrière le banc, Toe fulminait. « Si Harvey continue comme ça, il va se retrouver au banc des punitions d'ici 30 secondes. » Et ce qui devait arriver arriva. Doug a continué son petit numéro jusqu'à ce qu'un de ses adversaires lui enlève la rondelle et oblige ensuite Doug à le faire trébucher pour le retenir ou pour en reprendre possession. Doug a écopé de deux minutes et la pression sanguine de Toe a failli lui faire éclater les veines.

Toe refusait de nous voir donner moins de 100 % de nous-mêmes, même en pleine saison, quand nous étions confortablement installés en première position. Son éternel chapeau vissé à l'arrière de la tête, il faisait les cent pas derrière le banc des joueurs. Il semblait souvent se parler, mais nous savions très bien que ses commentaires nous étaient directement adressés. Les seules personnes de toute la patinoire qui pouvaient vraiment entendre ce qu'il disait étaient ceux d'entre nous qui se trouvaient assis sur le banc juste devant lui et peut-être quelques spectateurs de la première rangée. Mais Toe ne nous engueulait jamais en public et n'imposait pas de désagréables face à face à ses joueurs comme l'a fait Pierre Pagé avec Mats Sundin, le soir où le Canadien élimina les Nordiques lors des éliminatoires de 1993.

Toe avait confiance en ses joueurs et nous avions pleinement confiance en lui, parce qu'il nous traitait comme des hommes et non pas comme des enfants. Il aurait fait n'importe quoi pour les joueurs en qui il croyait, même si le grand public ou les médias ne leur étaient pas aussi favorables. Je pense ici à des joueurs comme Jimmy Roberts, Claude Provost, André Pronovost et Terry Harper. Les partisans montréalais ont toujours apprécié les joueurs flamboyants et spectaculaires et méprisé les « plombiers ». Mais toute équipe a besoin de plombiers. Il faut non seulement du talent, mais aussi du cœur et de l'audace pour gagner une coupe Stanley. Voilà une chose que les amateurs et les médias n'arrivent pas toujours à comprendre.

Mike Keane, est un exemple classique de ce genre de joueurs. Quand Pat Burns était entraîneur du Canadien, j'ai lu plusieurs articles qui remettaient en question le rôle de Keane dans l'équipe. Et on s'étonnait de la sympathie que Burns lui vouait. Puis Jacques Demers est arrivé, il a fait plusieurs échanges, mais il a gardé Keane.

À l'instar de Jimmy Roberts, Keane a sans doute plus de cœur que de talent, mais il a grandement contribué au succès de l'équipe. Sur la glace, un joueur comme lui, pour qui rien n'est jamais facile, donne toujours le meilleur de lui-même. Toe savait reconnaître un tel joueur. Il savait évaluer et apprécier le talent de chacun et ne demandait jamais à un joueur ce qu'il ne pouvait donner. Si l'un d'eux traversait une léthargie, Toe était le premier à l'aider à s'en sortir le plus rapidement possible.

Notre alignement n'a pas beaucoup changé pendant les cinq premières années de Toe. Ce n'était pas nécessaire. En fait, nous gagnions tout le temps. Au début des années 60, par contre, le club a connu une première vague de changements. Après que les Maple Leafs nous eurent battus en finale à deux reprises, Frank Selke et Toe Blake ont entrepris de construire une équipe plus puissante, en ajoutant des joueurs comme Terry Harper, Jacques Laperrière, Ted Harris, Claude Larose et John Ferguson. Nous n'étions plus les *Flying Frenchmen*. Certains nous considéraient même comme des plombiers haut de gamme. Nous avons quand même gagné quatre coupes au cours des cinq années suivantes et, à trois reprises, Toe était derrière le banc des joueurs.

L'entraînement était une profession solitaire dans les années 60. Pendant les matchs, l'entraîneur était seul derrière le banc des joueurs. Sur la route, les seules personnes avec qui il pouvait échanger étaient les soigneurs de l'équipe et les journalistes, qui étaient beaucoup moins nombreux qu'aujourd'hui. La charge de travail qu'un entraîneur comme Toe Blake devait supporter était considérable lorsque nous jouions à l'extérieur. C'était lors d'une série contre Chicago. À l'époque, la série finale se disputait à un rythme infernal. Après la partie du samedi soir au Forum, nous attrapions le train de minuit, roulions toute la nuit et le jour suivant vers Chicago, pour arriver environ une heure avant le match à une gare de banlieue. Nous sautions alors dans un autobus qui nous conduisait au centre-ville sous escorte policière. Le responsable de l'équipement, Eddie Palchak, nous avait précédés, heureusement. Les seules choses que nous apportions avec nous étaient nos patins.

Toe, à la fois entraîneur et secrétaire de route, s'occupait de nos billets de train, de notre argent de poche, de nos repas, etc. Un soir, donc, nous sommes arrivés à Chicago à 18 h 35, moins d'une heure avant le match. Eddie Palchak était là qui nous attendait, mais il n'y avait pas d'autobus et la ville était paralysée par une tempête de neige qui durait depuis plus de 12 heures. Notre escorte policière était là, mais sans autobus. Toe a réalisé qu'il avait oublié de réserver l'autobus.

J'ai donc suggéré de demander aux policiers d'appeler des taxis ou de voir s'il y avait d'autres voitures de police disponibles pouvant nous emmener au stade. Évidemment, à cause de la tempête, il était impossible de rassembler un nombre suffisant de taxis. Heureusement, le capitaine de police a réclamé un panier à salade. Je suis monté à bord d'une voiture de police avec trois joueurs. Tous les autres, y compris Sam Pollock, qui avait dû nous accompagner, se sont entassés dans le panier à salade et nous sommes entrés en ville en trombe avec les gyrophares et les sirènes en marche.

Quand nous sommes arrivés devant le Chicago Stadium, une foule nous attendait dehors et nous a réservé une véritable ovation. Les portières de la voiture de police et du panier à salade se sont ouvertes et un flot de jeunes athlètes portant complet-veston et pardessus en sont sortis, patins à la main et l'air hagard. La célèbre organisation du Canadien de Montréal avait perdu un peu de son éclat cette soirée-là, mais j'espère que les policiers ont reçu les sièges gratuits qu'ils méritaient.

Toe n'était pas d'un naturel aussi acerbe et caustique que Dick Irvin, mais il avait tout un caractère. C'était un bagarreur acharné, infatigable et le plus farouche entraîneur que j'aie connu. Je crois d'ailleurs que cela a précipité sa retraite.

Notre série de cinq coupes consécutives a pris fin à Chicago au printemps de 1961. Nous avions terminé la saison avec 17 points de plus que les Hawks, qui se trouvaient en troisième position. Le Boomer avait enregistré 50 buts mais, à cause d'une grave blessure à un genou, il n'a pu prendre part au troisième match, le 26 mars, alors que la série était 1 à 1. Le regretté Danny Gallivan a dit de ce match qu'il était le meilleur qu'il ait commenté de toute sa carrière. Il faisait anormalement chaud pour cette période de l'année. La foule était en chemise. Plus la soirée avançait, plus l'atmosphère devenait survoltée. La marque était de 1 à 1 après trois périodes de jeu très enlevant. Nous avons marqué deux buts en prolongation qui ont tous deux été refusés par l'arbitre Dalton McArthur, qui s'était disputé avec Toe pendant tout le match.

Un peu après la moitié de la troisième prolongation, Dickie Moore a été puni pour avoir fait trébucher. Murray Balfour, qui avait commencé sa carrière dans l'organisation du Canadien, avant de passer aux Hawks, vers la fin des années 50, a réussi son deuxième but de la soirée tout de suite après la mise au jeu suivante. Toe, le visage plus rouge que la lumière des buts et tremblant de rage, s'est rué sur McArthur et a tenté de le frapper. Clarence Campbell lui a infligé une amende de 2 000 $, ce qui représentait une fortune à l'époque. Nous avons pris notre revanche lors de la quatrième partie que nous avons remportée 5 à 2, mais Glenn Hall nous a par la suite infligé deux blanchissages de 3 à 0 lors des cinquième et sixième matchs. La série finale allait se dérouler sans nous. Alors que Detroit et Chicago se disputaient la coupe, nous agissions en tant que spectateurs pour la première fois en plusieurs années. Il nous faudrait attendre quatre ans avant de participer à la finale et remporter la coupe Stanley, mais nous étions à la hauteur chaque année et nous avons pu reconquérir le précieux trophée en 1965.

Pendant ce temps, il devenait chaque jour plus évident que Toe supportait mal la pression qui ne cessait d'augmenter sur ses épaules. Quand il avait commencé sa carrière d'entraîneur, la télévision n'avait pas grand-chose à voir avec le sport. Vers le milieu des années 60, par contre, les matchs étaient télévisés au moins deux fois par semaine. Les journalistes de la presse voyaient tout et imprimaient davantage. Comme ses joueurs-vedettes, Toe était sans cesse sous les feux des projecteurs. Le public, de mieux en mieux informé, était devenu terriblement plus exigeant et critique.

Permettez-moi cependant de mentionner, en passant, que l'œil scrutateur du public est devenu encore plus perçant au cours des dernières années. En mai 1994, par exemple, après que le Canadien fut éliminé par Boston lors du septième match de la première ronde des séries, Guy Carbonneau, Patrick Roy et Vincent Damphousse ont décidé de se changer les idées en allant jouer au golf. C'était un matin de printemps frisquet et humide. Les trois joueurs faisaient une petite promenade avant d'entreprendre leur circuit, quand ils se sont retrouvés face à face (et ce n'était sans doute pas une coïncidence) avec un photographe de presse. Guy n'était pas d'humeur à se faire photographier ou interviewer et il a fait au journaliste le doigt d'honneur, geste qui fut dûment enchâssé à la une du *Journal de Montréal* le lendemain et créa une véritable commotion. Deux jours plus tard, le bruit ayant entouré ce geste malheureux s'était pratiquement dissipé, mais on avait pris soin d'échanger Carbonneau à Saint-Louis avant le début de la saison suivante.

Les critiques occasionnelles des médias et les huées de la foule ont fini par miner la confiance de Toe Blake, surtout après l'arrivée, en 1963, de l'extraordinaire Yvan Cournoyer. Toe a eu le malheur de reléguer le bien-aimé *Roadrunner* aux jeux de puissance seulement, ce qui a tôt fait de susciter la désapprobation chez les amateurs. Un soir, après la première période, nous avons dû retenir Toe qui voulait monter dans les gradins pour faire taire un admirateur de Cournoyer qui n'arrêtait pas de le huer.

Une autre fois, Toe a répliqué vertement à un spectateur un peu trop exalté à son goût, ce qui a failli lui coûter cher. Pendant des années, les deux premiers sièges de la seconde rangée derrière le banc du Canadien appartenaient au Canadien National. Ils étaient habituellement occupés par un monsieur très distingué toujours en complet trois-pièces qui marmonnait sans cesse tout au long du match. Je n'ai jamais entendu clairement ce qu'il disait, mais Toe, qui passait tout près de lui quand il faisait les cent pas derrière notre banc, pouvait saisir ici et là quelques-unes de ses paroles.

Un soir, après la première période, je me dirigeais vers le vestiaire, quand Toe m'a pris à part et m'a poussé dans la cabine de l'entraîneur :

— Qui est ce gars dans la deuxième rangée qui n'arrête pas de marmonner ? m'a-t-il demandé.

— Deuxième rangée, chapeau brun, complet bleu, lunettes rondes ?

— C'est ça, oui.

— C'est Donald Gordon, le président du Canadien National.

Je n'ai pas élaboré davantage, mais Donald Gordon n'était pas simplement le président du CN, c'était aussi une véritable institution canadienne. Pendant la Deuxième Guerre mondiale, il avait occupé d'importantes fonctions administratives au gouvernement. On lui avait ensuite confié un poste de direction à la Banque du Canada, puis il était entré au CN en 1950. Il avait pour mission de moderniser les chemins de fer, qui étaient la propriété du gouvernement, et de favoriser l'intégration des Canadiens français à l'entreprise. Un jour où l'on avait remis en question les progrès plutôt lents qu'il avait réalisés dans ce domaine, Gordon avait rétorqué sur un ton très cinglant qu'il « faisait de son mieux avec les effectifs dont il disposait », une remarque qui déclencha un tollé de protestations dans les médias québécois. On brûla Gordon en effigie sur le boulevard Dorchester, en face des bureaux du CN. Pour les historiens et les observateurs politiques, cette remarque fut plus tard identifiée comme un des premiers incidents ayant attisé le sentiment nationaliste québécois, en particulier chez les étudiants :

— Es-tu sûr de ce que tu dis ? me demanda Toe.

— Mais oui, je suis sûr, je connais Donald Gordon, je l'ai rencontré à quelques reprises au *Beaver Club* de l'hôtel Reine-Élizabeth. Pourquoi veux-tu savoir cela ?

— Parce que je viens de l'envoyer promener.

Toe semblait si inquiet, imaginant peut-être la conversation qu'auraient le lendemain le sénateur Hartland Molson et

Donald Gordon, deux grands capitaines de l'industrie canadienne. J'ai fait de mon mieux pour le rassurer.

— Calme-toi, Toe. Contrairement à ce que tu penses, tu lui as peut-être fait plaisir. Il va pouvoir téléphoner à ses amis à travers tout le pays et se vanter que le fameux Toe Blake l'a envoyé promener.

En avril 1968, Toe était réellement au bout du rouleau sur le plan émotif. Comme chaque année, pendant les éliminatoires, on avait isolé l'équipe dans les Laurentides. Nous étions installés, cette année-là, à La Sapinière de Val-David, à environ une heure et demie du Forum. Nous venions en ville pour les matchs ou pour les exercices du matin et l'autobus nous ramenait ensuite dans le nord. Toe aimait s'asseoir dans le dernier banc du côté gauche ; je me trouvais le plus souvent sur la banquette en avant de lui. Quand l'autobus est arrivé dans le stationnement de La Sapinière après une séance d'exercice, il m'a tapé sur l'épaule en disant : « Viens me voir dans 10 minutes. »

Quand je suis entré dans sa chambre, il tournait en rond comme un ours en cage.

« Je ne sais pas ce que j'ai, Jean, mais on dirait que quelque chose va éclater là-dedans. » Il se tenait la tête à deux mains en répétant sans cesse : « Ça va éclater, ça va éclater, je le sens. »

J'ai alors réalisé qu'à part sa femme Betty, j'étais sans doute la seule personne à qui il pouvait parler et que ses 13 années de dur labeur, de solitude et d'effort étaient en train d'avoir le dessus sur lui. Nous nous sommes assis et nous avons parlé pendant des heures, jusqu'à ce qu'il se calme.

Depuis plusieurs années, il avait été le principal artisan de nos plus grandes victoires. Beaucoup d'observateurs, de journalistes et de partisans considéraient peut-être que la personne la plus influente et la plus importante de l'équipe était Plante, Harvey, Richard, Geoffrion, Moore ou moi-même en tant que capitaine, mais tous les joueurs savaient que Toe Blake était vraiment la pierre angulaire sur laquelle on avait bâti la dynastie du Canadien.

Samedi le 11 mai 1968, nous avons battu les Blues de Saint-Louis et remporté la coupe Stanley après quatre parties disputées âprement. C'était notre dernier match dans « l'ancien » Forum. Le lundi matin, les équipes de démolition allaient entreprendre leur travail et on procéderait pendant l'été à de grandes rénovations. On relèverait le toit et on enlèverait les piliers qui, depuis toujours, obstruaient la vue. L'ouverture du nouveau Forum devait avoir lieu dans le cadre d'un gala prévu six mois plus tard.

Le soir de cette victoire, Denis Brodeur, le vétéran des photographes de sports, était resté à flâner au Forum longtemps après le départ de la foule en liesse. Son instinct lui disait qu'il trouverait quelque chose d'inusité et il n'avait pas tort. Un peu avant minuit, Toe est sorti de son bureau, sans chapeau, contrairement à ses habitudes, son pardessus sur le bras gauche et une grosse valise à la main droite. Il marchait lentement, tête baissée. Denis a attendu qu'il soit rendu à la sortie nord-ouest du Forum pour prendre la photo qui allait paraître le lendemain dans tous les journaux nord-américains, en même temps qu'on annonçait la démission de Toe Blake comme entraîneur du Canadien de Montréal. L'équipe n'avait connu que deux entraîneurs en 28 ans.

Un mois plus tard, Sam Pollock demanda à Claude Ruel de succéder à Toe. « Piton », comme on l'appelait, était aimé de tous. Il savait reconnaître le talent et le faire fructifier. Il avait été un entraîneur fort apprécié à divers niveaux dans l'organisation de Montréal, particulièrement auprès des jeunes joueurs.

Il évoluait inévitablement dans l'ombre immense que lui faisait Toe Blake, quoique ses premiers résultats aient été, on ne peut le nier, impressionnants. Nous avons terminé la saison en tête de la division est et nous sommes allés chercher notre quatrième coupe Stanley en cinq ans après avoir blanchi une fois de plus les Blues de Saint-Louis en grande finale.

Son principal problème était la communication. Nous formions une équipe d'expérience et nous savions qu'il connaissait bien le jeu, mais quand il s'adressait à nous en utilisant un tableau noir, il nous était difficile de bien comprendre ses intentions. Il nous a fallu un certain temps pour réaliser qu'il souffrait aussi de cette situation, de sa difficulté de communiquer et de son caractère plutôt effacé et qu'il tentait d'y remédier.

En pleine nuit au mois de janvier 1969, je fus réveillé par le téléphone sur ma table de chevet. C'était Jacques Beauchamp du *Journal de Montréal* qui me demandait si j'allais être au Forum plus tôt ce matin même. Il savait très bien que j'y serais. Nous avions un exercice chaque matin, même quand un match s'était terminé très tard la veille. J'avais pris l'habitude d'arriver au Forum beaucoup plus tôt, vers 8 h 30 et de prendre un café à la cafétéria. C'est ce que j'ai rappelé à Jacques en lui demandant pourquoi, exactement, il m'appelait ainsi à 2 h 30.

« Parce que Claude Ruel va donner sa démission à Sam Pollock demain matin, voilà pourquoi ! »

Piton avait l'habitude d'arriver au Forum 15 minutes à peine avant la séance d'entraînement. Quand je l'ai vu pousser la porte d'entrée ce matin-là, un peu après 9 h 00, j'ai su que Beauchamp avait dit vrai. Je suis allé l'accueillir, en m'efforçant de sourire. « Mon Dieu, Claude, comme tu arrives tôt ce matin ! Qu'est-ce qui se passe ? »

Pendant un instant on aurait dit qu'il ne savait pas quoi me répondre. Claude Ruel a de grands yeux bruns et, quand il est déprimé, il peut avoir l'air encore plus triste qu'un chien battu.

Il m'a répondu : « Je ne suis plus capable de supporter la pression, me dit-il. Je veux retourner au recrutement et à la formation, c'est là que je suis heureux. »

Quand il avait accepté le poste d'entraîneur-chef du Canadien, Claude était prêt à faire face au bombardement des médias, mais il n'avait probablement pas réalisé tout ce qu'on attendait de lui, en plus de ses fonctions d'entraîneur — du moins chez les francophones du Québec.

« Tu es le premier entraîneur canadien-français de l'équipe depuis je ne sais pas combien de temps. Tu ne peux pas abandonner ainsi ; trop de gens comptent sur toi. Cesse de t'inquiéter. Je vais parler aux autres vétérans de l'équipe et nous allons te soutenir. »

Pour vous dire la vérité, je ne pensais pas pouvoir le convaincre. Mais, à ma grande surprise, il a accepté, non sans quelques réticences, de suivre ma suggestion et de me laisser consulter les joueurs avant de prendre sa décision. Tout de suite après l'exercice, j'ai réuni Henri Richard, Jacques Laperrière, Jean-Claude et Gilles Tremblay et Claude Provost et je les ai mis au courant de la situation.

« Nous devons faire quelque chose pour Piton, leur ai-je dit. Il faut le garder ici, au moins jusqu'au printemps. C'est le premier Canadien français que nous avons comme entraîneur. Nous n'avons pas le droit de le laisser partir comme ça au milieu de la saison. » Je n'ai pas eu besoin d'argumenter longtemps. Tout le monde adorait Ruel.

Cependant, Claude détestait les responsabilités publiques et sociales qu'exigeait son métier. Lorsque le *Times* de Los Angeles lui demanda une entrevue, il vint me voir, complètement affolé et m'a demandé de l'accompagner. J'ai tenté de l'en dissuader.

« Claude, c'est toi l'entraîneur du Canadien, lui ai-je répondu. C'est à toi qu'ils veulent parler. Ils n'ont probablement pas envie de voir un joueur à tes côtés, car ils veulent sûrement te poser des questions sur certains joueurs. » Il n'y avait rien à faire et j'ai fini par participer à l'entrevue.

Un soir, au Minnesota, il nous a donné un autre signal de détresse. Il restait environ trois ou quatre minutes de jeu dans un match très serré. Je revenais vers le banc des joueurs pour souffler un peu, quand je me suis rendu compte que Claude n'était plus à son poste.

Yvan Cournoyer m'a fait signe de venir vers lui :

— Où est Claude ! lui ai-je demandé.

— Il nous a dit que tu dirigerais la fin du match à sa place.

C'est ce que j'ai fait et j'ai dicté les changements de lignes sur le banc et sur la glace.

La saison suivante, 1969-70, nous avons été écartés des séries pour la première fois depuis 1947-48, l'année où Toe Blake s'était fracturé une jambe. Nous avions participé aux séries éliminatoires 22 années de suite. Pas mal du tout, il me semble. Claude s'est senti responsable de cette défaite, même si nous avions fini la saison en quatrième place, à égalité avec les Rangers de New York dans la division est, avec 92 points, tout juste derrière les Bruins et les Hawks, qui occupaient la première position. (Saint-Louis avait dominé la division ouest avec 86 points. En quatrième position dans cette division, les Seals d'Oakland en avaient 34 de moins que nous, mais ils ont quand même participé aux séries.)

Claude a tenté de démissionner une fois de plus, mais Sam Pollock l'a libéré de certaines responsabilités et l'a convaincu de rester. Il a embauché Al MacNeil comme entraîneur adjoint en espérant qu'il prenne sur ses épaules une part du fardeau de Ruel, au cours de la saison suivante.

Sam n'avait pas que Claude à convaincre. Moi-même, je ne trouvais plus ma contribution bien nécessaire. Je n'avais obtenu que 19 buts et 30 aides en 63 matchs et j'avais décidé de prendre ma retraite.

Sam m'a demandé de rester plus longtemps. « L'équipe est en pleine transition, m'a-t-il dit. Reste encore au moins un an. Et ne t'en fais pas avec ta fiche. Ça ne m'inquiète pas. Je me sentirais plus en confiance si tu restais encore un peu avec nous. Tu sais aussi bien que moi que ce n'est jamais facile de traverser une saison sans connaître quelques temps morts. Je veux que tu sois là pour aider les jeunes et leur redonner confiance dans ces moments difficiles. » Je ne savais pas qu'il avait déjà parlé avec Claude et qu'il voulait avoir un capitaine d'expérience au cas où celui-ci abandonnerait pendant la saison.

Je me suis laissé toucher par ses arguments. « D'accord, je reste, lui ai-je dit. Mais c'est vraiment ma dernière saison. Je vais avoir 40 ans l'an prochain. Et pour moi, c'est l'âge de la retraite. »

En fin de compte, cette saison 1970-71 allait être mémorable à bien des égards, tant pour moi que pour le Canadien, et pour plusieurs raisons. J'ai marqué mon 500e but, Ken Dryden est arrivé vers la fin de la saison et nous avons remporté la coupe Stanley, bien que Piton ait démissionné au milieu de la saison. Sam Pollock a finalement fait preuve de clémence et confié à Claude un poste plus discret au sein de l'organisation.

Al MacNeil, qui a assumé le poste d'entraîneur-chef, a fait du très bon travail, avant de se retrouver pris dans la même tornade médiatique que son prédécesseur. Nous avions terminé la saison en troisième position de notre division, avec 97 points, très loin derrière les Bruins qui en avaient accumulé 121. Nous avons quand même réussi à battre Esposito, Orr et compagnie en sept parties lors des quarts de finale, puis nous avons affronté les North Stars du Minnesota que nous avons défaits en six matchs, pour nous retrouver en finale contre les Blackhawks. Nous étions secondés par de jeunes joueurs comme Phil Roberto, Marc Tardif, Chuck Lefley, Pete Mahovlich et Réjean Houle, mais notre mission était difficile et le devenait de plus en plus.

John Ferguson avait littéralement explosé après un match contre les North Stars, tant il était tendu et nerveux, et il est resté maussade tout le temps des séries, ce qui n'a pas arrangé les choses. Nous avons perdu 2 à 0 le cinquième match de cette série que les Hawks menaient alors 3 à 2.

Ce soir-là, McNeil avait laissé Henri Richard sur le banc pendant presque toute la partie. Quand les journalistes ont envahi le vestiaire, il était rouge de rage et a laissé éclater sa colère contre l'entraîneur, disant qu'il était le pire qu'il ait jamais connu. Je prenais ma douche quand tout cela a commencé. Lorsque je suis sorti, Henri était entouré de journalistes et parlait vraiment très fort. Il avait le tempérament bouillant de son frère aîné. Comme lui, il ne pouvait supporter l'idée de la défaite et il en voulait terriblement à MacNeil de l'avoir laissé sur le banc. Je l'ai tout de suite entraîné vers les douches et je l'ai retenu là jusqu'à ce que les journalistes soient partis, mais le mal était fait.

Le coup de grâce se préparait. Lorsque nous sommes revenus à Montréal le lendemain, nous avons pu lire dans les quotidiens francophones qu'une « controverse linguistique » faisait rage au sein de l'équipe. Personne n'était plus malheureux de cette situation que le pauvre Henri. Il regrettait d'avoir déclenché cette polémique et aurait souhaité pouvoir étouffer l'affaire. Mais les médias s'en étaient emparés, et le grand public aussi. Henri est quand même allé chercher la coupe Stanley pour Al MacNeil en enregistrant deux buts lors du septième match à Chicago, un match que nous avons remporté de justesse 3 à 2, après avoir donné aux Hawks une avance de deux points. C'est Henri qui, par son attitude et son énergie, nous a forcés à revenir de l'arrière et à arracher la victoire.

Originaire des Maritimes, Al MacNeil a été « promu » entraîneur et directeur général des Voyageurs de Halifax de la LAH la saison suivante. Scotty Bowman, qui avait mené les Blues de Saint-Louis aux éliminatoires trois ans de suite, est devenu notre nouvel entraîneur. Scotty allait rester derrière le banc du Canadien pendant huit ans, jusqu'en 1979, et remporter cinq coupes Stanley.

Le départ du directeur général Sam Pollock, en 1978, causa toute une commotion. Il nomma alors comme remplaçant son assistant Irving Grundman, mettant ainsi fin à 32 années de règne pour le duo Selke-Pollock. Irving avait joint les rangs de l'équipe au moment où Bronfman acheta le Canadien en 1971. Homme d'affaires de Montréal, il était également conseiller municipal dans la banlieue de Ville Saint-Laurent.

Une fois de plus, comme ce fut le cas lors du départ du légendaire Toe Blake, nous avons remporté la coupe Stanley la saison suivante. Ce championnat de 1979 était le dernier de Scotty à la barre du Canadien. Il est ensuite parti pour Buffalo où il est devenu directeur général des Sabres, une semaine avant les assemblées de la LNH et la séance de repêchage. Je ne sais pour quelle raison, mais Irving Grundman n'était pas pressé de remplacer Scotty Bowman. Pour la première fois de leur histoire, le Canadien n'avait pas d'entraîneur à sa table lors de la séance de repêchage.

J'étais alors vice-président de l'équipe et en juillet, j'ai recommandé vivement à Irving d'embaucher un entraîneur. Il m'a laissé entendre qu'il s'en occuperait. Mais le temps passait et en août, il n'avait encore nommé personne. Je suis retourné le voir. Cette fois, j'étais réellement inquiet.

« Irving, il faut que tu nommes un entraîneur dès maintenant si tu veux lui laisser le temps de s'habituer à l'organisation du Canadien et préparer la saison. » Je voyais bien qu'il avait une idée derrière la tête et qu'il pensait à quelqu'un en particulier. Je l'ai donc pressé de questions, et il a fini par m'avouer qu'il envisageait de faire appel à Bernard Geoffrion.

Boom Boom avait accroché ses patins comme joueur du Canadien en 1964. Il avait les genoux en très mauvais état et il était devenu nettement moins productif. Frank Selke lui avait alors demandé ce qu'il voulait faire.

« Je veux être entraîneur du Canadien » avait répondu le Boomer avec son flair habituel.

Papa Frank lui avait sèchement rappelé que le poste n'était pas libre, qu'il était même occupé par un certain Hector « Toe » Blake dont tout le monde était très satisfait. Le Boomer était donc parti remplacer Floyd Curry derrière le banc des As de Québec. Curry ne parlait pas un mot de français, ce qui rendait sa tâche dans la Vieille Capitale pratiquement impossible. Le Boomer avait mené les As au premier rang à deux reprises, avant d'être limogé. Il s'était vanté un peu trop fort, semble-t-il, qu'on lui avait fait la promesse de le nommer entraîneur du Canadien dès que le poste deviendrait libre.

Plus tard, il m'a raconté sa version des faits. « Je suis rentré à Montréal et David Molson m'a offert le Canadien junior. J'ai refusé, évidemment. Je ne vais pas m'abaisser à diriger des juniors après avoir été entraîneur dans la Ligue senior, avait-il déclaré publiquement. J'ai répondu à David Molson que j'allais sortir de ma retraite et que je reviendrais au Forum pour planter son équipe. » Il avait effectivement entamé des négociations avec les Leafs de Ballard. Mais la ligue était intervenue et les Rangers, qui occupaient la dernière position, avaient obtenu que Boom Boom joue pour eux. Lors de son premier match au Forum, il avait marqué deux buts contre nous.

Par la suite, il est devenu entraîneur des Rangers, puis des Flames d'Atlanta. Mais il avait dû quitter les deux postes pour des raisons de santé. Et voilà maintenant qu'Irving Grundman songeait à lui confier le poste très convoité, mais excessivement exigeant, d'entraîneur du Canadien.

Lors d'une autre rencontre à la fin de l'été, j'ai confié mes doutes à Irving : « Écoute, je ne pense pas que le Boomer puisse faire ce travail-là. Pour trois bonnes raisons. D'abord, je considère, et je ne suis pas le seul, que les souliers de Scotty sont un peu trop grands pour lui. Deuxièmement, à New York et Atlanta, le poste d'entraîneur lui a donné des ulcères et il a dû démissionner. Troisièmement, n'oublie pas que son fils Danny fait maintenant partie de l'équipe, et tu sais aussi bien que moi qu'il est toujours très difficile pour un entraîneur d'avoir un fils, un frère ou un ami dans son équipe. Il a déjà assez de chats à fouetter, il faudrait éviter, il me semble, de lui compliquer la vie davantage. » (Danny n'a joué que trois saisons dans la LNH lorsqu'il a pris sa retraite des Jets de Winnipeg en 1982.) J'ai dit honnêtement à Irving ce que je pensais, mais il était le directeur général, la décision finale lui revenait.

Le 4 septembre, 10 jours avant l'ouverture du camp d'entraînement, les médias étaient réunis à La Mise au Jeu, au Forum, pour une conférence de presse. J'étais assis au fond de la salle, près de Toe Blake, quand Irving a fait son entrée en compagnie de Boom Boom. Mon ancien compagnon de chambre portait un habit Armani, des lunettes fumées noires et il avait une permanente, ce qui était la mode à l'époque. Toe et moi nous sommes regardés sans rien dire.

Sa première déclaration officielle, Boom Boom n'aurait jamais dû la faire, en public ou ailleurs.

« J'ai l'habitude du stress, a-t-il dit aux journalistes avant même qu'ils n'abordent le sujet. Ça ne me dérange vraiment pas. » Après ce qu'il avait vécu à New York et Atlanta, il pensait peut-être qu'il était préférable pour lui de parer immédiatement à cette question.

Environ six semaines plus tard, un matin de novembre, juste avant la séance d'entraînement, il est venu me voir. L'équipe jouait vraiment très mal. Depuis un mois, les hommes n'arrivaient plus à faire quoi que ce soit correctement. Et quand le Canadien joue ainsi, tout le monde en parle, partout. Ses mauvaises performances ne passent jamais inaperçues à Montréal. Le grand public et les médias cherchent à en connaître les causes et se font un plaisir de dénoncer les responsables :

— Le stress va finir par me tuer, m'a-t-il marmonné.

— C'est toujours mauvais pour un entraîneur de démissionner au milieu de la saison, lui répondis-je. Tout dépend de ce que tu as en tête pour l'avenir. Si tu pars au bout d'un mois et demi, tu peux considérer que ta carrière d'entraîneur dans la LNH est terminée. Essaie au moins de finir la saison. Nous allons te soutenir totalement, les gars et moi, peu importe ce qui arrive, mais ne pars pas.

Deux semaines plus tard, il est revenu me voir.

« Cette fois, c'est vraiment fini, Jean. Je donne ma démission à Irving aujourd'hui même. »

C'était le 12 décembre 1979, le centième jour de son mandat d'entraîneur chez le Canadien. Il venait de passer, j'en suis sûr, les cent jours les plus pénibles de toute sa vie.

Lorsque je parlais avec Boom Boom, je ne pouvais m'empêcher de penser à cette autre conversation que j'avais eue, au début de 1969, avec Claude Ruel. Il avait finalement démissionné, le 3 décembre 1970. Neuf ans et neuf jours plus tard, Irving Grundman me présentait le nouvel entraîneur en chef du Canadien. Son nom ? Claude Ruel.

Depuis ce temps, le Canadien a été dirigé par Bob Berry, Jacques Lemaire, Jean Perron, Pat Burns, Jacques Demers, Mario Tremblay, Alain Vigneault, Michel Therrien et est aujourd'hui sous les ordres de Claude Julien. De tous ces hommes, seuls Perron et Demers ont dit qu'ils pouvaient composer avec le stress du poste d'entraîneur à Montréal et avoir des rapports quotidiens avec la presse.

Au moment d'annoncer ma retraite en 1971, j'ai parlé à tous mes proches de mes projets, de ce que j'espérais faire et de ce que je ne voulais surtout pas faire. «Je veux rester impliqué dans le hockey, si possible. Mais il y a deux postes que je n'occuperai jamais, soit entraîneur et directeur général.» J'ai dû employer un ton convaincant, puisqu'on ne m'a jamais offert sérieusement ni l'un ni l'autre.

Pourtant, comme entraîneur, j'avais une fiche impeccable. Un soir, en 1968, le Canadien jouait à Boston. Comme je m'étais blessé à un genou la veille à New York, Toe Blake avait jugé prudent de ne pas me faire jouer et j'assistais au match depuis la galerie de la presse. Entre deux périodes, un des instructeurs m'a fait signe de descendre vers le banc des joueurs.

J'y suis allé et Larry Aubut m'annonça : « Toe vient de se faire expulser par l'arbitre. Tu vas prendre sa place. » Les Bruins menaient alors 1 à 0, et ils enregistrèrent un autre but au commencement de la deuxième période, avant de récolter une punition.

Je m'étais toujours demandé pourquoi Toe ne plaçait jamais Jacques Lemaire à la pointe. En tant que recrue, Lemaire avait le meilleur lancer de l'équipe, un lancer puissant, lourd et précis. J'avais enfin l'occasion de vérifier ma théorie. J'ai envoyé Lemaire à la pointe et quelques minutes plus tard, il marquait. Je lui ai redonné la même position à chaque jeu de puissance, et nous avons finalement remporté le match 5 à 3.

Après la partie, Toe était assis à sa place habituelle au fond de l'autobus. Quand je suis monté à bord, les joueurs se sont levés pour m'accueillir : « *Coach*, où veux-tu t'asseoir ? En avant, au milieu, au fond ! Tu veux boire quelque chose, *coach* ? » Ils ont continué longtemps et en ont mis plus qu'il n'en fallait, en s'assurant que Toe entende bien ce qu'ils disaient.

Donc, pour quelle raison pourrais-je souhaiter devenir entraîneur ! J'ai une fiche parfaite : une victoire, aucune défaite. Et je suis d'avis qu'il est toujours sage de partir alors qu'on est au sommet.

9

LA RÉVOLUTION BOBBY ORR

Nous nous étions réunis à Oshawa un soir de printemps, en 1964, pour rendre hommage à deux des meilleurs patineurs que le hockey ait connus.

Figure légendaire du hockey senior amateur, Jo-Jo Graboski avait joué pour les As longtemps avant moi. On le qualifiait déjà de «vénérable» au début des années 50, mais Punch Imlach lui demandait parfois de venir nous donner des cours de patinage, car il avait beaucoup à nous apprendre. Il m'a déjà fait une prédiction qui m'étonne encore : «Souviens-toi bien de ce que je te dis là, mon garçon. Le hockey est d'abord et avant tout une affaire de patinage.»

Plus de 10 ans après cette soirée de 1964, quand nous nous sommes retrouvés à Oshawa, nous avons parlé du bon vieux temps des As et de Punch Imlach. Jo-Jo m'a demandé si je me souvenais de son analyse presciente.

«Bien sûr que je m'en souviens, lui ai-je répondu. Le jeu du Canadien est aujourd'hui entièrement basé sur le patinage.»

Jo-Jo acquiesça avec satisfaction. Puis, il m'indiqua de la tête un tout jeune garçon aux cheveux blonds très courts, l'air timide, très *Canadian*, qui était assis un peu plus loin.

«C'est lui, là-bas, qui va faire la preuve la plus éclatante de ce que j'ai dit.»

Je ne me rappelle plus qui étaient les autres invités à ce banquet, mais je n'oublierai jamais les paroles de Jo-Jo et ce premier contact que j'ai eu avec Robert Gordon Orr. Ce soir-là, nous étions à une époque-charnière du hockey, et je me sentais drôlement privilégié d'être témoin de cet instant.

Le temps passe vite dans le hockey et les gens ont peu de mémoire. C'est pourquoi je tiens à rappeler aux jeunes de la dernière génération que Bobby Orr était un phénomène autant, sinon plus, que les grands parmi les grands qu'on a vu évoluer depuis ce temps. On a commencé à parler de ses exploits chez les juniors ontariens, alors qu'il n'avait que 14 ans. Il jouait déjà contre des garçons qui avaient quatre ou cinq ans de plus que lui. À l'instar de Gretzky, il était petit et léger, mais Orr évoluait à la défense où son petit gabarit était exposé à tous les dangers. Il était beaucoup plus petit que ses adversaires, avec à peine 5 pieds 10 et pesait environ 145 livres. Pourtant, il s'était fait remarquer dans tous les matchs qu'il avait disputés et chacun, tant chez les joueurs que parmi les éclaireurs des équipes professionnelles, était convaincu qu'il avait un passe-port assuré pour la LNH. Il deviendrait, par la suite, un solide gaillard de 6 pieds 1.

C'est par hasard que les dépisteurs des Bruins de Boston découvrirent Bobby Orr, en 1960, lors des compétitions bantam de l'Association mineure de hockey de l'Ontario, qui se tenaient cette année-là à Gananoque. À l'époque, Bobby n'avait même pas fini de grandir. Il était tout petit, 5 pieds 8, à peine 140 livres. Il avait tellement dominé les pee-wee de Parry Sound, sa ville natale, que malgré son jeune âge on avait décidé de le faire jouer chez les bantams. Lynn Patrick, direc-teur général des Bruins, et Wren Blair, entraîneur et directeur général des Frontenacs de Kingston de la Ligue profession-nelle de l'est du Canada, étaient venus assister aux qualifica-tions bantams. Ils espéraient repêcher deux défenseurs locaux, Rick Eaton et Doug Higgins, qui devaient affronter Parry Sound dans le premier match du tournoi.

Personne ne se rappelle de ce qui est advenu d'Eaton et de Higgins ce jour-là, parce que l'attention des experts des Bruins était attirée par une espèce de dynamo miniature qui refusait de laisser qui que ce soit s'emparer de la rondelle. Après un « Qui est-ce ? » de son patron et un « Je ne sais pas, mais je vais le savoir » de sa part, Wren Blair partit aux nouvelles et revint avec de précieux renseignements.

La prochaine question fut : « Est-ce que ce jeune prodige est parrainé ? » À l'époque, avant que le système de repêchage universel soit mis en place, les équipes de la LNH « détenaient » des territoires et parrainaient des joueurs en régions. Il arrivait que ces fiefs empiètent les un sur les autres, mais ils couvraient littéralement tout le Canada et le nord des États-Unis. Par exemple, les Royaux de Montréal et les Pats de Regina qui s'affrontèrent en finale pour la coupe Memorial en 1949, étaient deux équipes affiliées au Canadien de Montréal. Deux ans plus tard, lors de cette même finale, les Citadelles, dont je faisais partie, rencontraient les Flyers de Barrie, parmi lesquels se trouvaient cinq ou six futurs Bruins de Boston.

Blair s'empressa donc de vérifier si le jeune était déjà parrainé par une équipe de la LNH. À son grand soulagement, personne ne l'avait encore réclamé. À partir de ce jour-là, d'abord à l'insu de la famille Orr et du reste de la communauté du hockey, les dirigeants des Bruins commencèrent à mettre au point la stratégie qu'ils utiliseraient pour acquérir les services du talentueux jeune homme. Ils devaient d'abord lui faire signer un contrat junior A. Ils manifestèrent donc leur bonne volonté en encourageant financièrement la formation de l'Association de hockey mineur de Parry Sound et Blair y amena régulièrement son équipe de Kingston pour des parties hors concours. Plus tard, il se rendait régulièrement chez les Orr et entretenait une véritable relation d'amitié avec les parents de Bobby, Doug et Arva.

Le secret ne put évidemment rester bien longtemps gardé. Un éclaireur du Canadien avait assisté au championnat bantam et avait fait un rapport détaillé à Frank Selke. On dépêcha Scotty Bowman à Parry Sound pour assister au miracle de plus près. De Detroit, de Chicago, on fit au jeune Orr des avances par téléphone. Ironiquement, les Maple Leafs de Toronto furent les derniers à prêter attention à cette mine d'or qui se trouvait pratiquement dans leur cour.

En août 1962, la stratégie de Blair commença à porter fruits. Il persuada les Orr de permettre à leur fils de participer à un camp d'essai junior parrainé par les Bruins, à Niagara Falls. Doug Orr entretenait cependant quelques réticences. Il s'inquiétait pour son fils qui devait se mesurer à des gars plus vieux et mieux bâtis que lui, mais il réalisa vite qu'il n'avait pas à se faire de souci. Bobby fut la révélation du camp, même si plusieurs joueurs lui en voulurent d'attirer autant l'attention. À la fin de l'été, les Bruins ont finalement convaincu leur protégé de signer le fameux contrat junior A et l'ont envoyé jouer pour les Generals d'Oshawa dans la Ligue de hockey de l'Ontario (LHO).

Pendant sa première année, il marqua 13 buts et se mérita une place sur la deuxième équipe d'étoiles de la LHO. La saison suivante, il enregistra 30 buts, battant le record de la ligue établi par Jacques Laperrière et voyait son nom apparaître régulièrement dans la rubrique sportive de tous les journaux canadiens. À 16 ans, il était déjà connu aux États-Unis, où les Bruins vivaient une des périodes les plus lamentables de leur histoire. En 1959-60, finissant cinquièmes au classement, ils furent écartés des séries. Ensuite, ils terminèrent en dernière place cinq ans de suite. Lynn Patrick fut remplacé par Hap Emms au poste de directeur général des Bruins et on ne pensa plus qu'à faire signer un contrat au jeune sauveur le plus tôt possible.

Les gens de l'organisation de Boston croyaient que Orr était assez talentueux pour entrer dans la LNH, même s'il n'avait que 16 ans. Ils croyaient que ses talents seraient mieux utilisés et se développeraient plus rapidement si on lui permettait d'évoluer au sein de l'élite où, de toute évidence, on pratiquait son calibre de jeu. Il était en effet trop bon pour rester dans les mineures et risquait dangereusement de s'enliser s'il y restait, parce que personne à ce niveau n'était en mesure de le stimuler. J'ai toujours été sensible à cet argument : pour avancer, il faut jouer avec et contre de meilleurs joueurs que soi. Lorsqu'il n'y a plus de compétition, il devient impossible de s'améliorer.

Mais les parents de Bobby considéraient, avec raison, que leur garçon, à 16 ans, était beaucoup trop jeune pour se retrouver parmi les joueurs de hockey les plus expérimentés et les plus aguerris au monde dont aucun, soit dit en passant, ne faisait partie de l'équipe de Boston. Cependant, les Bruins ont terminé en avant-dernière position en 1966, incitant ainsi les amateurs de Boston à lorgner vers le nord jusque dans la banlieue de Toronto où le sauveur parachevait sa formation. Pendant ce temps, Orr ne pouvait progresser à Oshawa. Au cours des deux dernières saisons, Bobby Orr marqua 71 buts et fit 119 passes. Bien que blessé à l'aine, il mena les Generals à la grande finale de la coupe Memorial contre Edmonton où la série leur échappa de justesse en six rencontres.

Le premier héritage de Bobby à la LNH reste précieux pour tout joueur. Il s'agit en fait de l'entêtement de son père qui, tout comme le mien, voulait assurer à son fils la sécurité financière, le respect et la liberté de choisir. Au printemps de 1966, Hap Emms semblait tout faire pour s'aliéner les Orr. D'abord, il tenta d'interdire à Bobby de participer à la finale de la coupe Memorial contre Edmonton, en raison de sa blessure. Bobby lui tint tête et joua quand même. Puis, Emms s'enlisa dans son erreur en proposant à sa vedette un contrat humiliant et ridiculement bas.

Pendant la dernière saison de Bobby à Oshawa, les médias n'avaient pas cessé de parler de la future supervedette des Bruins « qui décrocherait un contrat d'un million ». Ainsi, quand Doug et Bobby rencontrèrent Emms pour discuter du fameux contrat, ils furent époustouflés lorsqu'on leur proposa un salaire annuel de 8 000 $ et un boni de 5 000 $ à la signature. Emms les froissa encore davantage en leur citant l'exemple de Gilles Marotte, un autre prospect du Québec qu'avait découvert Roland Mercier et qui, l'année précédente, avait laissé les Bruins décider à sa place ce que devait être un salaire équitable. Emms a suggéré avec un air plutôt condescendant que Bobby devait agir de la même façon tant et aussi long-temps qu'il n'avait pas fait ses preuves chez les professionnels.

Les Orr ont clos la discussion et sont revenus avec Alan Eagleson. Cet avocat de Toronto avait commencé à se faire connaître en représentant des joueurs des Maple Leafs comme Carl Brewer, Mike Walton et Bob Pulford. Quand Emms comprit que les négociations passeraient désormais par Eagleson, il se retira et on n'entendit plus parler de lui de tout l'été à Parry Sound.

Eagleson connaissait le pouvoir des médias et de la publi-cité. Il laissa savoir qu'il négociait les services d'Orr avec l'équipe nationale canadienne du père David Bauer. (Tout cela était dans le domaine du possible. Ce même automne, quand Carl Brewer réalisa qu'il ne pourrait s'entendre avec Punch Imlach, il avait quitté les Leafs pour rejoindre le hockey « amateur ».) Les journaux de Boston eurent vent de l'histoire et Emms dut faire face aux commentaires hostiles de tous les partisans de hockey comme Eagleson l'avait souhaité.

Pendant la fin de semaine de la fête du Travail, en 1966, Emms arriva à Parry Sound. Après une nuit de féroces négo-ciations présidées par Eagleson sur le bateau de Hap Emms, Bobby Orr signa un contrat avec les Bruins de Boston. On peut dire qu'il s'en est sorti un peu mieux que s'il avait accepté la première offre d'Emms qui était de 13 000 $, en signant une entente de 2 ans pour environ 70 000 $, bonis et cadeaux de signature compris. Ce contrat permit à plusieurs vedettes de la ligue, dont moi-même, d'obtenir des augmentations de salaire substantielles au cours des deux années qui suivirent. Cet arrangement lança aussi Alan Eagleson qui, plus tard cette même année, jeta les bases de ce qui allait devenir l'Associa-tion des joueurs de la LNH.

Bobby avait à peine 18 ans quand il commença à jouer à Boston et je peux dire en toute honnêteté que je n'ai jamais vu un joueur de cet âge posséder autant de maturité et un sens du hockey aussi développé. Il marqua son premier but dans la LNH contre le Canadien, lors de son deuxième match. Il s'agissait d'un lancer frappé depuis la ligne bleue qui fit se soulever tous les sourcils et le toit du Gardens de Boston. C'était un jeudi soir tranquille, au début d'octobre, mais le Gardens a explosé en une longue ovation. J'ai entendu Toe Blake qui disait : « Je n'ai jamais rien vu de semblable… »

Je me suis demandé s'il parlait de la réaction de la foule ou de la performance de Bobby, qui allait gagner cette année-là le trophée Calder décerné à la meilleure recrue. Bobby ne pouvait cependant pas sauver les Bruins à lui seul. À la fin de la saison, ils terminèrent encore une fois en dernière place de toute la ligue. Trois ans plus tard, nous rencontrions les Bruins en séries éliminatoires. Ils avaient déniché des joueurs comme Phil Esposito, Ken Hodge, Wayne Cashman, Johnny McKenzie, Dallas Smith, Gerry Cheevers et Don Awrey pour venir appuyer leur défenseur vedette.

Comme tout être humain, Bobby avait ses hauts et ses bas. Il était le meilleur joueur de son époque, mais il connaissait parfois de mauvais matchs et les joueurs adverses savaient rapidement profiter de la situation. Cependant, tout cela nous prouve simplement que Bobby était humain.

À ses débuts, beaucoup de ses adversaires ou de ses détracteurs, sur la glace et dans les gradins, cherchaient à remettre en question tout ce qu'il faisait. Certains trouvaient qu'il prenait trop de risques, d'autres prétendaient qu'il n'arrivait pas toujours à bien dégager sa zone ou qu'il gardait trop longtemps la rondelle, que ses passes n'étaient pas toujours justes, etc. En le regardant jouer et en jouant contre lui, j'ai compris à quel point il était talentueux. De plus, comme j'avais aussi connu à mes débuts ce va-et-vient entre les louanges et les critiques acerbes, je pouvais comprendre ce qu'il ressentait et sympathiser avec lui.

Plus tard, les journalistes sportifs eurent recours à une technique bien connue pour inciter les joueurs de la LNH à frapper Orr en leur posant des questions du genre : « Quelles sont les faiblesses d'Orr ? Que voit le Canadien dans son jeu que vous pouvez exploiter ? » J'ai toujours refusé de mordre à cet hameçon. Je savais, en regardant de près, que personne ne pouvait critiquer Bobby Orr autant que le principal intéressé. Il arrivait, après avoir commis une erreur sur la glace, qu'il revienne au banc enragé après lui-même. Cependant, j'ai également constaté qu'il se comportait seulement comme les plus grands joueurs savent le faire. Il corrigeait ses erreurs et ne les répétait pas. Orr savait mieux que quiconque qu'il n'y a rien de tel qu'un joueur de hockey parfait, mais je crois qu'aucun joueur de la ligue ne soit parvenu aussi près du but que ce jeune prodige.

J'ai dit, plus tôt dans ce livre, que je considère Doug Harvey comme le meilleur défenseur que j'ai vu. Il savait imposer son rythme à chacune des parties auxquelles il participait. Sur le plan défensif, Orr n'était pas aussi bon que Doug. En fait, un autre joueur des Bruins, pourrait venir en deuxième place, soit Eddie Shore. Disons simplement que Bobby Orr est celui qui a le plus marqué la LNH pendant toutes les années où j'y ai fait carrière. Il a bien mérité sa place dans l'histoire du hockey en modifiant le style du jeu et, par conséquent, le déroulement d'un match. À mon avis, il n'existe pas de plus bel héritage. Ce qui rend la chose proprement incroyable, c'est qu'il a accompli tout cela en moins de 10 saisons complètes, car il avait les genoux brisés, broyés. Il a subi pas moins de six interventions chirurgicales avant d'être forcé d'abandonner, victime de ce sport impitoyable. La retraite prématurée de Bobby à l'âge de 30 ans reste un des épisodes les plus tristes de l'histoire de la LNH.

Voyons comment Orr a changé le hockey. D'abord, il a redéfini la tâche du défenseur, en lui confiant un rôle plus agressif, plus offensif, qui mêlait au jeu défensif des incursions expéditives, des sortes de raids éclair en territoire ennemi. Il était tellement rapide qu'il déroutait complètement l'adversaire. Bien que défenseur, il filait parfois sur la ligne de front, devançant même ses propres joueurs d'avant, ce qui prenait totalement au dépourvu les défenseurs de l'autre équipe. Ou encore, il surgissait brusquement, dissimulé derrière ses coéquipiers, il coupait à gauche ou à droite à toute vitesse, attirant vers lui deux ou trois défenseurs, avant de faire une passe impeccable à un de ses coéquipiers qui se trouvait seul. Avant son arrivée dans la ligue, les défenseurs n'entraient pas souvent dans le jeu. Ils se contentaient d'intercepter la rondelle et de la renvoyer le plus rapidement possible à un joueur d'avant. Ils suivaient le jeu mais ne le menaient pas.

Le plus important changement qu'a connu le hockey depuis 35 ans est cette mobilité grandement accrue des défenseurs. La fonction a changé, les joueurs aussi. Autrefois, ils étaient gros, costauds et lourds, sans compter qu'ils étaient rarement de bons patineurs. Leurs passes étaient généralement lourdes et prévisibles. Ils se contentaient de remettre la rondelle en jeu.

Les patineurs lents sont toujours désavantagés, peu importe leur position. Si un joueur ralentit à la ligne bleue adverse, sa passe, son tir et ses mouvements seront tous lents. Mais Bobby Orr exécutait rapidement tous ces gestes, tous les lancers, qu'ils soient du poignet ou du revers. Ils étaient vifs et dangereux. Ainsi, Orr a redéfini le rythme non seulement des matchs auxquels il prenait part, mais de tous les matchs à venir en augmentant la vitesse du jeu à des niveaux encore jamais vus.

Non seulement avait-il une vitesse incroyable, mais il était bon dans tous les domaines. C'est sans doute Harry Sinden qui a donné la meilleure définition de Bobby Orr, de Gordie Howe et de Bobby Hull : « Howe pouvait tout faire, mais lentement. Hull était extrêmement rapide, mais ne pouvait tout faire. Orr, par contre, pouvait tout faire à toute vitesse. » C'est ainsi qu'il a changé les règles du hockey.

Orr a posé à ses adversaires des problèmes auxquels ils n'avaient jamais été confrontés. Jusque là, par exemple, lorsqu'on faisait une mise au jeu dans notre zone défensive, l'ailier droit ou gauche (tout dépendant du côté où se faisait la mise au jeu) se rendait directement à la pointe. Mais lorsque Orr était sur la glace, les ailiers devaient se mettre en mouvement encore plus rapidement, alors que les ailiers bostoniens les immobilisaient, ce qui laissait à Bobby plus de temps et plus de glace pour faire des ravages dans la zone adverse. Cela compromettait notre stratégie d'une façon que les amateurs de hockey mirent du temps à comprendre. Quand les Bruins faisaient la mise au jeu dans notre zone, nous ne nous occupions pas vraiment de couvrir leurs joueurs d'avant — Esposito, Hodge, Cashman, Bucyk ou McKenzie. Notre alignement dépendait de la position qu'occupait Bobby Orr. Dès que la rondelle touchait la glace, l'attention de chacun était partagée entre les jeux à faire et des regards nerveux dans la direction de Bobby Orr. Il mobilisait ainsi, au profit de son équipe, toutes nos énergies.

Don Cherry raconte souvent une anecdote amusante sur l'attitude que les joueurs entretenaient envers Bobby: « Les Bruins jouaient ce soir-là contre les Capitals de Washington et Bobby s'installait pour la mise au jeu. Le joueur de centre des Capitals avait disposé ses joueurs autour de la zone de mise au jeu et fit un geste vers un défenseur recrue pour lui signifier de se tenir plus à droite. À ce moment-là, le jeune a croisé le regard de Bobby. Celui-ci hocha de la tête et dit au jeune défenseur qu'il ferait mieux de retourner là où il était. Et le gars l'a fait! Il avait une si haute opinion de Bobby Orr qu'il ne pouvait croire que celui-ci puisse lui mentir ou même se tromper. Et il a eu raison, car dès la mise au jeu, la rondelle a atterri à ses patins. »

Par son talent, Bobby a entraîné d'autres changements dans la LNH. Pendant plusieurs années, la stratégie à la mode consistait à « jouer l'homme ». Autrement dit, il fallait se coller au joueur désigné dès qu'il sortait de sa zone et ne plus le lâcher. Il était plus difficile de couvrir les défenseurs, parce qu'ils se tenaient toujours loin derrière. La plupart du temps, il fallait revenir à notre ligne bleue le plus rapidement possible pour faire face aux attaquants. Si l'autre équipe parvenait à entrer dans notre zone, nos ailiers devaient autant que possible neutraliser le joueur qui se trouvait à la pointe.

Un plan de jeu offensif très conventionnel consistait à défoncer rapidement les lignes ennemies de façon à ce que deux des joueurs d'avant puissent se rendre très loin dans la zone adverse, alors que le troisième restait en retrait à la ligne bleue où il pouvait recevoir une passe. Avec des défenseurs lents, ce genre de jeu fonctionnait très bien. Quand Orr est arrivé, il a fallu oublier tout cela. Orr pouvait briser les attaques mieux que quiconque. Toe Blake nous répétait sans cesse : « Il ne faut jamais le laisser seul dans sa zone, parce qu'il pourrait alors foncer vers notre filet ». Notre ailier devait s'attacher à lui, ce qui donnait parfois plus d'espace et de liberté aux joueurs d'avant des Bruins.

Orr était surveillé de très près, mais personne ne pouvait le suivre sans arrêt comme Claude Provost le faisait avec Bobby Hull. Orr était un défenseur et un merveilleux fabricant de jeux. Si on tentait de le suivre, il allait se réfugier dans sa zone. Il mettait facilement en échec les joueurs d'avant trop téméraires qui tentaient de lui enlever la rondelle. Il la refilait alors à un ailier. La rondelle arrivait toujours sur la palette de son coéquipier, jamais dans ses patins ou trop loin devant lui.

À cause de Bobby, jouer contre Boston en infériorité numérique était un véritable cauchemar. D'habitude, dans un jeu de puissance défensif, les joueurs d'avant se placent entre le joueur qui se trouve à la pointe et les ailiers en respectant les zones limites. Mais si Orr était sur la glace, nous avions plutôt tendance à nous diriger vers lui, ce qui laissait les avants sans surveillance et ouvrait une dangereuse brèche jusqu'au fond de notre zone. Même quand nous étions débordés et que les Bruins marquaient, nous ne changions pas de stratégie. J'aurais certainement demandé à quelqu'un de suivre Orr plutôt qu'un ailier, peu importe si cet ailier d'avant était bon, parce que Orr pouvait décocher plusieurs lancers dangereux.

Pendant la demi-finale de 1969 contre Boston, nous nous sommes retrouvés à égalité après quatre parties. Nous étions en route pour La Sapinière, notre retraite dans les Laurentides, quelques jours avant le cinquième match qui devait se disputer à Montréal, quand je me suis mis à lire les résumés des matchs. J'ai alors découvert que Orr effectuait la plupart de ses lancers depuis la pointe. Il avait réussi le but gagnant du quatrième match, après que Gerry Cheevers eut miraculeusement réussi à intercepter un lancer très puissant d'Yvan Cournoyer. Bobby s'était emparé du retour, avait traversé la patinoire à toute vitesse et mis fin au match. Nous avions intensifié notre approche et libéré nos défenseurs de leurs lignes.

« Les défenseurs devraient toujours être conscients de sa présence, ai-je dit à mes coéquipiers. Il obtient sept, huit et neuf tirs par match. » Pour le contenir, nos joueurs devraient l'approcher de divers angles et l'attaquer constamment de toutes les directions pour ainsi le forcer à rester sur ses gardes et à regarder tout autour de lui sur la glace.

Bobby avait tout juste 20 ans à ce moment-là et presque tous nos plans de jeu avaient pour objectif de le neutraliser. Au cours des rencontres suivantes, nous avons intercepté plusieurs des lancers qu'il faisait depuis la pointe, mais il excellait à toutes les positions.

Malgré tout cela, nous avons quand même remporté plusieurs victoires face aux Bruins. L'équipe d'Orr et d'Esposito ne nous a jamais battus lors des éliminatoires, mais elle a remporté la coupe en 1970 et 1972 quand nous n'étions pas là pour les défier. J'ai toujours pensé que nous patinions mieux que les Bruins. Avec des joueurs comme Yvan Cournoyer, Jacques Lemaire, Frank Mahovlich, Claude Provost, Henri Richard, Ralph Backstrom, Mickey Redmond, Chuck Lefley, Bobby Rousseau, Réjean Houle et Marc Tardif à l'avant, et Guy Lapointe, Serge Savard, Terry Harper et Jacques Laperrière à l'arrière, nous parvenions à suivre le jeu même au rythme infernal qu'imposait Orr. Notre stratégie consistait à jouer très serré et très prudemment pendant la première période. Si l'écart n'était que d'un but, nous pouvions ensuite accélérer notre plan de match et revenir de l'arrière.

Quand Orr a commencé à connaître de graves problèmes aux genoux, il a perdu un peu de sa vitesse, ce qui a certainement affaibli son jeu. Bobby Orr était un défenseur, mais il avait l'âme d'un attaquant. Il était certainement très difficile pour lui de renoncer à profiter d'une ouverture qui se présentait. Mais, même ralenti par ses blessures, il est resté nettement supérieur aux autres joueurs. Il a reçu huit fois de suite le trophée Norris décerné au meilleur défenseur de la LNH. Cela veut tout dire. Tous ses coéquipiers le tenaient en haute estime, tous l'admiraient et l'aimaient. Il était considéré comme un bon joueur d'équipe par ceux qui ont eu la chance de le côtoyer. Cela m'impressionne aussi.

Bien sûr, il n'a pas fallu attendre longtemps avant que d'autres défenseurs commencent à l'imiter. Je pense entre autres à mes jeunes coéquipiers, Serge Savard et Guy Lapointe, ainsi qu'à Brad Park à New York. En quelques années, de nombreux joueurs talentueux qui avaient été influencés par Bobby Orr sont arrivés dans la LNH, des joueurs comme Denis Potvin, Larry Robinson, Raymond Bourque, Doug Wilson, Paul Coffey et Borje Salming. Depuis leurs jours de gloire, on a assisté à toute une génération de défenseurs influencés par le style de Bobby Orr — Chris Chelios, Phil Housley, Al MacInnis, Brian Leetch, Jeff Brown, Gary Suter, Steve Duchesne, Larry Murphy, Al Iafrate, Sergei Zubov, Kevin Hatcher, Rob Blake, Scott Niedermayer, Nicklas Lidstrom et Bryan Fogarty. Quelques-uns d'entre eux, comme Housley, Brown, Fogarty et Leetch, ont cette puissance d'accélération qu'avait Bobby et des aptitudes offensives comparables aux siennes mais, dans l'ensemble, si l'on fait la somme de leurs qualités morales, mentales et physiques, ils ne font pas le poids.

Le seul défenseur qui, selon moi, pouvait égaler Orr au chapitre de la vitesse était Paul Coffey, même si son style était tout à fait différent. Coffey patinait avec les genoux fléchis, presque en position assise. Quant à Orr, il avait un style plus esthétique ou classique. Il restait plus droit, même à pleine vitesse.

Des joueurs comme Denis Potvin et Larry Robinson étaient de grands défenseurs, très robustes et solides. Ils pouvaient contrôler le jeu, bien sûr, mais ils n'avaient pas la rapidité de Bobby Orr. En effet, Potvin ressemblait à Raymond Bourque plus qu'à Orr, surtout lorsqu'on parle de force, d'endurance et de la rapidité avec laquelle ils pouvaient décocher un tir.

Potvin a également reconnu sa dette envers Doug Harvey. Il suffit de remonter au printemps 2005, alors que Denis aurait déclaré à la *Gazette* de Montréal, que son entraîneur des 67 d'Ottawa dans la ligne junior évoquait fréquemment le style de Harvey: «Je me rappelle aussi, à ce qu'on m'a dit... que lorsqu'il avançait sur la glace, Harvey gardait toujours la rondelle devant lui et non pas d'un côté ou de l'autre. Cela signifie qu'il pouvait faire un passe ou décocher un tir direct ou du revers avec autant d'efficacité. »

Dans ce même article, Potvin décrivait le rôle du défenseur dans des termes que nous connaissons tous très bien. « Il est important que vous sachiez que vous n'avez pas besoin d'être le patineur le plus rapide au monde, car le hockey est un sport dont le terrain est limité par les bandes tout autour de la surface de jeu. Il existe un point où ce patineur vraiment rapide doit se retourner pour se diriger vers vous. C'est ce qu'on appelle le jeu de position. » Je pouvais voir Toe Blake debout, devant un tableau, employant les mêmes termes. Il dessinait un sablier sur le tableau et disait: «Voici ce à quoi ressemble vraiment la patinoire. » C'était ainsi qu'il décrivait la zone de jeu réelle. Tout le reste de la patinoire était «inutile».

Pour mieux connaître l'influence de Bobby, voyons brièvement les statistiques des marqueurs. En 19 saisons, Doug Harvey a participé à 1113 parties. Il a compté 88 buts et obtenu 540 points. J'ai dû vérifier. Si vous m'aviez demandé d'avance s'il avait compté plus ou moins de 100 buts dans sa carrière, j'aurais dit plus, beaucoup plus. En fait, il n'a jamais réussi à compter plus de 9 buts et accumulé plus de 50 points en une saison. Mais ces chiffres correspondent à une époque.

Tom Johnson, un autre excellent défenseur, a totalisé seulement 51 buts en 16 saisons.

Bobby Orr a bouleversé les statistiques. En seulement 657 matchs de saison régulière, il a accumulé 915 points, ce qui lui donne une moyenne phénoménale de 1,39 point par match. Au cours de 6 de ses saisons dans la LNH, il a accumulé en tout 139, 135, 122, 120, 117 et 101 points. Et durant 5 de ces saisons, il a obtenu jusqu'à 102, 90, 89, 87 et 80 passes, battant ainsi évidemment tous les records établis par des défenseurs. Il a accompli un exploit sans précédent. En tant que défenseur, il a remporté le championnat des marqueurs à deux reprises. En 1970, il a gagné le Norris (meilleur défenseur), le Art-Ross (meilleur marqueur), le Hart (joueur le plus utile à son équipe) et le Conn Smythe (joueur le plus utile dans les séries), en plus d'avoir été nommé le sportif par excellence de l'année au Canada. Il avait alors 21 ans.

Même les statistiques des autres joueurs témoignent de l'influence de Bobby Orr. Pendant la saison 1993-94, Paul Coffey est devenu le premier défenseur à surpasser le total de 1219 points que j'avais accumulés pendant toute ma carrière. Au début de cette saison-là, j'étais le 15e marqueur de l'histoire, et tous les autres dont le nom apparaissait sur la liste étaient aussi des joueurs d'avant. En 1985-86, Paul compta 48 buts. Il en avait amassé 40, 2 saisons plus tôt. Il avait compté, en deux saisons, autant de buts que Doug Harvey pendant toute sa carrière.

Raymond Bourque fut le prochain défenseur à me laisser dans son sillage et plusieurs autres joueurs, dont Mario Lemieux et Mike Gartner, donnèrent le rythme aux nombreux attaquants talentueux qui m'ont succédé dans les années 1990. C'est ainsi qu'aujourd'hui, je me retrouve au 34e rang parmi les meilleurs compteurs de l'histoire de la LNH.

La transformation qu'a subie le hockey dans les années 80 et 90 se reflète également dans les moyennes des gardiens de but. Celle de Ken Dryden était de 2,24, celle de Jacques Plante,

2,38, Glenn Hall, 2,51, Terry Sawchuk et Johnny Bowers, 2,52 ; Bernie Parent se rendit à 2,55.

Comparons-les maintenant aux moyennes enregistrées en 1993-94. Ed Belfour avait une moyenne de 2,70 ; Patrick Roy, 2,79 ; Curtis Joseph, 3,06 ; Mike Richter, 3,27 ; Ron Hextall, 3,30 ; Andy Moog, 3,32 ; Kirk McLean, 3,35 ; Bill Ranford, 3,43 ; John Vanbiesbrouck, 3,45 ; Kelly Hrudey, 3,48 et Grant Fuhr, 3,64.

Dix ans plus tard, la tendance au jeu défensif était définitivement réapparue. Certains de ces gardiens se sont retirés récemment alors que d'autres sont encore au jeu, mais les statistiques étaient encore plus faibles. La moyenne de Belfour est descendue à 2,43 ; Roy, 2,54 ; Joseph, 2,75 ; alors que les gardiens de la nouvelle génération comme Martin Brodeur, José Théodore et Roberto Luongo ont respectivement des moyennes de 2,17, 2,52 et 2,63.

En gros, on peut dire que l'écart moyen entre ces deux séries de chiffres varie entre un et deux buts et la raison la plus importante réside dans l'arrivée de défenseurs plus gros, plus habiles et plus mobiles. Dans les années 70 et au début des années 80, la mobilité soudaine des défenseurs avait fait gonfler les statistiques. Par la suite, lorsque les défenseurs ont appris à jouer aux deux extrémités de la patinoire, ils ont pu ainsi réaffirmer leur rôle.

Tout cela, nous le devons au passage d'un jeune défenseur de Parry Sound qui aimait patiner vite et transporter la rondelle.

● ● ●

On ne peut passer au sujet suivant sans aborder le monde des attaquants et la façon dont une mobilité accrue à la ligne bleue augmente la mobilité partout ailleurs sur la glace. Cela est particulièrement vrai pour les joueurs de centre. Maintenant que les défenseurs peuvent participer à l'attaque, l'offensive se déroule à cinq contre cinq ou quatre contre cinq, de sorte que les joueurs patinent davantage et déploient des stratégies de jeu bien plus complexes.

Les nouveaux attaquants se déplacent dans toutes les directions et non seulement du nord au sud. Il est fréquent d'apercevoir des joueurs de centre tournoyant et changeant de position avec des défenseurs mobiles au beau milieu d'une pièce de jeu pour aller déjouer l'équipe adverse. Alors que les centres peuvent devoir agir à titre de défenseurs contre les opposants qui attaquent, il est avantageux pour ces joueurs d'être gros, rapides et forts, tout comme les défenseurs qu'ils viennent remplacer durant quelques secondes.

Une conséquence ironique de la grande mobilité des défenseurs dans la période après Orr a consisté dans une augmentation phénoménale de jeux d'attaque. Il a fallu presque 20 ans pour que la stratégie du piège en zone neutre et d'autres tactiques défensives permettent de limiter l'augmentation fulgurante du nombre de buts comptés. Nous y reviendrons dans un autre chapitre.

Étant moi-même un ancien joueur de centre, je ne peux qu'être impressionné par l'héritage qu'ont laissé Wayne Gretzky et Mario Lemieux, deux joueurs au talent remarquable, ainsi que les vedettes actuelles que sont Peter Forsberg, Sergei Federov, Mike Modano et Joe Sakic, pour n'en nommer que quelques-uns.

Ce que j'ai d'abord remarqué chez Wayne Gretzky, c'est qu'il a su adapter sa taille et son style au hockey tel qu'on le pratique de nos jours. S'il avait joué pendant les mêmes années que moi, il aurait été constamment suivi, et probablement de plus près que ce qu'il a connu. Il aurait été soulagé de voir qu'on jouait moins du bâton dans la ligue à six équipes, mais nous savions comment arrêter autrement un joueur de son acabit. Je doute qu'il ait pu marquer 200 points en une saison, à mon époque. Les parties se terminaient très rarement par des résultats aussi incroyables que 10 à 2 ou 9 à 4. Il s'agissait le plus souvent de 3 à 2 ou de 3 à 1. Dans l'ancienne Ligue nationale, Gretzky aurait sans doute compté moins de buts et fait beaucoup moins de passes. Mais il aurait fort probablement décroché le titre du meilleur marqueur plus d'une fois, surtout avec le soutien de bons coéquipiers.

On m'a souvent demandé si je trouvais des failles dans le jeu du grand Gretzky, mais je réponds toujours par la négative. Il pouvait réussir des passes précises en plein sur la palette. Je disais toujours à mes ailiers : « Si vous voyez que je ne suis pas libre, continuez de patiner. Trouvez une ouverture d'abord, trouvez de la glace ; on préparera le jeu ensuite. » Gretzky faisait ce genre de choses instinctivement et attendait la position souhaitée avec une précision déconcertante. Gretzky avait une vision périphérique sur la patinoire et si un coéquipier était sur le point de s'échapper, il le voyait, un peu comme Norm Ullman savait le faire.

Ce que je préfère chez lui, c'est sa générosité évidente. On me disait dans le temps que je passais la rondelle beaucoup trop souvent, mais je suis sûr que Gretzky a souvent entendu le même reproche. Mais étant un joueur de centre, son travail consiste justement à faire ces passes.

J'aimais bien aussi le peu que j'ai connu de lui en dehors de la patinoire. C'est un vrai gentleman, qui mène sa vie avec sérieux et sa famille est, de toute évidence, ce qu'il y a de plus important à ses yeux. J'admire beaucoup les efforts qu'il a déployés pour promouvoir le hockey. Il semble que déjà à un tout jeune âge, Wayne comprenait qu'il devait apporter deux contributions en tant que joueur de hockey exceptionnel : sa performance mémorable sur la glace, qui lui a permis de battre de nombreux records et son talent, en dehors de la glace, lorsqu'il s'agissait de vendre ce sport en Amérique du Nord, mais tout particulièrement dans les grands marchés aux États-Unis. Il était le bonimenteur par excellence de la LNH tout au long de sa carrière de joueur, en particulier lorsqu'il jouait à Los Angeles, Saint-Louis et New York.

Les durs combats qu'il a dû mener lors de ses blessures au dos et contre la maladie de Hodgkin prouvent que Mario Lemieux est aussi d'une trempe à part en plus d'être doté d'un talent inouï. Mario est probablement le joueur moderne dont le style se rapproche le plus du mien et je suis ravi qu'on nous ait comparés. Je me suis toujours efforcé d'utiliser ma longue portée à mon avantage, pour préparer des jeux sur toute la patinoire, le long de la clôture, en zone neutre ou dans les coins, depuis l'aile droite. J'ai vu Mario — qui lance de la droite alors que je suis gaucher — en faire autant du côté opposé. Certains ont reproché à Mario de ne pas faire assez de passes, mais c'est absurde. Vous n'avez qu'à demander à ses ailiers Kevin Stevens (55 buts et 56 passes en 1992-93) et Rick Tocchet (48 buts et 61 passes la même saison) ce qu'ils pensent du talent de passeur de Mario. Celui-ci en a fait la preuve, bien qu'il ait dû s'absenter pendant 24 parties cette saison-là, à cause de ses blessures.

Le Canadien a essayé de s'assurer les services de Mario en 1984, quand il jouait avec les Voisins de Laval de la Ligue de hockey junior majeure du Québec (LHJMQ). C'est dans ce but qu'il avait cédé Pierre Larouche, en décembre 1981, aux Whalers de Hartford, en retour d'un choix de première ronde lors du repêchage de 1984. Ceux-ci gravitaient dans les bas-fonds du classement et s'ils avaient poursuivi leur descente aux enfers, le tout premier choix lors de ce qu'on a qualifié de « repêchage Lemieux » aurait appartenu au Canadien. Cependant, les Whalers ont mieux fait qu'on ne le croyait. Ils ont même terminé devant quatre autres équipes de la LNH et les Penguins, en dernière place, ont fait appel aux services de Lemieux.

Sans doute était-ce mieux ainsi. Si Mario avait joué à Montréal, il aurait dû endurer pendant une année ou deux qu'on le compare à Béliveau ou à Richard. De plus, les partisans du Canadien sont insatiables. Ils veulent tout savoir de la vie des vedettes de hockey et Mario a démontré à quel point il préférait éviter les feux de la rampe et les événements à caractère public à Pittsburgh.

Il y a quelques autres puissants joueurs de centre aujourd'hui qui n'ont pu éviter de m'être comparés. Eric Lindros surtout, que Maurice Richard a déjà qualifié de «méchant Jean Béliveau». J'hésite à contredire le Rocket, mais je ne crois pas que nos styles se ressemblent à ce point. Eric joue comme un tank et n'est pas vraiment souple, il fonce. Son style est beaucoup plus «physique» que le mien pouvait l'être. Les nombreuses blessures qu'il a subies n'en sont-elles pas la preuve?

Avant de se joindre aux Flyers, Eric avait joué merveilleusement bien au sein de l'équipe canadienne lors de la coupe Canada en 1991. Il avait réalisé des mises en échec spectaculaires contre plusieurs joueurs européens, leur causant même des blessures. «C'est un problème», ai-je déclaré au début, et je crois que cette première opinion était justifiée lorsqu'on constate ce qui est arrivé par la suite. Il fait maintenant partie des Rangers et sa carrière est en danger après une série de commotions spectaculaires. Son jeune frère Brett a mis fin à sa carrière prématurément en raison de commotions.

Il y a plusieurs autres superbes joueurs de centre de nos jours et j'aime bien les observer. Entre autres, Steve Yzerman, originaire d'Ottawa, un bel athlète au jeu subtil et intelligent. Steve est un patineur magnifique et un excellent stratège, très rapide et très mobile, non seulement autour du filet mais également pour déjouer ses adversaires. Il fait de très belles passes à ses ailiers qu'il sait toujours mettre en valeur. Quand la glace est libre, il trouve presque toujours à se poster de façon à pouvoir recevoir la rondelle.

Sergei Federov, son ancien coéquipier aujourd'hui à Anaheim, est devenu un des meilleurs de la ligue au cours de la dernière décennie. Fedorov ressemble beaucoup à Yzerman, mais il fait encore mieux que lui en défensive. Yzerman et Fedorov ont probablement formé le meilleur tandem au centre depuis que Wayne Gretzky et Mark Messier ont fait les beaux jours des Oilers et depuis le duo composé de Mario Lemieux et Ron Francis à Pittsburgh à l'époque où chaque équipe avait deux ou trois vedettes au centre.

Lorsque Francis jouait avec Hartford entre 1982 et 1991, il était la vedette offensive de cette équipe. Certains observateurs prétendaient qu'il s'intéressait principalement à ses statistiques, mais lorsqu'on l'a échangé à Pittsburgh, il a démontré son vrai caractère. Il a assumé un rôle défensif derrière Mario Lemieux et est devenu un engrenage important de cette équipe. Je me souviens du moment où les Penguins se démenaient pour éviter l'élimination aux mains des Islanders au septième match des éliminatoires de 1993. Francis ne cessait de rallier ses coéquipiers et égalisa le pointage dans les dernières minutes du temps réglementaire; les Islanders avaient cependant marqué le but en surtemps. Cette défaite semblait lui avoir fait plus mal qu'à ses coéquipiers. Il a longtemps livré la marchandise avec Hartford, Pittsburgh et la Caroline avant de terminer sa carrière avec les Maple Leafs de Toronto lors des séries de 2004. Les amateurs sont étonnés lorsqu'on leur dit que Francis s'est retiré alors qu'il occupait le cinquième rang chez les plus grands marqueurs de la LNH avec 1798 points en carrière, soit plus que Marcel Dionne, Phil Esposito et quelques autres.

Lemieux et Francis ont remporté deux coupes Stanley au début des années 90. Deux joueurs qui ont imité le duo composé de Yzerman-Federov, en l'occurrence Joe Sakic et Peter Forsberg, ont récolté deux championnats pour l'Avalanche du Colorado au milieu des années 90. Il est alors devenu évident que les équipes parvenaient difficilement à se défendre contre une équipe adverse dotée de deux supervedettes au centre.

Trois joueurs de centre nés aux États-Unis ont démontré que le jeu s'est considérablement amélioré au sud de la frontière canadienne: Jeremy Roenick des Blackhawks, des Coyotes puis des Flyers, Pat Lafontaine des Islanders puis des Sabres et Mike Modano des Stars. Roenick est un très bon joueur qui semble extrêmement dévoué. Il n'a pas peur de foncer. Si l'équipe adverse a le moindre moment d'inattention, si elle lui laisse la plus petite ouverture, il sait toujours en profiter. Roenick patine bien et son lancer est rapide et précis.

Lafontaine et Modano ont emprunté des chemins différents en 1993-94. Lafontaine a subi de multiples blessures qui ont mené à sa retraite anticipée, alors que Mike Modano a connu la saison de sa carrière. Modano est grand et fort, il travaille sans relâche et a eu la chance d'être dirigé par Bob Gainey. Chaque année, son jeu s'est amélioré sans nuire à ses qualités offensives et en 1998 il a mené les Stars de Dallas à la coupe Stanley.

La dernière génération nous a apporté des joueurs de centre superbes, dont Joe Thornton, Vincent Lecavalier, Pavel Datsyuk, Jason Spezza, Olli Jokinen et Brad Richards. Il sera intéressant de suivre leur contribution à ce sport au cours des années à venir.

• • •

C'est longtemps après que les joueurs de son époque eurent pris leur retraite qu'on a constaté le dernier des héritages que nous a légués Bobby. Comme je l'ai dit plus haut, l'embauche d'Eagleson par Orr marqua un tournant critique dans les années 60 et celle-ci ouvra la voie aux agents professionnels désireux de représenter les intérêts des joueurs. C'est donc en bonne partie grâce à lui si les salaires ont augmenté à ce point dans la LNH.

En décembre 1966, les Bruins jouaient à Montréal. Bobby était en train de dîner avec Eagleson au Reine-Élizabeth, lorsque deux de ses coéquipiers se pointèrent à leur table et leur demandèrent de bien vouloir les suivre à l'étage supérieur. Eagleson fut surpris d'y trouver toute l'équipe des Bruins. Les joueurs lui demandèrent ce soir-là de former une association des joueurs. Un an plus tard, presque tous les joueurs de tous les clubs de la Ligue nationale s'étaient joints à eux.

Cependant, Eagleson resta prudent. Il rencontra le Canadien en dernier, parce qu'il craignait nos réactions, la mienne en particulier, en tant que capitaine et en raison du poste que j'occupais au sein de l'organisation du club. La direction nous avait toujours bien traités. Dans toute la ligue, on nous considérait comme très conservateurs, parce que nous étions satisfaits de notre condition. Eagleson s'était dit qu'il aurait beaucoup de difficulté à nous convaincre d'adhérer à son association.

Je me souviens très clairement de notre première rencontre. Mes coéquipiers écoutaient Eagleson qui n'arrêtait pas de parler et de vanter un peu trop les avantages d'une association. Il semblait d'ailleurs confondre succès et suffisance. En tant que capitaine, je devais être le plus objectif possible et penser avant tout au bien de l'équipe, que je sois d'accord ou non en tant qu'individu.

Eagleson parlait depuis déjà une heure, quand je me suis finalement levé pour lui dire que j'étais favorable à l'adhésion du Canadien à l'Association des joueurs de la Ligue nationale de hockey. « Ce sera bon pour les plus jeunes », ai-je dit.

Eagleson ignorait qu'une des raisons du succès de l'équipe tenait au fait que, chez le Canadien, chacun était libre de dire ce qu'il pensait. Tout compte fait, je crois que l'Association des joueurs de la Ligue nationale de hockey (AJLNH) a aidé les joueurs, surtout à ses débuts, tout comme, à un moment donné, Alan Eagleson fut bénéfique pour le hockey.

On a beaucoup écrit à propos d'Alan Eagleson et de John Ziegler, cet avocat de Detroit qui fut président de la Ligue de 1977 à 1992, ainsi que du rôle qu'ils ont joué dans le développement de la LNH et du hockey professionnel en général au cours des années 70 et 80. On a écrit encore davantage sur la relation entre Eagleson et Bobby Orr qui a fini par se détériorer et sur les accusations de manœuvres frauduleuses et de fraudes portées contre lui aux États-Unis et au Canada. Son plaidoyer de culpabilité aux accusations portées contre lui au Canada lui ont mérité une peine d'emprisonnement de 18 mois, sa radiation du barreau et sa démission du Temple de la renommée du hockey.

Si j'ai eu personnellement un accrochage avec Alan Eagleson, il concerne la gestion du régime de retraite des joueurs de la LNH, une histoire dont je parlerai dans un prochain chapitre.

10

LE DEUXIÈME ÉTAGE

D'habitude, les joueurs qui acceptent une promotion au sein de l'organisation du Canadien après avoir accroché leurs patins ont leurs premiers contacts avec l'administration, ou ce qu'on appelle entre nous le « deuxième étage », au moment de la conférence de presse au cours de laquelle ils annoncent leur retraite. Dans mon cas, cependant, les premiers balbutiements d'une telle relation remontent à l'époque où je jouais pour les As de Québec.

À la fin de 1951 ou au début de 1952, Zotique Lespérance vint me voir un soir après un de nos matchs. À cette époque, Zotique cumulait plusieurs fonctions. Il était journaliste à *La Patrie*, animateur à CKAC, et vice-président des ventes et des affaires publiques des Brasseries Molson, comme on l'appelait à l'époque. Ce qui nous apparaît aujourd'hui comme un ramassis de contradictions et de conflits d'intérêt était relativement commun dans les années 50. Les journalistes étaient très mal payés et plusieurs arrondissaient leurs revenus en travaillant au noir là où ils le pouvaient, occupant à temps partiel un poste de conseiller en relations publiques pour des équipes sportives ou de gros commanditaires.

« Ce n'est ni le journaliste ni l'animateur de radio qui te parle, me dit Zotique. Je suis ici en tant que délégué de la brasserie Molson. Tu nous intéresses et j'aimerais te dire que si tu décides de venir à Montréal, nous aurons un poste pour toi. »

Cette offre m'avait dérouté, parce que je ne connaissais rien à la bière. Mais je ne l'ai pas oubliée. Cet été-là, de retour à Victoriaville une fois la saison de hockey terminée, je suis allé rencontrer le propriétaire d'un hôtel local qui était également un bon ami de la famille et je lui ai parlé de la proposition que m'avait faite Zotique Lespérance.

« Étant donné ma situation, je ne devrais favoriser aucune brasserie, me répondit-il. Je fais affaire avec toutes les brasseries. Mais si tu me le demandes en tant qu'ami, je dirais que c'est une bonne idée d'aller chez Molson. C'est une entreprise dirigée par une famille qui a une bonne réputation. »

Ce que j'ignorais, bien sûr, c'est que Molson s'intéressait à moi pour une raison bien précise. J'étais le bon athlète (une vedette francophone en plein essor), à la bonne place (à Québec, mais lié à Montréal), au bon moment (au moment où la télévision découvrait le monde des sports et la province de Québec découvrait la télévision).

En 1952, les directeurs des ventes et des relations publiques chez Molson avaient décidé justement de faire massivement appel à la télé pour faire la promotion des nouveaux produits. Molson et Esso Imperial commanditaient conjointement les matchs radiodiffusés du Canadien. Si la société Esso, qui avait la part du lion du temps publicitaire disponible, hésitait à se lancer dans l'aventure de la télévision, Molson était prête à embarquer. Par contre, si Esso conservait son hégémonie à cet égard, la brasserie resterait le commanditaire secondaire des parties du Canadien. Dans ce cas, elle se proposait de devenir le commanditaire numéro un des matchs télévisés du dimanche après-midi de la Ligue senior de hockey du Québec (LSHQ).

Tout dépendait de Frank Selke, le directeur général du Canadien. Si Molson acceptait de l'aider, il serait évidemment disposé à leur renvoyer la balle. Zotique Lespérance le rencontra pendant l'été de 1953 et proposa un arrangement qui serait très avantageux pour les deux parties.

« Je vais me rendre à Québec pour offrir à Jean Béliveau un poste chez Molson à compter de cet automne. Nous avons l'intention de l'intégrer à notre service de promotion. S'il se débrouille bien avec le Tricolore, ou même si ça ne marche pas, il restera notre employé, parce que nous avons la réputation de garder notre personnel!» Zotique n'exagérait pas. Molson était alors une des rares entreprises d'envergure à Montréal ayant instauré une politique d'emploi «du berceau au tombeau», comme on dit. Parmi les autres, il y avait les sociétés de chemins de fer Canadien National et Canadien Pacifique, ainsi que la compagnie de téléphone Bell, Northern Electric et Canadian Marconi.

Frank Selke fut tout à fait convaincu quand Zotique lui présentant une carotte aussi intéressante :

— Bien sûr, Béliveau travaillera pour nous à Montréal pendant sa période de formation. — Mais vint ensuite le bâton. — En échange de la faveur qu'on vous fait en le faisant venir ici, nous voudrions que vous nous cédiez les droits de télévision pour les matchs que les équipes de la Ligue senior disputent au Forum le dimanche après-midi.

— Accordé, conclut immédiatement Selke. Tu peux compter sur moi.

De retour dans la capitale provinciale le 9 août, Zotique m'exposa son point de vue en disant : «Ce poste que t'offre Molson est un gage de sécurité pour toi. Tu commenceras à 10 000 $ par année. Tu profiteras d'avantages sociaux et d'un régime de retraite. C'est beaucoup plus ce que reçoivent les autres stagiaires.» Il avait raison : en 1953, un salaire de 10 000 $ était environ le double ou même le triple du revenu moyen d'une famille de quatre personnes.

Quatre jours plus tard, j'étais à Montréal, dans les bureaux de Hartland de Montarville Molson. Nous avons scellé notre entente en nous serrant la main et ce fut là le début d'une belle relation qui dura plusieurs décennies.

Plus tard cet après-midi, Zotique entra en trombe au Forum et se dirigea droit vers Selke.

— Voilà, Frank! C'est fait. Jean Béliveau commence à travailler pour Molson, à Montréal, au mois d'octobre.

— Et toi, Zotique, tu as les droits télé de la Ligue senior.

Six semaines plus tard, je signais avec le Canadien de Montréal un contrat de 5 ans qui me rapportait 105 000 $ en salaire et en bonis. Ce mois-là, j'ai commencé à travailler chez Molson. J'allais passer les 18 années suivantes à travailler sur la glace pour le Canadien et pour la compagnie Molson. Là, on me considérait, on me traitait et on me payait comme un employé à temps plein, mais je jouissais d'un traitement de faveur ; on me laissait tout le temps dont j'avais besoin pour m'entraîner et jouer au hockey avec le Canadien.

La distinction entre mes deux employeurs est devenue plus vague en 1957 au moment où Thomas et Hartland Molson consolidèrent leurs liens avec l'équipe en achetant du sénateur Donat Raymond la Canadian Arena Company — l'entreprise propriétaire de l'équipe et du Forum.

Bien que j'aie été un des joueurs les mieux payés de la LNH dès le début de ma carrière, je n'ai jamais eu à dépendre uniquement de mon salaire de joueur de hockey. Aucun autre joueur de mon époque n'a eu cette chance que m'a offerte Molson de mener une deuxième carrière parallèle à mes activités de hockeyeur longtemps avant que je songe à quitter le jeu. Inutile de dire que j'ai vite sauté sur l'occasion.

Quand nous étions à domicile, nous pratiquions le matin et nous finissions vers midi. Je prenais ma douche, enfilais mon complet et me rendais ensuite au bureau. C'est ainsi que se déroulaient mes premières années à ce que j'appelle l'École des études commerciales Molson. Chaque année, j'apprenais les rudiments d'un nouveau service : marketing, production, distribution ou relations publiques. Avec le temps, mes responsabilités se sont accrues, si bien qu'en 1962, je devenais directeur des promotions sportives chez Molson Lévis Limitée, une division située à Québec. Élise et moi avons donc acheté une autre maison à Sainte-Foy, où nous habitions cinq mois par année. En septembre à tous les ans, je me présentais au camp d'entraînement du Canadien à Montréal.

En mai 1964, on annonça chez Molson Québec limitée la nomination de Charles L. Dumais au poste de président du conseil d'administration. Paul Falardeau fut promu vice-président exécutif et directeur général et on me nomma vice-président.

Je suis récemment tombé sur une photo de nous trois prise lors de la conférence de presse à Montréal, assis à la table de David Molson, cousin du sénateur et président de la Canadian Arena Company. Nous étions débordants d'énergie, sérieux et compétents, prêts à faire de grandes choses pour la société. À peine trois semaines après cette photo, Charles Dumais perdit la vie alors qu'il était encore beaucoup trop jeune. Il dormait sur son bateau amarré dans le Saint-Laurent, près de Sorel et fut asphyxié dans son sommeil par les émanations qui s'échappaient du réchaud à gaz de son bateau. Ce fut une grande perte pour Molson et pour sa ville d'origine, Québec. Charles était très respecté dans la région et il y aurait laissé sa marque s'il avait vécu.

• • •

Au moment d'accrocher mes patins en 1971, j'avais accumulé une certaine expérience et des souvenirs de deux carrières. Ma première idée pour la « retraite » était de retourner travailler pour la brasserie, mais David Molson et Sam Pollock, directeur général du Canadien, me persuadèrent du contraire.

« Le hockey évolue, me dit David. Il va y avoir beaucoup de travail de relations publiques dans tous les sports professionnels et non seulement au hockey. Tu seras le porte-parole du Canadien. » Ce qu'il me disait était logique et j'étais prêt à tenter ma chance dans les relations publiques. En fait, en tant que capitaine de l'équipe, j'avais agi pendant 10 ans à titre de porte-parole du Canadien. Je fis transférer mon régime de retraite, consolider mes placements et, en juin 1971, j'aménageais au Forum dans un bureau face à celui de Sam avec le titre de vice-président des affaires corporatives.

Je n'ai pas hésité longtemps avant d'accepter ce nouveau poste. J'avais toujours eu beaucoup de respect pour David et une grande admiration pour Sam, qui est sans doute le meilleur homme que le hockey ait connu — et je dis cela sachant que Frank Selke l'a précédé. Quand les gens me demandaient comment le Canadien avait pu connaître autant de succès aussi longtemps, deux noms me venaient immédiatement à l'esprit : Selke et Pollock qui, ensemble, ont veillé sur les destinées de l'équipe pendant 33 saisons, soit de 1946 à 1978.

J'avais rencontré Sam Pollock pour la première fois et joué contre ses équipes chez les juniors. En 1950, son Canadien junior gagna la coupe Memorial. Au début des années 60, il accéda à la Ligue professionnelle de l'Est, avec le Canadien de Hull-Ottawa. Je n'admire pas seulement son incroyable connaissance du hockey, mais aussi son extraordinaire capacité de travail. Lorsqu'il voyait le signe d'une bonne affaire à l'horizon, il pouvait travailler jour et nuit, ne laissant rien au hasard et n'acceptant aucune trouille de dernière minute de la part des autres personnes impliquées. Il recrutait des joueurs et des collaborateurs qui, comme lui, avaient du talent et du cœur à l'ouvrage et qui étaient de vrais gagnants. Sam était un motivateur-né, bien avant que le mot ne devienne à la mode. Il prêchait par l'exemple. Le voir travailler si fort nous donnait des ailes.

Pendant sa longue carrière, il mérita à juste titre tout ce qu'il a pu acquérir. Il commença comme éclaireur au plus bas niveau de l'organisation du Canadien et devint ensuite entraîneur des équipes juniors. Promu chez les seniors pour accéder finalement au hockey mineur professionnel, on le nomma adjoint du directeur général, puis directeur-gérant des joueurs. En 1964, il remplaça son patron Frank Selke.

Je savais que Sam et David Molson étaient à l'époque les champions de l'administration sportive. La liste des entraîneurs et des directeurs généraux qui ont fait leurs armes à l'université Pollock est longue et impressionnante. On y trouve des noms comme Cliff Fletcher (Saint-Louis, Atlanta, Calgary, Toronto), John Ferguson (New York, Winnipeg,

Ottawa), le «prof» Ron Caron (Saint-Louis), Scotty Bowman (Saint-Louis, Buffalo, Pittsburgh, Detroit), Bob Gainey (Minnesota, Dallas, Montréal) et Jacques Lemaire (New Jersey, Minnesota).

Non seulement Sam a-t-il donné vie au Canadien, mais il aida aussi à bâtir la LNH. En 1964-65, alors qu'on commençait à parler sérieusement d'expansion, la ligue forma un comité de directeurs-gérants présidé par Sam qu'elle avait chargé d'étudier la viabilité d'un tel projet. Le comité recommanda à la LNH de doubler ses effectifs et d'implanter des équipes dans les principaux marchés américains, dont la Californie (Los Angeles et Oakland), le Midwest (Minnesota et Saint-Louis) et la zone industrielle de l'Est (Pittsburgh et Philadelphie). C'était là la seule façon pour la ligue d'intéresser un réseau de télévision à ses activités. Le comité a ensuite recommandé que ces nouvelles équipes forment une division de premier ordre quelques années après l'expansion, puisque chacune devait être dotée de joueurs de qualité et commencer tout de suite à jouer dans sa propre division contre des équipes établies. C'est ainsi que les Blues de Saint-Louis de Scotty Bowman, une équipe de vétérans, affrontèrent le Canadien lors des finales de la coupe Stanley en 1968 et 1969.

C'est aussi Sam qui créa le système de repêchage qui consistait à répartir entre un plus grand nombre d'équipes les nombreux joueurs talentueux qui évoluaient alors dans la ligue. Chacune des 6 équipes de la ligue originale pouvait conserver 11 patineurs et un gardien de but. On lui permettait également d'ajouter un nom de sa liste des joueurs non protégés pour chaque joueur perdu au repêchage. Le président de la LNH, Clarence Campbell, avait demandé que les anciennes équipes ne gardent que neuf joueurs, mais les «Six» ne furent pas généreuses à ce point.

Peu importe qu'on ait gardé 9 ou 11 joueurs, la plupart des autres équipes pouvaient s'en trouver affaiblies, mais pas Montréal. Nous avions plus de filiales et plus de joueurs de réserve que tout autre club et notre système de recrutement était le plus sophistiqué et le plus efficace. Comme je l'ai déjà mentionné, Sam fit en sorte que l'expansion tourne à l'avantage du Canadien car il fallait bâtir les nouvelles équipes à même nos effectifs. En vue du repêchage, Sam dressa un inventaire complet de ces effectifs, ce qui explique que plus de 110 joueurs aient participé à notre camp d'entraînement de 1966. Cette année-là, nos éclaireurs travaillèrent encore plus fort que d'habitude. Cela nous permit, lors du grand repêchage de 1967, de garder intactes nos structures, tout en fournissant aux nouvelles équipes plus de bons joueurs que n'importe quelle autre des six équipes d'origine.

Vers la fin des années 40, Frank Selke avait commencé à mettre en place le premier réseau d'équipes-écoles du Canadien. Il continua à s'en occuper avec passion et intelligence, jusqu'à ce qu'il cède son poste à Sam Pollock, qui devint directeur-gérant. Ces joueurs que nous « faisions pousser dans nos jardins » mais que nous ne pouvions garder, Sam les vendait une ou deux fois par année et pour ensuite réinjecter les profits directement dans le réseau. D'autres équipes tentèrent tant bien que mal de nous imiter, mais Sam avait toujours deux ou trois longueurs d'avance. Alors que le comité évaluait le potentiel que présentait la nouvelle ligue pour la diffusion des matchs, Sam comprit sur-le-champ que les ligues mineures, auxquelles la télévision était évidemment moins intéressée, auraient la vie dure. Il fut le premier directeur-gérant à se défaire de plusieurs filiales.

L'expansion offrait au Club de hockey Canadien l'occasion de rentabiliser ses opérations et de faire des profits avec les joueurs de réserve qu'elle avait mis des années à former pour ensuite utiliser ces profits dans le but de consolider l'équipe à moyen et à long terme. Sam céda un grand nombre de joueurs en échange de premiers choix au repêchage afin de pouvoir mettre la main sur les deux meilleures recrues francophones du pays à l'époque, soit Réjean Houle et Marc Tardif. Bref, le Canadien de Montréal gagna sur tous les plans. En tant que joueur et capitaine de l'équipe, j'étais bien placé pour savoir que les talents de Sam suscitaient l'admiration de tous. On comprendra que l'idée de monter au « deuxième étage » pour travailler aux côtés de cet homme m'ait semblé un grand privilège. C'était mon rêve, en fait.

Cet automne-là, je me joignis donc à Sam et à son équipe de relations publiques, composée de Camil DesRoches et Claude Mouton, que j'ai embauchés, et nous avons impliqué davantage l'équipe dans la communauté lors de campagnes de financement pour des œuvres de charité, de cliniques de sang et en participant à diverses manifestations culturelles. De tels programmes font aujourd'hui partie du quotidien de toutes les équipes sportives professionnelles, mais à l'époque, nous innovions. C'était le début d'une ère nouvelle. Nous avions compris que des fonctions autrefois méprisées, comme les relations publiques et les communications, allaient devenir plus importantes au cours des années à venir. Sam me chargea de surveiller leur développement.

Quelques mois après mon entrée en fonction, la filière Molson fut brisée. En effet, afin de profiter de divers avantages fiscaux, la famille vendit l'équipe à un consortium dirigé par Edward et Peter Bronfman et par John Bassett de Toronto. Ce dernier se retira après un an, laissant les frères Bronfman seuls maîtres à bord. Sept ans plus tard, on revendit l'équipe à la brasserie Molson du Canada pour vingt millions de dollars, après une guerre d'enchères avec sa rivale, la brasserie Labatt du Canada. Les Bronfman ont conservé la Canadian Arena Company, qui était propriétaire du Forum, et Molson signa alors un bail de 10 ans afin de pouvoir l'utiliser.

J'étais très heureux d'accueillir mes amis et anciens compagnons de travail de chez Molson, mais je dus en même temps faire mes adieux à Sam Pollock. Après sept ans passés chez les Bronfman, Sam avait acquis un nombre important d'actions dans les entreprises familiales, dont Edper Investments et la Canadian Arena Company. À 52 ans, il était arrivé à un tournant important de sa vie. Sous sa gouverne, le Canadien s'était établi de nouveau comme une équipe très puissante et venait de remporter trois coupes Stanley d'affilée.

« Je suis dans le monde du hockey depuis que je suis sorti de l'école, m'a-t-il expliqué. Le temps est venu pour moi d'aller tenter ma chance ailleurs. J'ai une occasion extraordinaire de continuer chez les Bronfman et je vais la saisir. » Il est inutile de préciser que le milieu des affaires admirait autant que celui du hockey les talents de Sam pour la gérance et l'administration. On l'a donc nommé président du conseil d'administration de la John Labatt and Company à Toronto.

Une seule chose inquiétait Sam au moment où il quitta le Canadien. Qui le remplacerait au poste de directeur-gérant ? Il n'était pas dans sa nature de laisser les choses en suspens et la question de sa succession le tourmentait.

Morgan McCammon, que Molson avait désigné comme président de l'équipe, nous rencontra à deux reprises, Sam et moi, pour discuter de la question. Le candidat favori — je veux dire ici celui à qui les médias ont pensé sur-le-champ et qui avait mené la campagne la plus active pour obtenir le poste — était l'entraîneur Scotty Bowman.

Scotty avait été formé par Selke et Pollock. Il avait travaillé au sein de l'organisation du Canadien comme entraîneur et éclaireur, après qu'un malencontreux coup de bâton de Jean-Guy Talbot lui eut fracturé le crâne, ce qui avait mis fin à sa carrière avec le Canadien junior (entraîné par Sam Pollock à l'époque, au début des années 50). Au moment de l'expansion de 1967, il quitta son poste d'assistant auprès de Sam pour devenir entraîneur des Blues de Saint-Louis, où il fit un travail extraordinaire. Il revint ensuite à Montréal après que nous eûmes remporté la coupe Stanley en 1971. En huit saisons, de 1971-72 à 1978-79, il remporta cinq coupes Stanley et, avec Al Arbour des Islanders de New York et Freddie Shero de Philadelphie, Bowman était considéré comme un des entraîneurs les plus talentueux de la ligue. Scotty avait certes ses petites manies, mais il avait fait ses preuves derrière le banc des joueurs. Il a plus tard remporté quatre autres coupes Stanley pour un impressionnant total de neuf en plus d'avoir cumulé au-delà d'un millier de victoires, deux records de tous les temps pour un entraîneur-chef de la Ligue nationale.

L'ennui était que ses performances ailleurs dans les coulisses n'étaient pas aussi reluisantes. Dès qu'il avait une confrontation avec un de ses hommes, peu importe la raison, il courait au bureau de Sam pour lui demander d'échanger immédiatement le joueur en question. Avec toute son expérience et la sagesse dont il pouvait faire preuve, Sam parvenait à le calmer et à lui faire comprendre qu'aucun joueur au monde ne pouvait donner le meilleur de lui-même pendant 80 matchs d'affilée. Cependant, Scotty se disputait fréquemment avec certains de ses joueurs les plus colorés, en particulier Pete Mahovlich. Mais avec Bowman aux commandes, il semblait probable de voir notre équipe changer d'une année à l'autre, pour ne pas dire d'une heure à l'autre.

Il y avait un hic, bien sûr, si on se rangeait contre lui. Scotty avait mené une campagne médiatique très efficace pour obtenir le poste et la liste des candidats était vraiment très courte. En fait, selon plusieurs observateurs, elle ne comprenait qu'un seul nom. Comme tout directeur-gérant se préparant à quitter son poste, Sam Pollock avait pris soin de ne pas se prononcer sur les candidats, mais je suis certain que son idée sur Scotty était faite depuis longtemps.

Irving Grundman, qui avait appris à connaître très bien le hockey et la façon de gérer ce sport pendant les sept années qu'il a passées en tant qu'assistant de Sam, était aussi intéressé au poste. C'était un homme tranquille et réfléchi, qui pesait toujours prudemment le pour et le contre avant de formuler une opinion. Sam et moi étions unanimes à dire que le poste lui revenait, tout comme Morgan McCammon.

Vous devez avoir vraiment de bonnes raisons pour voter contre un homme que presque tout le monde choisit comme l'éventuel successeur. Le président et les membres du conseil d'administration voudront savoir ce qui se passe et connaître les raisons qui ont motivé votre choix. Mes opinions et celles de Sam étaient connues, mais uniquement d'un très petit cercle de collaborateurs. Après tout, il restait encore un an à Scotty derrière le banc du Canadien si l'on se fie à son contrat. Comme on le sait, il est resté à Montréal pour une autre saison avant de partir pour Buffalo où il est devenu entraîneur et directeur-gérant des Sabres.

On m'a demandé déjà si je croyais que la performance de Scotty comme directeur-gérant des Sabres de Buffalo venait confirmer notre décision. Il est difficile de répondre à cette question. D'une part, il n'a pas connu un succès absolu, puisqu'il avait remporté 216 matchs sur 404 et obtenu une moyenne de 0,500 en séries. Je considère qu'il était un entraîneur formidable, mais un directeur-gérant trop impatient et impulsif. D'autre part, Irving Grundman n'était pas parfait non plus. Il était, bien sûr, respecté de tous en tant qu'individu et homme d'affaires. Il n'a jamais prétendu connaître le hockey autant que Sam Pollock, mais il a fait de grands efforts pour comprendre le jeu alors qu'il était directeur-gérant du Canadien (le nom qu'on donnait alors au poste de directeur général). Lorsque j'y repense, je ne crois pas que Sam et moi ayons fait une erreur en optant pour Irving plutôt que pour Scotty, ne serait-ce que pour la raison suivante : je doute que les choses aient pu mieux se passer avec qui que ce soit d'autre.

Je sais que notre décision a blessé Scotty. Il n'a d'ailleurs pas caché sa déception la saison suivante. Je sentais qu'il était profondément malheureux, même si l'équipe termina la saison en tête et remporta sa quatrième coupe Stanley d'affilée.

• • •

L'équipe des années 70, qui remporta six coupes Stanley, avait été mise sur pied par Sam Pollock. Elle était son chef-d'œuvre et témoignait de ses talents et de sa vision. J'ai raconté plus haut comment, en faisant l'acquisition de Frank Mahovlich, Sam a permis au Canadien de décrocher la coupe Stanley en 1971, l'année où j'ai pris ma retraite. Encore en

1973, alors que John Ferguson et moi avions accroché nos patins, la présence de Frank stimula grandement son frère Peter. Frank, un vétéran solide et expérimenté, joua également un rôle de premier plan dans le vestiaire, avec Henri Richard, qui m'avait succédé comme capitaine, Jean-Claude Tremblay, Terry Harper et Jacques Laperrière. Le Canadien formait alors une équipe possédant un bon noyau de joueurs d'expérience avec Serge Savard, Guy Lapointe, Yvan Cournoyer, Jacques Lemaire et Claude Larose, et plusieurs jeunes joueurs comme Yvon Lambert, Steve Shutt, Guy Lafleur, Marc Tardif, Réjean Houle, Murray Wilson, Larry Robinson et Ken Dryden.

Après que Frank, Tremblay, Houle et Tardif quittèrent pour l'Association mondiale de hockey et que Jacques Laperrière eut pris sa retraite après la coupe de 1973, Lemaire, Cournoyer, Savard, Jim Roberts et Lapointe prirent les rênes de l'équipe pour assurer ainsi, avec Henri Richard, le leadership dont celle-ci avait besoin de la part des vétérans. Le système mis en place par Sam continua à produire de nouveaux joueurs tels Bob Gainey, Doug Jarvis, Doug Risebrough, Mario Tremblay, Bill Nyrop, John Van Boxmeer, Michel Plasse et Michel (Bunny) Larocque. Pendant ce temps, des équipes comme les Bruins, les Hawks et les Leafs, étaient littéralement dévastées par les défections de leurs joueurs vers l'AMH.

Sam ne connut qu'un seul revers, quoique mineur, au cours des années 70. Ken Dryden, qui avait interrompu ses études en droit à McGill pour aider le Canadien à décrocher deux coupes Stanley, exigea pour continuer un salaire que Sam jugea exorbitant. Quant à l'AMH, elle offrait aux gardiens de but d'expérience jusqu'à 100 000 $ par année et Dave, le frère aîné de Ken, qui était aussi gardien de but, venait d'accéder à la nouvelle ligue.

Dryden considérait qu'il méritait bien plus dans ce marché surchauffé, mais Sam resta inflexible, refusant de changer quoi que ce soit à l'échelle des salaires qu'il avait établie en tenant compte de l'ancienneté et de l'expérience. Voyant qu'il n'obtiendrait pas gain de cause, Dryden quitta l'équipe pour travailler dans un cabinet d'avocats de Toronto à 135 $ par semaine.

Sam ne discuta jamais vraiment du cas Dryden avec qui que ce soit, surtout pas pendant la saison de 1973-74, alors que ce dernier était absent, mais je sentais, moi qui le côtoyais quotidiennement, qu'il y pensait beaucoup. Un joueur venait de renoncer à une jolie somme d'argent pour ne pas perdre la face — ce qui ne s'était jamais vu — et ce joueur était un athlète que Sam admirait grandement.

Sam ne semblait pas comprendre la personnalité de Ken, pas plus que ses coéquipiers. Nous savions qu'il était un joueur des ligues universitaires qui s'était inscrit à l'école de droit de McGill au moment où il joignit nos rangs à la toute fin de la saison 1971. Cela ne s'était pas vu souvent dans notre vestiaire. J'avais toujours encouragé mes coéquipiers à respecter la personnalité de chacun, parce qu'il faut de tout pour faire une bonne équipe. En tout cas, Ken montra rapidement de quoi il était capable et continua à impressionner tout le monde pendant la saison suivante à l'issue de laquelle il se mérita le trophée Calder décerné à la meilleure recrue de la ligue.

Ayant été son capitaine pendant deux mois et ayant pu l'observer ensuite depuis le « deuxième étage », il me semblait que Ken était un être plutôt distant qui ne se mêlait pas vraiment à l'équipe. Ce n'était pas par égoïsme ou par manque de solidarité, loin de là. Ken était à la fois un participant et un observateur. Après ce stage à Toronto, Ken réintégra les rangs du Canadien qui alla chercher une autre coupe Stanley. Sam fut le premier à reconnaître l'importance de Dryden dans le retour en force de l'équipe.

Malgré tout, Sam devait trouver qu'il était déconcertant de négocier avec Dryden au début. Pollock était, sur le plan fiscal, un conservateur qui croyait dans l'approche traditionnelle consistant à récompenser un joueur pour les services rendus et les championnats remportés. Je n'ai jamais eu de problème à négocier mon salaire avec lui et nous étions toujours sur la même longueur d'onde lorsque nous parlions contrat. Une fois de plus, j'ai pris ma retraite avant que l'AMH ne provoque cette flambée des salaires ridicule, de sorte que je n'ai pu en bénéficier alors que j'étais encore joueur.

On m'a évidemment offert la possibilité de jouer dans la nouvelle ligue et d'y faire énormément d'argent. Il allait de soi en effet que les Nordiques de Québec, qui faisaient partie de la première vague de l'AMH, tentent d'embaucher les deux joueurs qui avaient été les plus importants aux yeux du public de Québec, soit Guy Lafleur et Jean Béliveau. Dans le cas de Guy, c'était impossible, car il avait signé avec le Canadien un contrat de trois ans dont il restait encore deux ans et une année d'option.

Quant à moi, j'étais en quelque sorte peu intéressé. En 1971, Jacques Plante était le directeur-gérant des Nordiques, alors que Paul Racine, un des principaux bailleurs de fonds de l'équipe, était propriétaire de centres commerciaux et je le connaissais depuis longtemps. Autrement dit, ces deux hommes qui me présentaient une offre, connaissaient l'argent. Ils connaissaient le hockey et me connaissaient également très bien. Plante avait été mon coéquipier pendant plusieurs années, alors que Racine était un vieil ami chez qui, du temps des juniors, j'étais occasionnellement allé prendre une bière en fin de soirée. Avec eux, je me retrouvais un peu comme en famille.

Paul était ambitieux et déterminé. C'est lui qui entreprit la construction de l'immense centre commercial Laurier à Sainte-Foy et de plusieurs autres centres aux États-Unis. Il avait des investisseurs, mais il menait lui-même les négociations et il est devenu très riche au moment où on lui donna le poste de premier président des Nordiques.

Paul et Jacques m'ont offert un contrat de quatre ans en me garantissant le montant complet, soit des millions de dollars, même si je ne pouvais jouer qu'une seule saison.

« Quelle que soit votre offre, je ne retournerai pas jouer, leur dis-je d'entrée de jeu. Dix millions, vingt millions, peu importe. J'ai 40 ans, presque 41. Je ne peux plus offrir la même qualité de jeu qu'avant. Si je le pouvais et si cela m'intéressait encore, c'est pour le Canadien que j'irais jouer. »

J'ai compris qu'ils cherchaient non seulement à obtenir mes talents de joueur. Ils voulaient pouvoir afficher le nom de Béliveau sur la marquise du Colisée et sur leurs programmes. Cela les aurait aidés à vendre des billets de saison. Ils était tous deux persuadés qu'ils y parviendraient mais, en tant qu'ancien joueur (qui retourna au jeu peu de temps après), Jacques Plante comprit immédiatement mon attitude.

Je sais que certains sont revenus au jeu après quelques années d'absence, mais il m'a toujours semblé que c'était une erreur de ressusciter le passé. Jacques Plante fit exception à la règle, mais il était gardien de but, pas attaquant, et ses réflexes étaient toujours bien aiguisés. Chacun doit se demander : « Serai-je utile à mes coéquipiers ? Serai-je productif ? Ou vais-je simplement rendre service aux propriétaires de l'équipe qui se servent de mon nom pour remplir leur amphithéâtre ? » Si un joueur est satisfait de jouer ce type de hockey, marquer 15 buts et se convaincre qu'il réussit son retour au jeu, tant mieux pour lui. Tout ce que je peux dire, c'est qu'après qu'on a appris cette histoire sur l'offre des Nordiques, j'ai reçu énormément de lettres de Québec. La plupart des gens me félicitaient d'avoir résisté à prendre une décision qui aurait été cynique et d'avoir refusé l'offre des Nordiques.

Le Canadien des années 70 était une équipe de vedettes, dont plusieurs ont été intronisées au Temple de la renommée : Yvan Cournoyer, Ken Dryden, Guy Lafleur, Larry Robinson, Serge Savard, Guy Lapointe, Steve Shutt et Bob Gainey. Tous ont participé quatre années de suite à la parade de la coupe Stanley sur la rue Sainte-Catherine. À plusieurs égards cependant, Jacques Lemaire, surnommé « Coco », fut le plus important de tous. L'ayant côtoyé au sein de l'équipe, je comprends pourquoi ses coéquipiers le qualifiaient d'homme tranquille. Il n'était peut-être pas très haut en couleur, mais il fut un leader très précieux qui mettait en pratique sur la glace les conseils qu'il donnait à ses coéquipiers dans le vestiaire.

Si Ken Dryden était instruit et un vrai intellectuel au sens du terme, Jacques Lemaire était, quant à lui, un intellectuel du hockey, ce que peu de gens n'ont réalisé qu'après qu'il eut accroché ses patins. Il enregistra les buts gagnants lors des matchs décisifs des séries de la coupe Stanley, en 1978 et en 1979. Il sut également tirer profit au maximum du talent de Guy Lafleur. Malgré tout, je pense qu'il marqua davantage le hockey après qu'il eut mis fin à sa carrière de hockeyeur, et il continue de le faire encore aujourd'hui.

Après sa retraite en tant que joueur, Jacques est devenu entraîneur en Europe, dans les ligues collégiales américaines et dans la Ligue de hockey junior majeure du Québec, avant de revenir chez le Canadien. Il était assistant de Bob Berry qu'il remplaça à la fin de la saison 1984-85. Le Canadien jouait alors sous la barre de 0,500 pour la première fois en 25 ans. Lemaire les mena presque à la finale de la coupe Stanley. Il démissionna ensuite de son poste d'entraîneur et devint le bras droit de Serge Savard en 1985. Savard et Ronald Corey étaient tous deux impressionnés par le travail de dépistage de Lemaire et les résultats qu'il avait obtenus pour le club. Il étudiait chaque joueur de la ligue, un peu comme Sam Pollock le faisait. Quand arrivait le temps des échanges et du repêchage, il sortait son dossier et se livrait à des évaluations instantanées et étonnamment précises.

Lemaire fut un des principaux artisans de nos victoires de la coupe Stanley de 1986 et de 1993, alors qu'il aida Savard à identifier et à recruter des joueurs de talents comme Bobby Smith, Gaston Gingras, Brian Skrudland, Mike Lalor, Kirk Muller, Vincent Damphousse et Brian Bellows. Il ne fait aucun doute que c'est un des connaisseurs les plus éclairés du hockey. Son départ fut une perte pour le Canadien, mais je pense qu'il a bien fait d'accepter l'offre du New Jersey. Il avait très envie de retourner derrière le banc et il savait qu'il ne pouvait le faire à Montréal où les médias rendent cette mission terriblement périlleuse. Avec, à ses côtés, Larry Robinson, qui s'occupait des défenseurs, il montra de quel bois il se chauffait avec les Devils et remporta la coupe Stanley. Encore aujourd'hui, il continue son œuvre avec le Wild du Minnesota, une des équipes d'expansion les plus prometteuses de la dernière cuvée.

Je sais que Scott Stevens, capitaine des Devils et vénérable vétéran de la ligue, rendit un vibrant hommage au tandem Lemaire-Robinson (et, à travers eux, au Canadien de Montréal) lors des séries de 1994. Ses paroles ont été rapportées par le journaliste Réjean Tremblay de *La Presse* :

> «Je ne pouvais imaginer à quel point j'avais encore à apprendre. Larry m'a montré comment mieux tenir ma position et rester patient sur la glace. J'avais tendance à m'impliquer trop rapidement dans le jeu et on me prenait ensuite en défaut. Il m'a aussi enseigné plusieurs petits trucs qu'il avait appris alors qu'il évoluait avec le Canadien : comment tenir mon bâton quand un adversaire fonce sur moi ; comment ne pas réagir aux feintes, etc. Larry et Lemaire sont des instructeurs-nés. Ils ont eux-mêmes appris des meilleurs. Chez le Canadien, on apprend aux jeunes joueurs quoi faire. C'est pourquoi, bon an mal an et depuis très longtemps, le Canadien de Montréal est si fort. »

Au moment de ma deuxième retraite du Canadien en 1993, Frank Selke et Sam Pollock avaient depuis longtemps quitté les bureaux du « deuxième étage ». Toe Blake et Scotty Bowman n'étaient plus derrière le banc des joueurs depuis belle lurette. Mais l'esprit de ces hommes habite toujours l'équipe, leurs leçons ont été et seront reprises de génération en génération, tant sur la glace qu'au « deuxième étage », et partout où l'on pratique ce sport merveilleux qu'est le hockey.

11

QUESTION D'ARGENT

Le 14 septembre 2004, le Canada battait la Finlande pour remporter la Coupe du monde. Le lendemain, la Ligue nationale de hockey mettait ses joueurs en lock-out, alors que les négociations se sont poursuivies pendant cinq mois. Le 16 février 2005, la LNH annonçait qu'elle annulait la saison 2004-05.

Dans le cadre de conférences de presse distinctes, Gary Bettman, commissaire de la LNH et Bob Goodenow, directeur exécutif de l'AJLNH présentaient des portraits pessimistes comparables du gouffre séparant les joueurs des propriétaires. Ils avaient assisté tous deux à une douzaine de rencontres et séances de négociation, sans compter qu'ils subissaient de toutes parts une pression considérable pour en venir à une entente. Mais à la fin, ils ont dû reconnaître qu'ils avaient échoué.

« Même la saison prochaine pourrait être compromise, de déclarer le commissaire. Les deux parties en sont au même point que le 15 septembre et campent sur leurs positions. »

Ayant suivi cette saga de près pendant des mois, il m'apparaissait évident qu'aucun n'allait céder. Comment pourraient-ils le faire ? Au cours des trois saisons précédentes, ils avaient tous deux promis qu'ils ne céderaient pas un pouce au moment de signer une nouvelle entente à l'automne 2004. Le milieu du hockey s'entendait généralement pour dire qu'il y aurait grève ou lock-out en septembre 2004 et que celui-ci serait long. Lorsque le décompte a débuté, les deux parties ont tenu leur promesse.

L'annonce de l'annulation de la saison le 16 février arriva un an et quatre jours après que la ligue ait asséné un dur coup à l'Association des joueurs de la Ligue nationale de hockey. Ce jour-là, le conseiller en finances Arthur Levitt annonçait que les pertes de 273 millions $ que la LNH avait subie en 2002-03 malgré des recettes de 1,996 milliard $ menaçaient l'avenir même de la ligue. Levitt, un ex-président de la U.S. Securities & Exchange Commission, venait de conclure une étude indépendante sur les finances de la LNH qui lui avait demandé trois mois. Alors que l'Association des joueurs (AJLNH) ne tarda pas à remettre en question ses chiffres et son impartialité, je me souviens avoir lu cet article dans un journal et, pour la première fois, je m'inquiétais vraiment de la santé du hockey professionnel.

Au moment où j'entrepris ma carrière, une association ou un syndicat des joueurs était le pire cauchemar des propriétaires, mais le désir le plus cher d'un joueur. Ce n'est qu'en 1967, tout juste avant l'expansion, que la LNH reconnut finalement l'Association des joueurs de la Ligue nationale de hockey comme étant l'unique représentant de tous les joueurs embauchés par les différentes équipes de la ligue. En 1968, Alan Eagleson, récemment nommé au poste de directeur exécutif de l'AJLNH, déclarait que les joueurs devaient recevoir une part des droits de télévision et de la manne des frais d'expansion qu'on estimait à deux millions de dollars pour chacune des six nouvelles équipes. La première convention collective entre la LNH et l'AJLNH vit le jour en mai 1976, suivie d'une deuxième en août 1981. À la fin des années 80 et au début des années 90, on avait raison de déclarer que le syndicat et la ligue se trouvaient sur un pied d'égalité. C'est en 1992 que l'équilibre s'est rompu.

C'est d'ailleurs sur ce déséquilibre que repose la dernière ronde d'hostilités. La LNH tente aujourd'hui de reprendre sa position de force face aux joueurs, ce qui explique notamment la durée du dernier conflit. La nouvelle convention nous permet-elle de croire que la ligue a repris cette position de force face aux joueurs ? L'avenir nous le dira. J'ai observé à quel point la ligue et les joueurs étaient de plus en plus en désaccord au cours des ans et je crois qu'on a semé depuis déjà quelques décennies les germes de cette défiance et de cette animosité.

• • •

Au début des années 70, Bob Baun, un joueur des Maple Leafs et des Red Wings qui venait de prendre sa retraite, tentait de s'adapter à la vie après le hockey et de mettre de l'ordre dans ses finances. Il se demandait la raison pour laquelle une carrière de 16 saisons dans la LNH ne lui rapportait que 7600 $ par année en revenus de retraite. Encore plus déconcertant, il ne pouvait comprendre la raison pour laquelle Gordie Howe, qui avait consacré 36 ans de sa vie à la LNH, ne recevait que 14 000 $ par année.

Ces modestes recettes reflétaient les piètres débuts du régime de retraite. En 1947, on organisa à Chicago un match de hockey spécial entre les champions de la coupe Stanley de l'époque et une équipe d'étoiles provenant des cinq autres clubs afin de recueillir des fonds à des fins de charité. Trente-cinq pour cent des recettes étaient versées dans ce qu'on appelait le Fonds d'urgence des joueurs, alors qu'on remettait le reste à des organismes de charité locaux. L'année suivante, on procéda à la création d'un régime de retraite plus officiel à partir de contributions versées régulièrement par les joueurs et la ligue. La contribution des équipes comprenait les recettes du match des étoiles et une redevance sur tous les billets vendus lors des séries. Au début des années 50, je versais 900 $ par année, une somme colossale à l'époque. Par la suite, ma contribution annuelle est passée à quelque 1500 $.

Alors que le fonds était administré par la NHL Pension Society, qui appartenait à la ligue, deux représentants de l'association des joueurs siégeaient sur le conseil. En 1969, Alan Eagleson approuva une entente en vertu de laquelle la ligue financerait le régime à elle seule. Les propriétaires ont alors prétendu qu'il n'était plus nécessaire que des joueurs siègent sur le conseil. Eagleson accepta cet argument et on remet encore en question les raisons qui l'ont poussé à agir ainsi. À mes yeux, il a eu tort d'accepter. Un processus d'examen était indispensable afin qu'on puisse savoir ce qu'on faisait de notre argent.

J'avais toujours préparé un état financier personnel à la fin de chaque année et le montant de ma pension est le seul point que je n'ai jamais pu chiffrer comme je l'aurais souhaité. Au début des années 80, alors que les taux d'intérêt ont atteint 18 à 20 %, on permettait aux Canadiens de transférer leurs pensions dans des REER et je l'ai fait. J'ai toujours considéré que l'intérêt versé sur les montants investis dans un fonds de retraite était insuffisant mais, comme je l'ai déjà dit, je n'avais pas de chiffres fiables pour appuyer cette opinion.

Bob Baun et son coéquipier, le défunt Carl Brewer, partageaient également de telles préoccupations et ils ont consacré un temps et des sommes énormes pour bien comprendre le système de retraite des joueurs. D'autres ex-joueurs se sont alors joints à eux dans cette aventure, dont Eddie Shack, Andy Bathgate, Gordie Howe et Bobby Hull. Cependant, la ligue leur ferma carrément la porte à toute demande d'information concernant la gestion du fonds et cette situation dura plusieurs années.

En 1990, un groupe de Toronto, dont faisaient partie Brewer et Shack, fit appel à l'avocat Mark Zigler et lui demandèrent d'étudier le régime de retraite. Il constata que celui-ci présentait un excédent d'environ 25 millions $ et découvrit que les propriétaires de la ligue en avaient utilisé une partie — soit environ 13 millions $, je crois — en prétextant une suspension des cotisations. Les propriétaires prétendaient que s'il y avait vraiment un excédent, ils n'auraient pas à injecter de nouvelles sommes. Les ex-joueurs considéraient plutôt qu'on aurait dû ajouter l'excédent au fonds et le verser ensuite aux joueurs retraités en augmentant leurs prestations. Ceux-ci étaient prêts à s'adresser aux tribunaux pour établir la validité de leur créance et en 1991, ils intentèrent une poursuite contre le président de la LNH John Ziegler, la NHL Pension Society et les propriétaires de la LNH.

Pour résumer, on fit la lumière sur certaines irrégularités dans l'administration du fonds et après 4 années de disputes devant les tribunaux, la Cour fédérale de l'Ontario donna raison aux joueurs qui prétendaient que l'excédent de 41 millions $ leur appartenait. La décision profita alors à quelque 1300 ex-joueurs et ses répercussions se font encore sentir à la grandeur de la ligue. De plus, cette décision contribua éventuellement à mettre fin à la carrière dans la LNH du président John Ziegler et du directeur exécutif de l'AJLNH. Alan Eagleson.

Je travaillais dans le bureau du Canadien, au sein de la direction, alors que ce conflit avait lieu, mais je n'avais aucune difficulté à donner raison aux joueurs de l'équipe et à plaider contre la ligue. La situation était délicate à certains égards. Le Canadien avait très bien traité ses anciens joueurs au cours des ans en leur permettant d'utiliser gratuitement le Forum pour y tenir, par exemple, des matchs d'exhibition ou des séances de patinage dans le but de recueillir des fonds. J'ai dû dire au président de l'équipe que nous voulions utiliser une partie de ces recettes pour financer une poursuite contre l'équipe et ses partenaires de la LNH. D'après moi, aucun projet n'a contribué autant au bien-être des ex-joueurs et les anciens ont fait parvenir une contribution de 25 000 $ pour aider à défrayer les frais juridiques des joueurs.

Je n'avais aucun problème à favoriser autant les joueurs que la ligue après m'être retiré du jeu, et ce, pour une raison très simple : grâce à Sam Pollock, je faisais partie des deux ou trois joueurs les mieux payés de la ligue. Mon salaire de 100 000 $ canadiens en 1970-71 était le plus élevé de tous. Malgré tout, travaillant à titre de gestionnaire pour Molson entre les saisons, je connaissais la façon dont la direction prend normalement ses décisions et je comprenais que les cadres de l'entreprise n'adoptent pas des positions contradictoires pour le simple plaisir.

À certains égards, j'étais un pion dans ce jeu d'argent avant même que s'amorce ma carrière dans la LNH, en ajoutant à mon salaire avec les As de Québec les revenus de mes fonctions au sein des commanditaires de l'équipe. Mon association avec Molson débuta avant que je signe pour le Canadien et s'est poursuivie longtemps par la suite. Au moment où j'accédais à la LNH, j'arrivais les poches pleines, de sorte que Frank Selke a dû m'offrir un contrat faramineux et dont on avait parlé grandement pour obtenir mes services. Peu de temps après, il dénoua une fois de plus les cordons de sa bourse pour s'assurer de rémunérer aussi bien le Rocket. Quant aux Red Wings, ils avaient dû en faire autant pour Gordie Howe. À cette époque, la structure salariale de la ligue n'en subissait aucun contrecoup et pendant des décennies, les joueurs ont évolué en ignorant totalement ce que gagnaient leurs coéquipiers. De nos jours, il suffit de quelques secondes pour connaître les salaires de tous les joueurs de la ligue en consultant Internet. Personne ne s'y oppose, surtout pas les agents.

Comment est-on passé de cette époque où la ligue ne comportait que six équipes et fonctionnait à la façon d'un réseau conservateur de vieux copains pour en arriver à la situation actuelle où le jeu se trouve pris en otage pour des questions d'argent qui ont pris une tournure démesurée ? Il existe au moins quatre réponses à cela :

- L'expansion : la croissance de la LNH, qui est passée de 6 à 12 équipes en 1967 et à laquelle se sont greffées de nouvelles équipes à tous les 2 ans jusqu'à ce que l'on atteigne le chiffre de 30 en 2000.
- La télévision : l'avènement de la télévision en couleur, de la télévision par câble et ensuite de la télévision par satellite a permis au sport professionnel d'occuper une place de premier choix dans l'univers du divertissement.
- L'Association mondiale de hockey (AMH) : cette ligue rivale est venue bouleverser la structure salariale de la LNH en 1972 en plus d'avoir contribué à l'expansion, alors que quatre équipes se sont jointes à la LNH au moment de la fusion des deux ligues en 1979.

– Les nouvelles sources de revenus : la découverte, par les clubs, de nouvelles et multiples sources de revenus lucratives à partir des années 80.

Les historiens du hockey accordent peu d'attention à la période entre 1967 et 1975 alors que tous ces facteurs ont fomenté une attaque irréversible contre la suprématie des propriétaires.

Dès 1967, la ligue envisageait l'expansion pour assurer son avenir financier. Les propriétaires se sont enrichis grâce aux frais d'expansion — soit ces sommes que les nouvelles équipes devaient verser pour faire partie de la LNH —, mais on en a refilé très peu aux joueurs. Chaque fois qu'on soulevait la question lors des négociations, la ligue répondait d'un ton suffisant que l'expansion profitait amplement aux joueurs en créant davantage d'emplois dans la ligue la plus en vue du sport professionnel. La frustration ne cessait de croître chez les joueurs et on commença à parler de « grève », quoique peu de joueurs de cette génération pussent imaginer ce qu'aurait impliqué une telle décision.

À la fin des années 60 et au début des années 70, la manie de l'expansion touchait presque tous les sports professionnels d'envergure, alors que la LNH, la NBA, le baseball majeur et la NFL ont formé des ligues qui s'étendaient d'un océan à l'autre par des fusions ou en admettant de nouvelles équipes. Cependant, la télévision était derrière tout cela. L'économie du sport professionnel et la popularité croissante du sport télévisé ne font qu'un.

Les réseaux ont vite réalisé que la diffusion des matchs représentait une mine d'or et qu'une partie de cette richesse retournait dans les poches des ligues et des équipes. Cependant, le premier boom est survenu au moment où la télévision en couleur a fait son arrivée sur le marché au milieu des années 60. Les réseaux ont soudainement demandé qu'on perfectionne, sur le plan technique, les installations sur le terrain et sur la glace afin d'améliorer ainsi la qualité de leurs images.

En peu de temps, il était aussi excitant de regarder un match à la télévision que d'y assister en personne.

On a dû donner une teinte bleutée à la glace pour qu'elle paraisse blanche à la caméra et on a installé un système d'éclairage spécial pour rehausser l'effet des couleurs. Lorsque le nouvel éclairage fit fondre la glace, on a dû envisager d'autres solutions, dont des systèmes de climatisation dispendieux qui ont permis de résoudre le problème de la chaleur causé par les projecteurs et lorsque la saison se prolongeait jusqu'au début de l'été.

La première expansion de la LNH alors qu'elle ne comptait que six équipes fut motivée par le désir d'obtenir un contrat de télévision des réseaux américains. CBS a effectivement diffusé des matchs pendant une brève période, mais cette entente avait pris fin avant même que je quitte le jeu. La ligue n'a pu signer un autre contrat d'importance avec un réseau américain depuis ce temps. La LNH s'est adressée plutôt aux réseaux par câble et par satellite qui permettaient de diffuser les matchs en temps réel, favorisant ainsi certaines innovations tel le programme double du dimanche de la NFL. Il en a donc résulté quelques disparités dans la LNH : les équipes évoluant dans des marchés plus vastes pour la télévision pouvaient ainsi engranger des recettes plus élevées — alors que Montréal et Toronto étaient celles qui profitaient le plus des retombées de *La soirée du hockey* et de *Hockey Night in Canada*, respectivement à Radio-Canada et CBC.

Les propriétaires de la LNH n'étaient plus les seuls à reconnaître que la diffusion du hockey pouvait être une activité lucrative. Un autre groupe d'hommes d'affaires considérait pouvoir faire mieux en signant des contrats de télévision dans les principaux marchés nord-américains et en 1972, ils formèrent l'Association mondiale de hockey pour concurrencer l'hégémonie de la LNH. Ses propriétaires prévoyaient installer des équipes à New York, Chicago, Cincinnati, Los Angeles, Detroit, Miami, Houston et San Diego, ainsi qu'à Edmonton, Vancouver, Winnipeg, Toronto, Ottawa et Québec.

En peu de temps, l'AMH et la LNH se disputaient les joueurs et les contrats de télévision. À long terme, cette nouvelle ligue eut sur les joueurs des conséquences qu'on ressent encore longtemps après sa disparition. L'exil des joueurs vers la ligue ennemie était en réalité la première « grève » des joueurs de l'AJLNH et marqua le début du retour du pendule à l'avantage des joueurs pour la première fois dans l'histoire de la LNH.

Les joueurs considéraient l'AMH comme une façon de faire valoir leur point de vue sans recourir à des mesures syndicales et un nombre impressionnant d'entre eux franchirent la clôture. Les problèmes de la LNH étaient à prévoir, en raison de l'attitude obstinée de ses propriétaires. Ils riaient et traitaient la nouvelle ligue comme une nuisance sous-financée qui finirait par mourir d'elle-même. À la fin, ils ont eu raison, mais cela leur a coûté très cher.

La nouvelle ligue fit ses débuts le 11 octobre 1972, alors que les Oilers de l'Alberta visitaient les Nationals d'Ottawa et que les Crusaders de Cleveland recevaient les Nordiques de Québec. Des joueurs tels Bobby Hull, Bernie Parent, Johnny McKenzie, J.-C. Tremblay et Gerry Cheevers avaient fait défection dans l'AMH, alors que d'autres comme Gordie Howe et ses fils Marty et Mark, Frank Mahovlich, Marc Tardif, Réjean Houle, André Lacroix, Mike Walton et Danny Lawson les suivirent peu après. Les équipes de Toronto et Boston de la LNH ont le plus souffert de ces défections et leurs performances s'en sont ressenties jusqu'au milieu des années 70.

En sept courtes saisons, l'AMH fit preuve d'innovation à sa façon : les Jets de Winnipeg accueillirent les Suédois Anders Hedberg, Ulf Nilsson et Lars Erik Sjoberg dans leurs rangs, ouvrant ainsi la voie à l'afflux des joueurs européens. Les Bulls de Birmingham tentèrent une autre tactique en faisant signer des étoiles juniors de 18 ans qu'on appelait les « Baby Bulls », soit le gardien Pat Riggin, les joueurs d'avant Michel Goulet, Keith Crowder et Rick Vaive, et les défenseurs Rob Ramage,

Craig Hartsburg et Gaston Gingras. Mike Gartner fut un autre joueur d'importance qui signa avec Cincinnati un contrat à titre de recrue dans l'AMH.

Ces gestes eurent pour effet de choquer le monde du hockey des deux côtés de l'Atlantique. En quelques années, des douzaines de hockeyeurs européens obtenaient des salaires de professionnels en Amérique du Nord. Quant aux Baby Bulls, ils allaient éventuellement forcer la LNH et les ligues juniors à abaisser l'âge du repêchage de 20 à 18 ans, une décision qui agaça les gérants des ligues juniors pendant plusieurs années, et encore aujourd'hui.

En 1977, cependant, les équipes de l'AMH connaissaient des difficultés. Cette année-là et la suivante, on présenta au conseil des gouverneurs de la LNH un projet de fusion des deux ligues afin de rendre la vie plus facile pour tous. En cinq années à peine, la guerre des offres entre les ligues avait entraîné une hausse phénoménale des salaires — et la faillite de plusieurs entrepreneurs du hockey. Un an avant que l'AMH voit le jour, les plus hauts salariés de la LNH gagnaient environ 150 000 $ US. Lorsque des équipes de l'AMH présentèrent à Bobby Hull, Derek Sanderson, Bernie Parent et d'autres des offres d'un million de dollars chacun, les salaires de la LNH ont doublé et même triplé. Des joueurs comme Parent et Cheevers ont bénéficié de contrats plus lucratifs au moment où ils ont réintégré les rangs de la LNH. Quant aux sept Baby Bulls, ils furent bien payés durant leur longue carrière dans la LNH, après que les Bulls leur aient versé 60 000 $ par année alors qu'ils n'avaient pas encore joué une seule partie chez les pros, soit bien plus que ce qu'ils auraient obtenu dans les rangs juniors. Les joueurs de la LNH ont remporté leur première « grève » haut la main.

Avant que Sam Pollock quitte le Canadien, il avait prédit avec une précision déconcertante les changements qui allaient survenir dans le hockey. Le sport professionnel deviendra plus encore qu'auparavant une question d'argent, disait-il. On devra recourir aux services d'administrateurs très compétents, de spécialistes du droit fiscal et des investissements, ainsi que des gourous du marketing et des communications. La concurrence allait devenir très féroce.

Nous avons eu presque sur le champ une petite idée de cette nouvelle réalité, et ce, dans notre propre cour. En mai 1977, lorsque le Canadien remporta la coupe Stanley alors que les Nordiques de Québec défaisaient les Jets de Winnipeg pour ainsi remporter la coupe Avco de l'AMH, on parlait déjà d'une « super série » entre les deux champions. L'idée n'est pas allée bien plus loin que la spéculation médiatique et une mini-tempête lors de quelques émissions-débats, mais elle nous donna à nous, au deuxième étage, une idée précise de la passion inhérente que présenterait une rivalité entre Québec et Montréal.

Lorsque les franchises les plus fortes de l'AMH examinè-rent les possibilités de fusion pour la première fois, Pollock craignait énormément toute entente qui amènerait les Nordi-ques dans la LNH. Il considérait la province de Québec comme un territoire appartenant exclusivement au Canadien de Montréal et voulait que rien ne change à ce propos. Lors-qu'il prit sa retraite une année plus tard, le Canadien avait une autre bonne raison de s'opposer à l'accession des Nordiques, puisque les deux équipes appartenaient maintenant à deux brasseries rivales. En effet, Les Brasseries Carling O'Keefe du Canada Limitées étaient devenues actionnaire majoritaire des Nordiques en 1976.

Puisque le Canadien était la propriété des Brasseries Molson, l'équipe s'exposait aux pressions les plus diverses. Lorsqu'il devint apparent que Montréal tentait de s'opposer à l'accession de Québec dans la LNH, un sentiment anti-Canadien prit naissance dans la capitale provinciale et tout autour. Les représentants des ventes et les distributeurs de Molson firent état d'une menace importante de boycott de tous les produits Molson. Pendant un certain temps, il semblait qu'un tel boycott puisse s'étendre vers l'ouest jusqu'à Edmon-ton et Winnipeg.

Le 22 juin 1979, cette situation qui s'annonçait conflictuelle se régla d'elle-même lorsque les Nordiques et trois autres équipes de l'AMH — les Whalers de Hartford, les Oilers d'Edmonton et les Jets de Winnipeg — accédèrent à la LNH. Le Canadien n'était plus l'équipe incontestée du Québec et Molson n'était plus la seule brasserie possédant une équipe de la LNH dans la province. En effet, nous faisions l'objet d'une attaque de la part d'une franchise agressive déterminée à sortir de l'ombre que projetait cet édifice imposant au coin des rues Atwater et Sainte-Catherine. Les Nordiques étaient vraiment une équipe de l'expansion cette saison-là, mais ils comptaient dans leurs rangs des noms connus, dont plusieurs francophones, et d'autres encore au sein de la direction.

Ronald Corey, président des Brasseries Carling O'Keefe et spécialiste infatigable du marketing joua un rôle-clé au sein de l'organisation des Nordiques, tout comme Marcel Aubut, âgé de 33 ans et chef du contentieux, qui assumait la présidence en plus d'avoir servi de bougie d'allumage lors des pourparlers ayant entouré la fusion. Ces deux hommes avaient une vision et de l'audace, ce qui permit aux Nordiques de devenir très compétitifs sur la glace en moins de trois courtes années. Malheureusement, une de leurs premières tactiques de marketing consistait à se tailler une place en tant qu'équipe franco-québécoise en faisant subtilement passer le Canadien comme une équipe de l'*establishment* anglophone.

De plus, la rivalité qui opposait les Nordiques au Canadien entre 1979 et 1995 fut une des plus excitantes de toute l'histoire de la LNH et une des conséquences positives de la révolution financière de la ligue. Un autre point éloquent, une seule des quatre équipes fusionnées de l'AMH joue toujours dans sa ville d'origine, soit les Oilers. Les Nordiques en ont fait pleurer plusieurs en 1995 lorsqu'ils sont déménagés au Colorado — et plus encore lorsqu'ils ont remporté la coupe Stanley le 10 juin de l'année suivante. Trois semaines plus tard, soit le 1er juillet, fête du Canada, on transférait les Jets de Winnipeg à Phoenix après un long combat émotif que menèrent des centaines de Winnipegois pour conserver leur équipe. Le 13 avril 1997, les Whalers de Hartford jouaient leur dernier match avant d'aménager en Caroline. Depuis ce temps, l'Avalanche du Colorado a remporté une autre coupe Stanley et s'est ralliée de nombreux amateurs, sans oublier qu'elle compte parmi les équipes les mieux implantées de la LNH. Phoenix et la Caroline, quant à eux, font encore l'objet de débats. Quant à l'AMH, que Dieu ait son âme.

Le quatrième facteur de la tournure globale qu'a prise le sport professionnel concerne l'avènement des sources de revenus multiples et des programmes de commercialisation de pointe. Ces phénomènes ont vu le jour au début des années 70 et, tout comme l'expansion, les permis de télévision et l'AMH, ils ont modifié les règles du jeu, autant sur la patinoire qu'à l'extérieur. Il suffit de comparer les bandes, qui étaient d'un blanc immaculé à l'époque des six équipes originales et jusqu'au début des années 80, avec la folie publicitaire qui décore de nos jours toutes les patinoires de la ligue. Il y a de l'argent à faire même avec les meubles.

• • •

Au début des années 90, le changement était devenu une constance prévisible de notre sport. La liste des équipes évoluait constamment alors qu'on a connu en 1991, 1992, 1993, 1998 et 2000 de nouvelles expansions qui ont permis à neuf autres villes de se greffer à la ligue, sans compter les franchises qui ont déménagé.

Si les propriétaires ont profité de l'argent tiré de l'expansion et des commandites, ce fut également le cas des joueurs. Les salaires ont atteint des sommets stratosphériques et on a assisté à un glissement total du rapport des forces entre les joueurs et les propriétaires, comme le prouve l'adoption de deux mesures syndicales inédites.

La première, qui eut lieu en 1992, coûta à John Ziegler son poste de président de la LNH. La ligue était encore prise

dans un conflit avec ses joueurs retraités et je me souviens
d'avoir averti la direction à l'effet que les retombées négatives
d'une telle question unilatérale causeraient bien des torts à la
LNH. Ma parole est tombée dans l'oreille d'un sourd, puisqu'une autre histoire touchant le hockey faisait la une des journaux, soit la possibilité d'une première grève dans la LNH.

En dépit de preuves contraires provenant de plusieurs
sources, John Ziegler avait convaincu le conseil des gouverneurs qu'on ne risquait pas vraiment de faire la grève durant
la saison 1991-92. (Je me suis toujours demandé si c'est Alan
Eagleson qui lui avait donné cette assurance.) Il exigeait haut
et fort qu'on soumette les joueurs à un vote secret et c'est ce
qu'il a éventuellement obtenu. S'il avait voulu provoquer une
épreuve de force, il aurait dû intervenir en septembre 1991,
alors que les joueurs venaient de se présenter au camp d'entraînement et qu'on ne leur avait encore versé aucun salaire
pour la saison à venir. En avril, ils avaient reçu leur chèque
pour toute l'année, ce qui leur enlevait toute pression, et ils
étaient prêts à prendre des risques.

Les joueurs ont voté dans une proportion de 500 contre
4 en faveur de la grève et les jours de Ziegler à la tête de la
ligue étaient comptés. Le débrayage de 10 jours a mené à la
signature de la première convention collective vraiment favorable pour les joueurs. Au moment où cette entente prit fin,
deux années plus tard, les propriétaires sont revenus à la table
déterminés à jouer dur. On s'est ainsi retrouvé avec un
débrayage d'une durée de 103 jours qui a débuté en octobre
1994 pour ne prendre fin qu'au mois de janvier suivant. La
saison régulière, qui comptait alors 84 matchs, fut réduite à
48 en plus des séries et on retourna au jeu le 26 janvier. À
l'heure actuelle, certains propriétaires n'ont toujours par récupéré les pertes qu'ils ont subies au cours de cette demi-saison
écourtée.

La convention collective d'une durée de 10 ans que les parties ont ensuite signée à la fin de 1995 fut tout un smash pour
le syndicat. À la deuxième année, les propriétaires se savaient

déjà en mauvaise posture. La clause d'agent libre ne fit rien pour arranger les choses. En vertu de l'entente, on fixa à 31 ans l'âge admissible pour devenir agent libre sans restriction, une disposition qui est entrée en vigueur en 1998. La ligue avait espéré que cette clause vienne freiner l'escalade des salaires des vedettes en ralentissant la demande de leurs services et en permettant de consacrer une plus grande partie du budget salarial de l'équipe au plus grand nombre de joueurs possible.

La clause UFA, comme on l'appelait, a produit un effet tout à fait contraire en limitant l'offre de vedettes et augmentant la demande comme on n'avait jamais vu. La guerre des offres a donc éclaté à la grandeur de la ligue. Les Rangers de New York, par exemple, ont présenté une offre unique de 15 millions $ (tous les salaires de la LNH sont aujourd'hui en dollars américains) à Joe Sakic du Colorado. Pour le retenir, l'Avalanche a dû lui offrir autant et c'est ce qu'elle a fait pour s'assurer ses services et remporter par le fait même une autre coupe Stanley, en 2001.

La question des salaires est venue jeter une ombre sur toutes les autres et avec raison. Comparons certains chiffres de différentes époques.

En 1970-71, ma dernière saison au sein du Canadien de Montréal, la masse salariale totale de notre équipe qui avait alors remporté la coupe Stanley s'élevait à 1 110 687,73 $. Ce montant comprend le salaire régulier de tous les joueurs, les bonis remis à la signature des contrats, ainsi que les sommes obtenues durant les séries. Durant sa carrière qui dura 18 ans dans la LNH, Maurice Richard a gagné moins de 500 000 $.

En 1994, Serge Savard, alors directeur général du Canadien de Montréal, offrit à Patrick Roy un nouveau contrat qui accordait au gardien en or un salaire de quatre millions de dollars par saison. (Je crois honnêtement que Patrick a mérité chaque sou de ce contrat, compte tenu du contexte salarial de l'époque, puisqu'il était le meilleur gardien de but de la ligue au début des années 90.)

En vertu de ce contrat, Patrick se voyait offrir davantage pour deux matchs en saison régulière que moi, pour mes cinq premières saisons régulières, et ce, sans compter les séries, et trois fois et demie plus que ce que coûtait l'équipe du Canadien au grand complet en 1970-71. Patrick gagnait en deux mois ce que Maurice Richard avait gagné durant toute sa carrière.

Au moment de la grève de 1994, le salaire moyen des joueurs de la LNH s'élevait à 733 000 $ US. En 2004-05, ce chiffre avait atteint 1 830 126 $ US. Comment en arrive-t-on à payer un salaire « moyen » de presque deux millions de dollars ? C'est facile lorsque les vedettes de la ligue gagnent cinq fois ce salaire. Au cours de la saison 2003-04, Peter Forsberg de l'Avalanche et Jaromir Jagr des Capitals et des Rangers menaient le bal avec chacun 11 millions $ par année. Ils étaient suivis de près par Sergei Federov des Mighty Ducks, Pavel Bure des Rangers, Nicklas Lidstrom des Red Wings et Keith Tkachuk de Blues avec un salaire annuel de 10 millions $ chacun.

Saint-Louis et Colorado semblaient particulièrement bien nantis, alors que Chris Pronger (9,5 millions $), Doug Weight (8,5 millions $), Pavol Demitra (6,5 millions $) et Al MacInnis (6 millions $) des Blues faisaient tous partie des 35 joueurs les mieux payés de la LNH à la fin de la saison 2003-04, alors que les coéquipiers de Forsberg, en l'occurrence Joe Sakic (9 880 939 $) Rob Blake (9 326 519 $) et Teemu Selanne (5 800 000 $) étaient dans le groupe des 40 plus hauts salariés à ce même moment. Selanne et son coéquipier Paul Kariya avaient accepté d'importantes coupures salariales pour se joindre aux prétendants à la Coupe, soit l'Avalanche, une année après que leur équipe des Mighty Ducks ait perdu la finale en sept matchs contre le New Jersey.

Lorsque des équipes comme Saint-Louis versent 40 500 000 $ pour défrayer le salaire de 5 joueurs, et le Colorado, qui en paie 36 007 458 $ pour s'offrir 4 vedettes, il doit y avoir quelqu'un qui paie. En effet, au mois de juin 2005, Bill et Nancie Walton Laurie (de la famille Walton qui possède la chaîne de magasins Wal-Mart), propriétaires des Blues, rapportaient d'importantes pertes par rapport aux saisons précédentes et d'autres pertes à venir au moment où ils annonçaient que l'équipe et le Savvis Center étaient à vendre. On prétend que le déficit combiné des Blues et du complexe depuis son ouverture en 1994 dépasse les 225 millions $. Lorsque les Laurie ont acheté l'équipe et les installations en septembre 1999, on leur a demandé 100 millions $, sans compter qu'ils ont assumé la dette accumulée de 96 millions $. Ils planifiaient maximiser l'utilisation de l'édifice en attirant une franchise de la NBA, mais ce projet ne s'est jamais concrétisé.

Sachant cela, je me demande, qui souhaiterait investir dans un tel gouffre financier ? Si Nancy Walton Laurie qui, en 2003, occupait le 61e rang sur la liste des plus grandes fortunes personnelles aux États-Unis selon la revue *Fortune*, ne peut se permettre de posséder une équipe de la LNH, qui peut blâmer sa sœur, Ann Walton Kroenke (qui occupe la 56e position sur cette même liste avec des avoirs nets valant dans les 3 milliards $) d'avoir décidé de se défaire de l'Avalanche du Colorado ? Les Kroenke ont cependant un avantage, puisqu'ils détiennent aussi les Nuggets de Denver dans la NBA qui remplissent leur amphithéâtre au moins durant 40 joutes par année.)

En 2004, les propriétaires de la LNH se plaignaient en général d'être pauvres, puisque les salaires des joueurs représentaient 75 % de leurs revenus attribuables au hockey, soit bien au-delà de la proportion qu'on retrouve dans les autres entreprises. La ligue prétendait qu'au cours des 10 années qu'avait duré la dernière convention collective, les revenus de la LNH avaient connu une hausse de 173 %, alors que les salaires avaient explosé pour augmenter de 261 %. En tout, la ligue avait accumulé des pertes de 1,5 milliard $ en 9 ans et de 224 millions $ pour la seule saison 2002-03, un chiffre que conteste l'AJLNH.

Le syndicat pointa du doigt les chiffres publiés par la très influente revue *Forbes*. D'après ses comptables, la direction de la LNH n'avait perdu que 96 millions $ au cours de la saison

2003-04 et 123 millions $ en 2002-03. Le *Wall Street Journal* ajouta son grain de sel en présentant une autre estimation lorsqu'il rapporta que les équipes de la ligue avaient perdu en tout 300 millions $ au cours de ces deux saisons.

Que peut-on comprendre en voyant des chiffres aussi disparates ? On peut certainement dire que ces jeux de chiffres ne peuvent faire autrement que semer la confusion chez les gestionnaires, les joueurs, les administrateurs et les amateurs. Cependant, je crois qu'on peut aussi en déduire, peu importe les chiffres qu'on décide de croire, que la situation était désespérée et que la survie de la ligue était en jeu.

L'AJLNH n'en était pas convaincue. Les négociations devant mener à une nouvelle convention collective ont tiré de la patte pour finalement échouer, ce qui mena à l'annulation de la saison 2004-05. C'est la première fois qu'on annulait une saison complète dans l'histoire d'une ligue majeure du sport professionnel en Amérique du Nord.

À certains égards, les gestes de l'AJLNH n'avaient rien de spécial. Les associations de joueurs dans tous les sports professionnels sont devenues plus fortes au cours des dernières années, et ce sont les représentants des joueurs de baseball et de football qui définissent le rythme. Ces deux associations ont poussé leurs membres à la grève et, dans chacun des cas, les propriétaires ont capitulé. Dans le football, on s'est retrouvé avec un système de plafond salarial qui protégeait en fait les joueurs qui gagnaient le plus, alors que le système d'agents libres unique au baseball, mis au point au cours des ans par ces bonzes syndicalistes comme Marvin Miller et Donald Fehr, ont permis à des joueurs tel Alex Rodriguez d'obtenir un salaire annuel de 25 millions $. Le basket-ball avec ses petits alignements de 12 joueurs dont à peine 3 ou 4 gagnent un salaire astronomique, ont quand même évolué dans la même direction.

Cette tendance oblige la LNH à payer davantage ses joueurs, mais les franchises de hockey ne recevaient pas, et ne reçoivent toujours pas, ces fabuleux revenus de télévision dont bénéficient les équipes de basket-ball, de baseball et de football. On peut se demander si la pire chose qui soit arrivée aux sports professionnels en Amérique du Nord n'est pas ce contrat qu'a signé CBS avec le baseball des ligues majeures au début des années 90. Le réseau acceptait de diffuser moins de matchs encore qu'à l'époque du *Match de la semaine* au réseau NBC tout en versant au-delà de un milliard de dollars pour ce privilège d'une durée de quatre ans. Ce contrat a presque entraîné la perte du réseau et provoqué une folie des salaires hors de tout contrôle.

Le baseball et le basket-ball ont connu diverses expériences avec les réseaux de télévision au cours des ans, mais le football a toujours su conclure des ententes de diffusion lucratives valant dans les centaines de millions. De nos jours, les équipes de la NFL recueillent environ 60 millions $ chacune avant même de vendre un seul billet. Les revenus de diffusion annuels de cette ligue s'élèvent à environ 2,2 milliards $.

Dans le cas du hockey, la situation est toute autre, puisqu'elle dépend de l'affluence à ses matchs. C'est d'ailleurs la raison pour laquelle il s'agit du plus pauvre des sports professionnels. On a tenté la chance avec le réseau FOX-Sports, et vice-versa, en 1999. L'infâme rondelle lumineuse a fait rire, voire insulter, les amateurs canadiens pendant plusieurs saisons, avant qu'un Australien responsable des sports pour ce réseau décide que les Américains arrivaient difficilement à comprendre le jeu. Vinrent ensuite ESPN, sa maison-mère ABC-TV et ESPN 2, et tout au long des années 90, jusque dans le nouveau millénaire, la LNH engrangeait des revenus, mais graduellement à la baisse, même avec les contrats de télévision américains.

Plus récemment, la LNH devait recevoir d'ESPN quelque 200 millions $ en trois ans, alors que la station jumelle ESPN 2 allait diffuser la plupart des matchs. Cependant, tout cela a changé en raison du lock-out et au mois de mai 2005, ESPN annonçait qu'elle n'exercerait pas son option pour la saison 2005-06. En raison d'une telle décision, la LNH se retrouvait sans partenaire diffuseur sur le câble aux États-Unis, et ce, pour la première fois depuis les années 70 — cruelle ironie lorsqu'on pense à la ligue qui a déménagé ses bureaux de direction de Montréal et Toronto vers New York pour ainsi se rapprocher des réseaux et des principaux commanditaires.

Le seul marché, si l'on peut dire, que la ligue peut espérer conclure avec un réseau au moment de la reprise des activités consiste dans un pacte avec NBC en vertu duquel il semble que ce serait les équipes qui paieraient le réseau, et non le contraire. En vertu de cette entente, le réseau encaisserait le premier sa part des revenus de publicité pour couvrir les coûts de production, et les deux partenaires se diviseraient le reste des recettes.

Il y a des gagnants et des perdants à ce jeu de l'argent et il était facile d'identifier les perdants. Les Nordiques et les Jets se sont éteints, alors que les Oilers ont émis de sérieux avertissements au cours du lock-out de 2004-05. Ainsi, durant l'arrêt de travail, je considérais que si l'AJLNH ne faisait pas marche arrière dans ses demandes, on pouvait également enterrer la franchise d'Edmonton. La nouvelle entente conclue semble avoir donné un souffle nouveau à cette organisation de l'Alberta, pour le plus grand bien de la LNH.

Au début des années 90, l'expression « équipe de petit marché » faisait son apparition dans le vocabulaire du sport professionnel. Elle concernait habituellement ces franchises évoluant dans des villes de taille moyenne où le nombre d'amateurs était limité et où les ententes lucratives pour la diffusion des matchs étaient relativement rares. Au baseball professionnel, c'est ainsi qu'on qualifiait les Expos de Montréal. Ils ne méritaient pas un tel qualificatif, bien que la réalité ait éventuellement prouvé le contraire. Dans le monde actuel du hockey, c'est ainsi qu'on qualifie des villes comme Pittsburgh, Edmonton, Calgary et Ottawa. La réalité de ces marchés constitue une raison de leur misère. Une autre raison consiste dans l'absence d'un complexe appartenant aux équipes ou contrôlé par celles-ci et qui leur permettrait d'aller chercher ces revenus additionnels dont elles ont si besoin.

Au cours des années 90, on a construit au-delà de 70 nouveaux amphithéâtres et complexes en Amérique du Nord. Aux États-Unis, ces projets étaient financés principalement avec l'argent public pour ensuite en refiler le titre ou le contrôle financier au principale locataire. Les analystes commerciaux dans le domaine du sport précisent qu'il existe actuellement quelque 115 équipes professionnelles en Amérique du Nord et que pratiquement 30 d'entre elles partagent des installations. Autrement dit, 84 ou 85 équipes bénéficient de sources de revenus substantielles.

En plus de ces vaches à lait traditionnelles que sont les concessions, les terrains de stationnement, les produits à l'effigie de l'équipe (uniformes, photos, affiches, cartes) et les droits de diffusion, une nouvelle source de revenus amène depuis quelques années quelques millions de dollars dans les coffres des équipes, soit les « droits d'appellation des stades ». On a rebaptisé le stade des Bills de Buffalo en l'appelant le Rich Stadium au début des années 70, ce qui en faisait le premier exemple d'une telle entente. L'équipe de football a obtenu 1,5 million $ en 25. À la fin du siècle, on garantissait aux Texans de Houston, une équipe d'expansion de la NFL, des revenus de 300 millions $ en 30 ans pour obtenir ainsi le droit de baptiser ses nouvelles installations en leur donnant le nom de Reliant Stadium. Les banques et les courtiers en placements, les entreprises de télécommunication et les sociétés d'énergie, les fabricants de logiciels et d'équipements de sport faisaient partie des premières entreprises qui ont voulu afficher leurs noms et leurs logos sur les murs des complexes sportifs modernes, alors que les équipes qui contrôlaient ces édifices empochaient les produits, la bouche fendue jusqu'aux oreilles.

À l'heure actuelle, on estime que les droits d'appellation dans le sport professionnel et amateur atteignent les trois milliards de dollars en Amérique du Nord et quatre milliards à l'échelle mondiale. Certains prétendent que les modalités du contrat viennent compenser une telle somme. Autrement dit, elle se paie en majeure partie au cours de la première moitié d'un contrat à long terme, alors que l'inflation s'occupe du reste. Mon opinion est plus simple : il s'agit d'argent trouvé et qui n'existait pas dans le sport professionnel il y a de cela une génération. Prenez-le et investissez-le judicieusement.

• • •

J'ai constaté plus près de chez moi cette sagesse qui consiste à profiter des aubaines pour augmenter l'actif à long terme. Lorsque la famille Bronfman vendit le Canadien à Molson en 1978, Edward et Peter Bronfman sont demeurés aux commandes de la Canadian Arena Company (qu'on baptisa plus tard Carena Bancorp), qui était propriétaire du Forum. L'équipe utilisait le Forum en vertu d'un bail à loyer supernet qui nous permettait d'amortir les améliorations apportées à l'édifice.

Il y a cependant des limites à ce qu'on peut faire d'un édifice qui ne nous appartient pas et il était devenu évident que le Forum ne répondait plus aux besoins d'une franchise de hockey moderne. Étant un des édifices les plus anciens de la ligue, on l'avait rénové en 1949 et de nouveau en 1968, mais on ne pouvait aménager de nouvelles loges de luxe sans enlever un nombre élevé de sièges destinés aux amateurs dont le budget est plus limité. Les étroits couloirs étaient toujours congestionnés lors des entractes alors que les gens se plaçaient en file pour aller chercher un casse-croûte ou les fumeurs s'alignaient le long des murs pour satisfaire leur vice entre les périodes. La glace — qui avait déjà été une des meilleures de la ligue — était devenue une des pires, puisque l'appareil utilisé pour la fabriquer datait de 1924, l'année où l'on construisit le Forum, et parce que le système de climatisation ne suffisait vraiment plus à la tâche. Même les enfants qui venaient patiner le samedi après-midi se plaignaient. De plus, le Forum était situé dans un quartier très densément peuplé à l'extrémité ouest du centre-ville. On y trouvait exactement dix places de stationnement à l'intérieur, de sorte que les terrains de stationnement privés situés tout autour empochaient ce qui constituait une importante source de revenus partout ailleurs.

En 1982, Ronald Corey fut nommé président du Canadien et dut bientôt voir le problème en face. Il devait trouver les ressources financières qui permettraient au Canadien de rester une des meilleures équipes de la ligue, tout en ne sacrifiant rien de son organisation de première classe. Un certain matin — coup de théâtre. « Que penses-tu, Jean, de la construction d'un nouvel édifice ultramoderne ici même à Montréal ? » m'a-t-il demandé.

Je ne peux dire que des images de l'actuel Forum aient défilé devant mes yeux, comme ces images de notre vie qu'on est sensé voir quelques instants avant la mort. J'aimais cet édifice, mais je lui reconnaissais également de nombreuses lacunes. Je savais qu'il nous fallait un nouvel édifice pour nous assurer des revenus suffisants au cours des 10 prochaines années et même après. Si nous n'agissions pas maintenant, une autre génération de gestionnaire nous aurait dénoncés vers 2010 pour avoir dormi sur nos lauriers ou fait preuve d'irresponsabilité.

Je savais également que les amateurs de hockey de partout sur terre voyaient le Forum de la même façon que les partisans des Leafs voient le Garden à Toronto, c'est-à-dire comme un véritable temple. Toute solution de rechange devrait faire l'objet d'une planification minutieuse, d'une mise en marché prudente et reposer sur des tonnes d'arguments persuasifs :

— Que proposes-tu de faire, Ronald ?

— J'aimerais commander une étude de faisabilité, m'a-t-il dit, afin de voir s'il est possible d'améliorer l'actuel édifice. Ensuite, nous verrons.

Cette première démarche semblait prudente et en quelques jours, Ronald avait confié cette étude au Groupe SNC-Lavalin, une des meilleures firmes d'ingénierie au monde. Six mois plus tard, on obtenait la réponse : il faudrait investir 40 millions $

pour mettre le Forum à niveau, mais il restera tout de même un édifice vieux de 70 ans, bien qu'on l'ait grandement rénové. Certains des inconvénients, dont sa taille et son emplacement, sont impossibles à corriger, peu importe le montant investi.

Lavalin en a déduit que le Forum devait présenter une superficie plus grande, soit le double de ses actuels quelque 100 000 pieds carrés, si on espérait présenter des spectacles de tous genres dans un complexe multifonctionnel dans les années 90. Autrement dit, une cure de rajeunissement ne suffisait pas. Pour demeurer rentable et concurrentiel, le Canadien avait besoin d'un nouvel édifice.

Dans la seconde phase de son plan, Ronald demanda à des ingénieurs, des concepteurs et des cadres du club d'aller visiter des installations partout en Amérique du Nord. Le mandat ultime consistait à doter l'équipe d'un complexe ultramoderne qui répondrait à tous les besoins identifiés dans l'étude de Lavalin et à s'assurer que le nouveau domicile du Canadien dégage la chaleur et l'ambiance typiques de l'ancien Forum, le complexe sportif le plus excitant qui soit.

La nouvelle patinoire, construite tout juste au sud de l'historique gare Windsor, s'appelait Centre Molson lorsqu'elle ouvrit ses portes en 1996, mais on la rebaptisa ensuite Centre Bell en septembre 2002 en vertu d'une entente d'une durée de 20 ans et d'une valeur de 100 millions $. On y offrait le plus grand nombre de sièges dans la LNH — soit 21 273 comparativement à 16 900 dans le Forum — et plus de 130 loges de luxe qui devait générer des revenus d'environ 12 millions $ par année. L'édifice occupe une superficie de 168 700 pieds carrés, sans compter qu'il est doté d'une station de métro et relié à la gare Windsor. Il peut évidemment servir 12 mois par année, puisqu'on y présente également divers spectacles.

Les amateurs seront peut-être surpris si je leur dis que le nouveau complexe aurait pu être plus petit et un peu plus intime au goût de ses clients. Il aurait été tout aussi efficace avec 3000 sièges de moins, je crois, lorsque je pense que ces 3000 derniers sièges sont les moins rentables.

Le succès engendre le succès, et le Canadien peut remercier la Providence d'avoir connu autant de succès si longtemps, ce qui lui a permis d'être financièrement stable pendant la dernière décennie. Le nouveau complexe a déjà contribué à ce processus. Les vainqueurs attirent la clientèle, et ce, pour long-temps à venir, de sorte que celle-ci ne diminue que très peu lorsque l'équipe connaît moins de succès. Même si nous n'avons remporté que 2 coupes au cours des 18 dernières saisons, la réputation du Canadien de Montréal n'a pas changé et les matchs de hockey au Centre Bell sont toujours aussi enlevants — en particulier lorsque Toronto ou Boston est en ville. Cela étant dit, je suis le premier à reconnaître qu'un sys-tème de marketing, aussi astucieux soit-il, connaît ses limites. Il s'agit du sport professionnel et même s'il est très souhaitable de vendre chaque année des millions de dollars d'articles à l'effigie de l'équipe, c'est son rendement qui importe avant tout.

L'argent fera évidemment toujours partie du jeu. Il suffit de constater la couverture médiatique pour constater à quel point le monde du sport a évolué au cours des 10 dernières années. À mon époque, les chroniqueurs économiques ne s'intéressaient aucunement au Canadien de Montréal ou aux Maple Leafs. De nos jours, ils accordent autant d'attention aux franchises sportives qu'aux autres entreprises ou industries.

Chaque printemps, le classement annuel des franchises du sport en Amérique du Nord, réalisé par la revue *Financial World*, est un des événements journalistiques sportifs les plus attendus. En 1993, les Cowboys de Dallas (qui ont remporté le Super Bowl à plusieurs reprises) étaient considérés pre-miers, avec une valeur estimée de 190 millions $. On tenait compte, dans cet article, de tous les paramètres sur les profits et les pertes de ces franchises — les recettes, les salaires des joueurs, les frais d'exploitation, et ainsi de suite — et de ce que la publication qualifie de « valeur intangible » de la fran-chise, soit le montant des recettes provenant de la diffusion des matchs de l'équipe et de sa valeur en tant que véhicule de vente des produits de consommation.

Les Yankees de New York étaient l'équipe de baseball la mieux cotée, alors qu'elle occupait le sixième rang avec une valeur de 166 millions $, suivie des Blue Jays de Toronto à 150 millions $. Les Expos de Montréal étaient la dernière des équipes de baseball, puisqu'on n'estimait leur valeur qu'à 75 millions $.

Le hockey ne faisait pas si belle figure. Les Red Wings de Detroit étaient la première équipe de la LNH avec une valeur de 104 millions $, suivis des Bruins de Boston (88 millions $), des Kings de Los Angeles (85 millions $) et du Canadien de Montréal (82 millions $). Parmi les autres franchises de la LNH dont on trouvait le nom, mentionnons Toronto (77 millions $), Vancouver (69 millions $), Calgary et Ottawa (50 millions $), Edmonton (46 millions $), Québec (43 millions $) et Winnipeg (35 millions $). Les Jets méritaient le titre peu enviable de franchise la moins dispendieuse parmi les quatre sports qu'on a recensés.

En avril 2005, la liste annuelle publiée dans la revue *Forbes* attirait l'attention et certains des chiffres étaient étonnants. Premièrement, les Redskins de Washington de la NFL étaient devenus la franchise sportive la plus lucrative en Amérique du Nord en étant la seule dont la valeur dépasse le milliard de dollars (1,104 milliard $). La valeur moyenne des équipes de la NFL atteignait un sommet jamais vu avec 733 millions $ US en 2004-05.

Les Yankees de New York formaient la deuxième franchise la plus dispendieuse tous sports confondus, avec une valeur de 950 million $, soit presque 400 millions $ de plus que la franchise suivante, leurs éternels rivaux, les Red Sox de Boston (563 millions $), et devant les Cowboys de Dallas et les Texans de Houston de la NFL respectivement évalués à 923 millions $ et 905 millions $. Les Lakers de Los Angeles menaient la NBA avec une valeur de 510 millions $, presque le double des Rangers de New York qui étaient en tête de la LNH avec 282 millions $.

Alors que les équipes de la LNH sont en retard sur les autres sports, leur valeur a quand même augmenté. Comme on écrit dans la revue *Forbes* : « Les franchises de hockey valent en moyenne 163 millions $, une hausse de 3 % par rapport à l'an dernier et de 31 % par rapport à la première évaluation que nous avions réalisée il y a 6 ans. Les 4 dernières équipes de l'expansion, soit les Trashers d'Atlanta, les Blue Jackets de Columbus, le Wild du Minnesota et les Predators de Nashville, valaient 80 millions $ chacune en 1997. À l'heure actuelle, ces équipes sont évaluées en moyenne 130 millions $ chacune. »

• • •

Les gens qui me connaissent savent que je suis un féroce défenseur du jeu et de ce que je considère comme la rectitude. On a rédigé les deux éditions de ces mémoires pendant les pires conflits de travail qu'a connu la LNH ; une belle source de possibles malentendus et de relations tendues entre des individus qui se comporteraient normalement comme des amis. Malgré tout, j'ai senti l'obligation d'exprimer mon opinion pour défendre ce sport, et je suis prêt à en assumer les conséquences.

Pendant longtemps, la direction de la LNH dominait la ligue et ses joueurs et on jouissait de ce pouvoir. J'ai exprimé à maintes reprises mes réserves ou mon opposition radicale à certaines des positions que la ligue a pu adopter. Il me semblait qu'on mettait les joueurs dans l'embarras ou qu'on les humiliait à leurs risques et périls, mais je savais qu'un jour ceux-ci viendraient les hanter. Lorsque l'équilibre des pouvoirs allait devenir favorable aux joueurs, ceux-ci sauraient se venger des propriétaires. Ils y sont parvenus sans aucun doute en 1992 et de nouveau en 1994. En 2005 ?

Comme tous les observateurs neutres, je voyais clairement que la convention collective d'une durée de 10 ans qu'on avait signée à la fin de 1995 mettait le sport en danger. J'ai publiquement recommandé aux deux parties de négocier afin de résoudre une éventuelle impasse le plus tôt possible alors que la ligue était active.

Lorsqu'on décréta le lock-out de 2004-05, j'ai reconnu que c'était la direction de la LNH qui avait décidé de suspendre les activités. Cependant, elle est aussi en partie responsable du gouffre financier dans lequel elle s'est placée. Ce puits qu'est l'expansion a alimenté une fausse économie et il finira par tarir.

Malgré tout, je sympathise avec la direction de la ligue, puisque je crois qu'elle dit la vérité lorsqu'elle prétend perdre des centaines de millions de dollars. Le temps est venu pour les joueurs de faire des concessions importantes. Le pendule doit revenir au centre.

Je ne suis pas le seul à penser de cette façon. Bob Pulford, anciennement des Maple Leafs de Toronto, fut un des précurseurs de l'AJLNH au moment de sa renaissance en 1967-68. Pendant presque une décennie, personne n'a déployé autant d'efforts que lui pour faire valoir la cause des joueurs. En 2004-05, en tant que premier vice-président des Blackhawks de Chicago, il s'est opposé fougueusement à la position du syndicat et craignait qu'elle n'entraîne la perte de la LNH. D'autres vétérans, dont Bobby Orr et Phil Esposito des Bruins et Guy Lafleur du Canadien, ont sonné l'alarme au cours de l'hiver 2004-05.

Lorsque André Rousseau du *Journal de Montréal* m'appela pour connaître mon opinion deux semaines après le début du lock-out, je me suis senti obligé de lui faire part de mes objections.

— Les joueurs et l'Association des joueurs commettent une terrible erreur, lui ai-je dit.

— Pourquoi en êtes-vous si certain, monsieur Béliveau ? m'a-t-il demandé.

— En vertu de la dernière entente de 10 ans, je sais qu'au moins 20 équipes ont perdu des millions de dollars au cours des 5 dernières années seulement. Combien de temps une telle entente peut-elle tenir ?

J'ai travaillé pour plusieurs organisations et entreprises dans le hockey et ailleurs et je ne peux en nommer aucune qui ait consacré 75 % de ses revenus à sa masse salariale. Je considère que la seule façon de résoudre le problème consiste pour la LNH à favoriser un partenariat entre les parties.

De nos jours, les joueurs ont une réponse toute prête lorsque des anciens, comme moi, leur présentent la situation : « Les choses sont différentes maintenant. » Cependant, une chose n'a pas changé. Lorsque les propriétaires n'ont pas cet argent, comment peuvent-ils vous payer ?

Lorsque cet article du *Journal* se retrouva en kiosque, la réaction n'a pas tardé à venir. Je pouvais voir que l'AJLNH, déjà sur le pied de guerre, avait une stratégie toute prête qui consistait à « s'occuper des vieux » et on a immédiatement réagi. Vincent Damphousse, un des vice-présidents de l'AJLNH, déclarait que ces joueurs qui avaient consacré toute leur carrière dans une équipe de première place ne pouvaient comprendre les tenants et les aboutissants de l'actuel conflit de travail.

Lorsque j'ai déclaré que j'avais toujours préféré travailler pour une entreprise ou une organisation bien nantie et, par conséquent, stable et que j'ai demandé s'il ne serait pas mieux pour les joueurs de jouer pour une LNH riche, l'association des joueurs en a remis.

J'ai évidemment répondu en mentionnant que les réponses du syndicat étaient non fondées et qu'elles ne concernaient aucunement les points que j'avais soulevés. À son tour, Damphousse, lors d'une entrevue subséquente avec David Stubbs du journal *The Gazette*, alla jusqu'à déclarer qu'il sacrifierait sa propre carrière pour le bien-être des jeunes qui arrivaient dans la ligue. Je crains que son héritage n'entraîne la faillite de ce sport.

On a également demandé à Martin Brodeur de commenter la situation, et bien qu'il y soit allé plus doucement, le fond était le même. Ce n'est pas par accident si Damphousse et Brodeur ont émis de tels commentaires. L'AJLNH a identifié deux jeunes et populaires francophones originaires du Québec afin de représenter l'association bien mieux qu'aurait pu le faire Bob Goodenow ou Ted Saskin.

Martin et moi étions réunis le lendemain dans le cadre d'une activité de bienfaisance et nous avons discuté brièvement. L'endroit ne se prêtait pas à une discussion en profondeur, mais il n'a exprimé aucune colère ou déception en raison de ce que j'avais dit. Rappelez-vous, j'avais joué en compagnie de son père et je l'avais vu grandir au Forum lorsque Denis est devenu photographe sportif.

Une fois de plus, comment un seul joueur pourrait-il répondre à l'accusation selon laquelle tous les joueurs sont trop payés en vertu de la dernière convention collective ? Il n'y a rien à répondre. Il ne pouvait pas débiter son salaire pour tenter de le justifier, puisque selon la prémisse, les salaires de tous les joueurs sont gonflés et cela représente un risque pour l'avenir de la ligue.

Martin est très populaire au Québec et on admire Vincent Damphousse autant comme joueur que comme coéquipier. Lorsqu'il évoluait à Montréal, il a été le meilleur marqueur pendant quelques années et c'est lui, en compagnie de Kirk Muller et Patrick Roy, qui a mené l'équipe à la coupe Stanley en 1993. En tant qu'ex-capitaine, il n'a jamais fait quoi que ce soit pour entacher le sport ou l'équipe. Je le considère dans l'ensemble comme un bon citoyen. Cependant, rien n'empêche que lui et les autres joueurs sont trop payés en vertu de l'entente précédente. Il peut sentir qu'il « sacrifie » sa carrière, même s'il est sûrement moins douloureux de le faire lorsqu'on a des millions à la banque. Voyez ce que leur dernier contrat a fait du hockey.

Pour faciliter la vie aux générations à venir, nous devrions prendre ce vœu pieux avec un grain de sel. L'AJLNH a appris des plus grands la façon d'assurer la solidarité chez ses joueurs. Les gestes posés au cours du dernier conflit me rappellent le traitement que l'Association des joueurs des ligues de baseball majeures avaient réservé à John Wetteland, cet excellent releveur de l'équipe montréalaise qui est passé aux Yankees alors qu'on liquidait les meilleurs talents des Expos.

Après avoir joué quelques saisons dans le Bronx pour un salaire bien plus élevé et aidé les Yankees à remporter la série mondiale, il aurait déclaré qu'il aimerait revenir à Montréal à un salaire moindre, parce qu'il aimait la ville, les amateurs et l'équipe. L'Association des joueurs a réagi à ces commentaires en le réprimandant sévèrement. Il ne devrait jamais parler de salaires « moindres » d'un ton positif.

Pierre Dagenais, un joueur de quatrième trio du Canadien qui venait de compléter sa première saison en 2003-04, fit le point sur son avenir immédiat au moment où le lock-out fut déclenché. Le Canadien comptait, et compte toujours aujourd'hui, plusieurs excellents prospects comme Andrei Kostitsyn, Alexander Perezhogin, Matt Higgins et Tomas Plekanec à Hamilton et d'autres joueurs dans ses filiales. Dagenais a déclaré publiquement que le lock-out lui faisait mal. Il gagnait le salaire minimum dans la LNH et son poste pourrait ne plus exister au moment où la ligue reprendra ses activités.

Dagenais fait partie de ces joueurs auxquels Vincent et les autres étaient apparemment en train de paver la voie. Cependant, l'AJLNH a fait venir Dagenais à Toronto et l'a convaincu de se taire. Voilà pour ce joueur et pour les autres qui sont sur la corde raide. Pendant ce temps, la nouvelle récolte de jeunes talents nous arrive de l'American Hockey League, des ligues européennes ou juniors pour faire directement le saut dans le grand club. Dagenais sera-t-il de retour au moment où la nouvelle saison débutera ? Qui sait, mais il a raison de s'inquiéter.

À Montréal, d'autres préoccupations sont venues aggraver la situation. Suivant la fusion entre Molson et la société Coors du Colorado au début de 2005, Dan O'Neill, président de Molson, annonça son départ en mai. O'Neill fut celui qui contribua à la transaction qui consista à vendre pour 183 millions $ à George Gillett, du Colorado, 80,1 % des intérêts que Molson détenait dans l'équipe et le Centre Molson. Molson décida de conserver 19,9 % des parts pour s'assurer que l'équipe demeure à Montréal. Peu après la fusion et à la suite du départ d'O'Neill, on annonça que Coors cherchait à annuler cette garantie avec le Canadien.

Ironiquement, les trois équipes de sport des ligues majeures à Montréal — les Expos, les Alouettes et le Canadien — appartenaient toutes à des Américains. Ce nombre passa à deux après le triste départ des Expos, une situation comparable à la perte des Nordiques. En vérité, la situation des propriétaires n'est jamais sûre ou stable. Ces gens qui détiennent une franchise vivent une réalité diamétralement opposée à ce qu'elle était à mon époque.

Il est intéressant de savoir que lorsque les Bronfman étaient propriétaires de l'équipe au milieu des années 70 alors qu'elle remporta quelques coupes Stanley, un de leurs conseillers financiers les informa qu'il était temps de quitter le sport. Ils lui en ont demandé la raison, mais il y en avait deux : pour des raisons fiscales, il était préférable qu'ils se défassent de cet investissement, mais surtout, il prévoyait qu'il deviendrait impossible de contrôler les salaires des joueurs. Ils l'ont écouté, persuadés que Carena Bancorp n'aurait pu offrir un rendement aussi intéressant s'ils avaient décidé de rester dans le hockey.

Au cours du lock-out de 2004-05, on a longuement débattu du plafond salarial, de la taxe de luxe, des revenus et des coûts certains. On a cependant ignoré ou omis de répondre à une question très élémentaire qui pourrait aider à mesurer la façon dont les attitudes et la réalité ont évolué. L'amateur de hockey moyen peut-il se permettre d'amener sa famille à un match de hockey ? Pour les fins de la discussion, parlons d'une famille de quatre personnes. Au moment où j'écris ces lignes, la réponse est « non ». Le prix des billets, du stationnement, de la nourriture et des souvenirs est devenu prohibitif. Si les parents souhaitent faire vivre une soirée inoubliable à leurs enfants, il leur en coûtera environ 500 $. Je ne crois pas qu'on se soit posé cette question lorsque les joueurs étaient préoccupés par leurs droits et leur position de négociation et, surtout, par leur prudence face aux propriétaires. Ils avaient de beaux mots pour les amateurs lors des conférences de presse, mais ils n'étaient pas sincères selon moi.

On peut tergiverser longtemps sur l'équivalent en dollars de 1953, 1971, 1994 ou 2005, mais même en tenant compte de ces facteurs, les supervedettes actuelles sont déconnectées de la réalité. Pourvu qu'il soit bien géré, cet argent que leur rapporte leur carrière dans le sport professionnel leur durera toute une vie. Aucune supervedette de ma génération, qu'il s'agisse de Gordie Howe, Maurice Richard, Stan Mikita, Bobby Hull ou Frank Mahovlich, ne pourrait en dire autant.

Plusieurs joueurs de mon époque sont déconcertés de voir ce que les salaires sont devenus au cours des dernières années. Mon point de vue est quelque peu différent, parce que j'étais aux premières loges alors que se déroulait cette course aux salaires. Par conséquent, je crois être en position de mieux comprendre la façon dont cette folie s'est terminée. Je ne suis pas comme le Rocket qui a passé sa retraite, furieux en pensant aux salaires que gagnent les joueurs modernes. Maurice a dû s'installer dans son sous-sol pour fabriquer des leurres avec du fil de pêche pour ensuite travailler à titre de représentant d'une société pétrolière de Montréal afin de joindre les deux bouts. Il était amer et ne s'en cachait pas.

Malgré tout le respect que je dois à Vincent Damphousse et Martin Brodeur, les joueurs de mon époque n'étaient pas naïfs, peu instruits ou les mouchards des dirigeants du hockey. Nous étions, comme eux aujourd'hui, les produits de notre génération. Nous reflétions les attitudes et la façon de faire de la société à l'époque.

Plusieurs membres de l'actuelle Association des joueurs de la Ligue nationale de hockey sont déroutés lorsqu'ils constatent à quel point nous avions tous si peu d'argent durant ces années. Le jeu dépendait presque entièrement de l'affluence aux matchs : les équipes vendaient des billets et pouvaient recevoir un faible pourcentage des recettes provenant des concessions, ou encore, de la vente des programmes ou de la publicité affichée tout autour de l'édifice. C'était comme ça. Cela veut-il dire qu'on était idiot de laisser la direction nous traiter de façon aussi méprisable ? Non, absolument pas.

Après avoir raté toute une saison, la ligue se trouve confrontée à une crise et à un défi de taille. Elle a perdu 60 millions $ au moment où ESPN a retiré son engagement de diffuser la saison 2005-06, ce qui a rendu ses partenaires de publicité nerveux et avec raison. Puisqu'il est possible que le hockey redevienne un divertissement dont les revenus dépendront du nombre de spectateurs, peut-être cette génération de joueurs de la LNH en tirera-t-elle certaines des leçons que nous avions durement apprises.

Mais si les deux parties souhaitent vraiment assurer la survie du sport professionnel, peut-être se rappelleront-elles la véritable clé de la réussite : travailler en équipe et apprendre à collaborer.

● ● ●

Alors qu'on s'apprête à imprimer cet ouvrage les propriétaires et l'Association des joueurs viennent de signer une nouvelle convention collective. Les activités de la ligue vont reprendre à l'automne 2005 et les joueurs seront soumis pour la première fois à un plafond salarial, fixé à 39 millions pour la première année. De plus, aucun joueur ne pourra gagner à lui seul plus de 20 % de la masse salariale totale l'équipe qui l'engage. Par ailleurs, les salaires des joueurs seront dorénavant directement liés aux revenus engendrés par la LNH, cette association devrait sensibiliser davantage les joueurs aux impératifs financiers des propriétaires. Cela signifie-t-il qu'ils ont perdu le combat ?

Voici ce que j'en pense : il était essentiel de trouver un équilibre entre la ligue et les joueurs pour rétablir la santé sur le plan fiscal. Plusieurs ont perdu beaucoup suite à l'annulation de la saison de hockey 2004-05. D'ici deux à trois ans, on verra ce conflit comme une « correction du marché » qui s'imposait.

À court terme, cet épisode justifie-t-il le congédiement du commissaire de la LNH Gary Bettman ou du directeur exécutif de l'AJLNH Bob Goodenow? Je l'ignore, mais les joueurs ont fait leur choix en laissant partir Goodenow. Ils ont, l'un comme l'autre, fait de leur mieux dans l'intérêt de leurs protégés et on ne peut leur en demander davantage.

Le Canadien de Montréal entreprend sa saison 2005-06 à Boston le 5 octobre pour ensuite rendre visite aux Rangers le lendemain, puis aux Maple Leafs le samedi suivant. Quelques matchs entre les équipes originales de la LNH pour mettre l'eau à la bouche autant des joueurs que des amateurs. C'est exactement ce qu'il nous faut.

Maintenant, place à la mise au jeu!

12

DES LIEUX ET DES GENS

Pour reprendre les mots d'adieu que le grand Lou Gehrig prononça au Yankee Stadium en 1939: «Je considère que je suis la personne la plus chanceuse au monde». Je crois en Dieu et je le remercie chaque jour de m'avoir donné un talent naturel qui m'a permis de devenir un hockeyeur professionnel et pour les nombreuses expériences qu'il m'a été possible de vivre tout au long de ma carrière avec le Canadien de Montréal.

Le jeune homme de 18 ans qui a quitté Victoriaville en 1949 n'aurait pu deviner qu'il entreprenait alors un long périple qui allait lui permettre de s'enrichir sans cesse. Le hockey m'a permis de m'instruire, de rencontrer mon épouse, de poursuivre une carrière en dehors de la glace après mes heures de gloire sur la patinoire. Le hockey m'a permis de rencontrer des amis formidables: mes coéquipiers, les Côté et les Byrne, Roland Mercier, Zotique Lespérance, Jack Latter et Charlie Smith, les familles Molson et Bronfman, les Selke, Sam Pollock, et ainsi de suite. Je suis vraiment béni des dieux et je leur en suis reconnaissant.

Cependant, le hockey est aussi une question d'affaires et rien de tout cela ne serait arrivé sans les gens qui paient pour assister aux matchs. Il revient au joueur de décider dès le début de sa carrière sportive de l'équilibre qu'il souhaite entretenir entre la vie privée et les exigences publiques indissociables de sa profession. Un athlète professionnel doit s'engager auprès de sa communauté. Il doit traiter le public avec respect s'il veut qu'on le respecte en retour. Ce n'est pas toujours facile. Quiconque choisit cette profession pour des raisons exclusivement monétaires et pour s'amuser risque d'être amèrement déçu.

En tant que joueur de hockey et, plus tard, en tant que membre de divers conseils d'administration, j'ai eu la chance de visiter plusieurs endroits à travers le monde. Pour débuter, j'ai connu les merveilles du pays dont je suis le citoyen. J'ai traversé le Canada à plusieurs reprises au cours des 25 dernières années et j'ai appris à bien le connaître.

Lors de mes voyages, on me pose toujours la sempiternelle question sur l'avenir politique du Canada, surtout à une époque où les événements suscitent un tel climat d'incertitude. Je crois que mes gestes au cours des ans n'ont laissé aucun doute quant à ma position. Les gens connaissent mon opinion. Je leur réponds que je suis avant tout un Canadien, dans tous les sens du mot.

Je n'ai jamais été aussi fier que ce 19 décembre 1969 lorsque le gouverneur général Roland Michener nous décerna, à Gordie Howe et à moi, le titre d'Officier de l'Ordre du Canada. Étrangement, la remise de nos insignes à Ottawa n'a eu lieu que presque deux ans plus tard, soit le 29 octobre 1971, quatre mois après ma retraite, ce qui démontre peut-être à quel point mon programme était occupé à cette époque. Le 6 mai 1998, Maurice Richard et moi accédions au rang de Compagnons de l'Ordre du Canada aux côtés du premier ministre Brian Mulroney. On nous avait remis cet insigne dans le cadre d'une cérémonie spéciale qui avait eu lieu le 22 octobre cette année là. Si on reconnaît un homme par les individus qu'il côtoie, je n'aurais pu demander mieux à ces deux occasions, puisqu'il s'agissait de deux des plus grands joueurs ayant évolué dans la Ligue nationale de hockey, Gordie et Maurice. L'Ordre du Canada est un grand honneur et je porte constamment mon insigne.

Nous avons tellement de chance de vivre au Canada. Peu importe où je vais, peu importe le caractère exotique de l'endroit en question, je suis toujours content de revenir. Le

Canada est le meilleur pays au monde, c'est certain. Je crois aussi que le Club de hockey Canadien a toujours été un genre de métaphore pour le Canada, un bon exemple de collaboration entre divers groupes ethniques et linguistiques désireux de réaliser des grandes choses.

Les différences linguistiques et culturelles n'ont jamais été source de tensions entre les joueurs. Lorsque je suis allé vivre à Québec, je ne pouvais pas parler un mot d'anglais. Je l'ai appris de mes coéquipiers et, plus tard, dans le vestiaire du Canadien. J'ai tôt fait de réaliser qu'on trouve partout des gens au grand cœur et je crois que la friction occasionnelle entre nos « deux solitudes » réside en partie dans le fait que la majorité des Québécois n'ont jamais eu la chance de visiter le reste du pays, de constater sa beauté, de rencontrer ses gens. De même, plusieurs citoyens des autres provinces n'ont jamais visité le Québec pour apprendra à connaître sa culture et son histoire.

Une chose est sûre, la conséquence négative, soit le climat d'incertitude dure depuis trop longtemps. Depuis presque un demi-siècle, les Québécois ignorent quel sera leur avenir. Bien des gens trouvent pénible de devoir envisager les risques d'un soulèvement politique sans précédent à tous les 10 ans ou presque.

Personnellement, je trouve difficile de comprendre la raison pour laquelle, à une époque où le monde devient chaque jour de plus en plus accessible grâce aux communications, aux moyens de transport et à l'universalité du marché, certains souhaitent limiter leurs possibilités et emprunter une voie contraire.

La politique est ce qu'elle est, et je suis assez réaliste pour savoir qu'on assiste à l'occasion à des événements déplorables en coulisses. Au printemps 2005, les révélations qu'on entendait chaque jour devant la Commission Gomery chargée d'examiner les activités de commandites du gouvernement ont enragé les Canadiens et les ont rendus cyniques. Les lecteurs doivent savoir qu'une telle situation ne reflète pas la vie politique dans son ensemble. J'ai connu des centaines de fonctionnaires dévoués à tous les paliers de gouvernement et partout au pays, et je crois qu'il existe des gens honnêtes qui ont vraiment à cœur de servir notre pays. J'espère que cet épisode fera de nous un peuple plus fort. Les Canadiens tiennent énormément à ces valeurs que sont la vérité et l'équité et il est important de nous rappeler à quel point elles sont importantes.

C'est à l'automne 1994 que j'ai réalisé ma visite la plus longue — et la plus exhaustive — du Canada, alors que j'entrepris de faire la promotion de la première édition de ces mémoires. Deux sujets revenaient constamment lors des entrevues et des séances d'autographes. Le premier concernait ma candidature au poste de gouverneur général, et le deuxième, le lock-out que la LNH avait décrété en 1994. En 2005, au moment où je publie cette deuxième édition, mes ambitions politiques sont loin derrière. Quant à l'arrêt des activités dans la LNH, ce sujet est redevenu malheureusement d'actualité, mais heureusement réglé depuis peu.

Quelques années auparavant, je m'étais frotté pour la première fois au monde politique. Je n'avais aucune ambition politique quelle qu'elle soit, mais au cours des ans, mon nom est apparu sur la « liste utopique » des candidats idéaux de divers partis. On m'approcha de temps à autre par ricochet, mais voyant que je ne manifestais aucun intérêt, les propositions ont cessé. Il est vrai que le premier ministre Mulroney, que je connaissais passablement bien, m'a offert à deux reprises un siège au Sénat. La première fois, ce fut en 1992, alors qu'on espérait combler avec des conservateurs plusieurs postes qui s'étaient libérés à la Chambre haute.

« Premièrement, lui ai-je dit, je me suis toujours tenu loin de la politique. Je n'adhérais — et pas plus aujourd'hui — à aucun parti en particulier. Deuxièmement, je ne veux rien savoir de la politique à moins d'être élu et non nommé. Troisièmement, je n'irai certainement pas au Sénat pour la simple raison que les conservateurs ont besoin de plus de votes. » Je ne méprise aucunement le Sénat. Mon ami et ex-coéquipier Frank

Mahovlich est devenu sénateur en 1994 et s'acquitte merveilleusement bien de ses fonctions depuis ce temps.

D'anciens joueurs de hockey se sont également distingués à la Chambre des communes. Lionel « Big Train » Conacher, auquel on décerna le titre d'Athlète canadien de la première moitié du siècle en 1950, fut élu à deux reprises pour représenter la circonscription de Trinity à Toronto. Malheureusement, ce grand sportif et fonctionnaire canadien est décédé le 26 mai 1954 lors d'une partie de balle molle sur la colline parlementaire. Leonard « Red » Kelly, jouait encore pour les Maple Leafs lorsqu'il fut élu dans la circonscription de Toronto-York ouest, alors que récemment, c'est Ken Dryden qui a fait son entrée au Parlement canadien.

Conscient de ces faits, le premier ministre n'a pas fait des pieds et des mains pour m'offrir un siège au Sénat. Lorsque j'ai poliment refusé, il a compris mes sentiments et ne m'en a plus reparlé. L'année suivante, cependant, il est revenu à la charge, tout juste avant d'abandonner son poste de premier ministre et environ au moment où je prévoyais me retirer des activités professionnelles. Lorsqu'on entendit parler de cette offre, j'étais à Toronto pour affaires. Je savais que je ne pouvais me cacher des journalistes. J'ai donc demandé à Louise Richer, ma secrétaire, de me transférer tous les appels. J'ai dû répondre pendant deux heures aux questions des journalistes dans ma chambre de l'hôtel Royal York.

Une fois de plus, j'ai dû refuser en disant à monsieur Mulroney qu'il s'agissait là d'une question de cohérence. « Le Canadien souhaite que je reste, mais j'ai besoin de liberté. Je veux contrôler ma vie. Si j'accepte votre offre, je ne ferai que travailler à Ottawa plutôt qu'au Forum. Et vous me connaissez, je ne serais pas une figure de proue. » Je savais que mes nuits et mes fins de semaine seraient alors monopolisés par mes responsabilités et mes déplacements. J'avais 62 ans et je souhaitais consacrer davantage de temps à ma famille. Un point c'est tout.

Les histoires entourant ma candidature au poste de gouverneur général ont refait surface au début de l'été 1994 et mes amis des médias m'ont révélé que les premières rumeurs, ou fuites, provenaient d'Ottawa, ce qui portait certains à croire que le bureau du premier ministre me tendait une perche. On disait que j'étais un des candidats que le premier ministre Jean Chrétien avait en tête pour succéder à Ray Hnatyshyn, dont le mandat devait prendre fin plus tard cette même année.

«Je n'en sais rien, ai-je dit à mes amis. Je connais les médias du monde sportif, mais je n'ai aucune expérience sur la tribune de la presse. J'ignore vraiment de quoi il s'agit.»

Perche ou pas, l'histoire s'est retrouvée au Service des dépêches de la Presse canadienne et, de là, dans tous les médias au pays.

Avec Élise, j'ai discuté d'une telle possibilité plusieurs fois au cours de l'été et je mentirais si je disais que le côté idéaliste et l'importance d'un tel poste ne m'attiraient pas. J'avais passé plusieurs années à Québec, qui est également la ville natale d'Élise et où se trouve, tout comme à Ottawa, un important bureau du gouverneur général. Le gouverneur passe en moyenne deux mois par année dans une résidence à la Citadelle et il est arrivé souvent que la gouverneure générale Jeanne Sauvé nous y invite. J'ai appris à bien connaître l'importance de la tâche et d'un tel poste, surtout lorsque le pays est en crise.

Au début de septembre, je me suis éveillé très tôt un certain matin avec ce dilemme, à savoir si j'acceptais ou non. Je me suis rendu au bureau et, à la lueur d'une lampe, j'ai commencé à énumérer les pour et les contre sur un bout de papier. L'éloignement de ma famille et mon état de santé étaient les deux principaux arguments qui m'en dissuadaient.

Je venais à peine de quitter le Canadien de Montréal après avoir passé 40 ans dans l'organisation. Je n'étais pas tanné de travailler au Forum, mais je me croyais moins apte à m'acquitter de ma tâche comme je l'aurais voulu. Lorsqu'on travaille sept jours sur sept, année après année, on finit par en payer le prix.

Élise m'a toujours taquiné en me traitant de perfectionniste. Je n'avais jamais un poil de travers et j'ai toujours retourné mes appels. Au cours des dernières années, j'étais un peu fatigué de voir ces piles de messages, me demandant si je pouvais un jour atteindre le dernier de la pile.

Nous étions assis à déjeuner et nous parlions. Je mentirais si je disais que nous n'étions pas extrêmement attirés par le prestige de Rideau Hall. Cependant, nous avons réalisé qu'il s'agissait là d'un engagement très exigeant. Si j'acceptais le poste, je devrais m'y donner corps et âme pour ne recommencer à vivre vraiment qu'après le mandat de cinq ans. Durant cette période, nous aurions eu peu de temps pour notre fille Hélène et nos petites-filles Mylène et Magalie. En quittant pour Ottawa, nous devions tout abandonner et nous en étions incapables. Au moment où mon mandat aurait pris fin, nos petites-filles auraient grandi et seraient devenues indépendantes, encore une fois, loin de nous. Du moins, c'est ce qu'il me semblait lorsque je pensais à ma fille qui avait quitté l'enfance pour devenir si rapidement une jeune femme.

Le 27 septembre, le premier ministre et Aline Chrétien nous invitaient, Élise et moi, au 24 Sussex. À ce moment, ma décision était prise. À la fin du souper, monsieur Chrétien m'invita à prendre le café au salon et, alors que nous nous y rendions, le premier ministre me demanda de le suivre dans la bibliothèque.

— Jean, j'ai très peu de candidats au poste de gouverneur général et j'aimerais rencontrer chacun en personne pour discuter de cette éventualité, m'a-t-il dit.

Peut-être était-il en train de sonder le terrain, mais je suis allé directement au but.

— Je suis très honoré que vous ayez songé à moi, monsieur le Premier ministre, mais je ne pourrais acquiescer à votre désir.

Je pouvais voir qu'il était un peu déçu, mais Jean Chrétien n'a jamais forcé personne. Il a accepté ma décision sans insister et le reste de la soirée fut très cordial, comme elle l'avait été jusqu'à ce moment. J'ai apprécié qu'il comprenne que les circonstances et le moment ne se prêtaient pas à une telle décision de ma part.

Ce n'était pas là une offre concrète de sa part, mais j'ai quitté le 24, promenade Sussex ce soir-là croyant que si je lui avais dit que j'étais heureux que mon nom demeure ou qu'il apparaisse plus en haut sur sa courte liste, c'était dans la poche. Quelques semaines plus tard, lors de la tournée de promotion de mon livre, on parlait encore de cette histoire dans les nouvelles. Il était vraiment réconfortant d'apprendre que les Canadiens de partout au pays voyaient en moi un excellent gouverneur général et qu'ils auraient aimé que j'accepte le poste.

Un dernier mot sur le sujet, puisqu'on a soulevé la question lorsqu'on a appris que je ne pouvais accepter un tel poste. Ni la politique canadienne ou québécoise ni la partisanerie quelle qu'elle soit n'a influencé ma décision. J'aurais été fier d'accepter le titre si la situation avait été différente. Je dirai cependant que plusieurs Canadiens à l'extérieur du Québec m'ont demandé de tout faire en mon pouvoir pour convaincre mes compatriotes québécois que nous vivons tous ensemble une expérience formidable en tant que Canadiens et ils souhaitent que rien ne change. L'assurance et la sincérité avec lesquelles ils m'exprimaient ainsi leurs sentiments m'ont inspiré.

La tournée de promotion de mon livre en 1994 fut le plus long voyage de ma vie alors qu'il dura 56 jours d'un océan à l'autre. Le lancement à Québec fut vraiment spécial. Contrairement à Montréal où j'étais souvent en contact avec d'ex-coéquipiers et joueurs qui ont évolué avant ou après moi et que je voyais lors des réunions d'anciens Canadiens et des retrouvailles occasionnelles au salon des anciens au Forum, il était difficile de ne pas perdre de vue les anciens coéquipiers des Citadelles et des As de Québec.

Ce fut-là une matinée très spéciale lorsque quelques anciens des As et des Citadelles, d'ex-collègues de travail chez Molson, des amis des médias et des membres de la famille se sont réunis au Colisée pour se rappeler avec moi quelques bons souvenirs. Ludger Tremblay, Armand Gaudreault, Camille Henri, Bernard Guay, Claude Larochelle, et Butch Houle étaient parmi les 150 personnes qui sont venues me saluer là où tout avait commencé. Triste à dire, mais plusieurs d'entre eux sont disparus depuis 1994, tout comme le salon des anciens au Forum. Je m'ennuie vraiment d'eux.

Cet ouvrage m'a permis de rencontrer en personne des milliers de Canadiens et de vivre un nombre incroyable d'expériences semblables en 11 ans depuis sa publication. Les gens sont si aimables et vraiment ravis de rencontrer un joueur de ma génération. Le Canadien de Montréal a toujours bénéficié d'une popularité incroyable partout au Canada et peu importe où je me trouve, je vois le symbole du Bleu Blanc Rouge sur des casquettes, des chandails, des pantalons, des vestes et même des souliers de course. Certains sont fiers lorsqu'ils me disent qu'ils préfèrent les Leafs ou d'autres équipes canadiennes plus récentes comme les Flames, les Oilers, les Canucks ou les Sénateurs. Leur enthousiasme m'a fait réaliser une fois encore l'importance du hockey dans la vie des Canadiens. Don Cherry a peut-être raison : le hockey nous réunit et devient immanquablement le sujet de conversations lorsque des étrangers se rencontrent, peu importe où au pays.

Les amateurs plus âgés, qu'ils soient de Halifax ou de Victoria, ont souvent dit et disent encore à quel point il est difficile de suivre le jeu de nos jours. Certaines rencontres plus enlevantes qui opposent, par exemple, Montréal à Detroit, n'arrivent qu'une fois par saison, et ils trouvent cela décevant. La LNH compte en moyenne 700 joueurs, en plus des 100 autres qui vont et viennent entre la grande ligue et les ligues mineures professionnelles durant la saison, de sorte qu'on ne parvient plus à reconnaître les principaux joueurs. Ajoutons à cela le casque qui empêche de voir le visage des joueurs et l'alignement plus nombreux des équipes et on comprend la raison pour laquelle les amateurs de longue date désertent le sport, ces gens qui pouvaient autrefois citer les statistiques, d'un match donné ou en carrière, des joueurs qui évoluaient dans la ligue à 6 équipes et même lorsque celle-ci en comportait 12 après 1967.

Lorsqu'on repense à l'époque des 6 premières équipes, il y avait 120 joueurs et peut-être une douzaine de remplaçants qui provenaient des autres ligues et les amateurs n'avaient pas besoin de voir les noms inscrits sur nos chandails pour nous reconnaître.

Un amateur m'a déjà dit : « Lorsqu'on lançait la rondelle, on savait de qui provenait le tir. Nous reconnaissions les joueurs par leur façon de patiner, de lancer et de mettre en échec. Il y avait entre nous et le jeu cette intimité qui n'existe plus. »

J'ai promis que je m'attarderais dans cet ouvrage sur les faiblesses du sport moderne telles que je les vois. Mais plutôt que d'exprimer mes réserves par des termes abstraits, je crois qu'il est plus important d'examiner le point de vue des amateurs. C'est donc ce que je ferai ici alors que j'analyserai les opinions de milliers de personnes avec lesquelles je me suis entretenu. Au nom de tous les amateurs, j'adresse à la ligue les plaintes suivantes. Voyez-y, s'il vous plaît.

— *Lorsqu'un joueur se défait de la rondelle*, il brise le rythme du jeu et réduit l'habileté des joueurs. Il s'agissait là d'une tactique utile à l'époque où l'on pratiquait la stratégie du piège en zone neutre, mais les amateurs la détestent.

— *La stratégie de la trappe en zone neutre* qui consiste, pour les deux équipes à placer les cinq joueurs entre les deux lignes bleues pour obstruer le centre de la glace est très efficace sur le plan de la défensive, mais elle ralentit énormément le jeu.

— *Le recours au bâton* pour cingler, darder, accrocher ou nuire autrement au porteur de la rondelle fait ressortir le mauvais côté du jeu. Permettez-moi de poser la question suivante : Pour quelle raison interdit-on ces infractions pour fermer ensuite les yeux lorsqu'on les commet ? Une fois de plus, il s'agit là d'une tactique qui nuit à la plupart des joueurs de talent, en particulier lorsque l'adversaire utilise son bâton pour créer de l'obstruction.

— *L'arbitrage adapté.* Il existe un seul livre de règlements et non pas un pour chaque période ou chaque situation. Les arbitres devraient signaler toutes les infractions lorsqu'elles surviennent, peu importe où sur la glace, peu importe le pointage et peu importe le temps qui reste à jouer. Il y a longtemps, les entraîneurs des équipes plus robustes ou possédant moins de joueurs de talent (comme les Bruins de Don Cherry), parvenaient à convaincre les arbitres de les « laisser jouer », un euphémisme qui signifie qu'on devait « laisser l'équipe plus robuste et moins habile faire tout ce qu'elle voulait pour ralentir ou arrêter l'autre équipe plus habile contre laquelle elle jouait ». Les arbitres ont adhéré à ce principe et on a assisté à du hockey dégueulasse. Je me réjouis que joueurs et propriétaires se soient, ensemble, penchés sur cet aspect du hockey lors du dernier lock-out, et ils semblent maintenant déterminés, ensemble, à appliquer les règlements à la lettre. Si l'annulation d'une saison a permis au moins cela, l'amateur en sortira gagnant.

Les amateurs ont émis plusieurs suggestions excellentes qui méritent qu'on s'y attarde. Et pourquoi pas ? Ces gens vivent une histoire d'amour avec le hockey depuis les tout premiers débuts.

Entre-temps, les directeurs généraux se sont engagés à réaliser des études sur la taille de l'équipement des gardiens, la dimension des filets et quelques autres règles pour améliorer la qualité du jeu. Ainsi, au début de la saison 2005-06, les jambières des gardiens de but vont être réduites à leur taille de 1990 et la ligne rouge sera abolie. Je demande une dernière fois à la ligue : laissez faire la taille des filets ou le type de matériel dont sont fabriqués les bâtons et occupez-vous des problèmes que vous êtes capables de résoudre, parmi lesquels l'application des règlements et l'équipement des gardiens de buts. Aussi, joueurs et propriétaires se sont entendus lors de la dernière convention collective pour abolir les matchs nuls en imposant la fusillade une fois la prolongation terminée sans avoir désigner un vainqueur. Certes, l'amateur appréciera ce spectacle, mais personnellement je ne suis pas fervent de cette nouvelle politique. En effet, si des joueurs ont travaillé fort pendant 60 minutes en équipe, à cinq contre cinq, comment peut-on ensuite changer les règles pour déterminer un vainqueur à la suite de duels successifs entre un joueur et le gardien adverse, à un contre un ? Le hockey est un sport d'équipe. Au baseball, accepterait-on de déterminer un gagnant à l'aide d'un concours de coups de circuit ?

• • •

Les universités canadiennes ont été particulièrement bonnes à mon égard depuis que j'ai accroché mes patins en 1971 ou mon complet de travail en 1993. *Honoris causa* : je n'ai jamais autant parlé latin depuis mon séjour chez les frères du Sacré-Cœur à l'académie Saint-Louis-de-Gonzague.

Mon premier grade honorifique, je l'ai reçu d'une école qui présente un certain lien avec le nom de Béliveau, un des premiers noms de famille acadiens. Celui-ci m'a été décerné le 7 mai 1972 et il s'agissait d'un grade honorifique en éducation physique de l'Université de Moncton, une institution avant tout de langue française. Le 30 mai 1995, je recevais la médaille Loyola de l'Université Concordia à Montréal, et le 6 juin 1999, c'était un doctorat honorifique que j'obtenais de l'Université d'Ottawa. Je trouve particulièrement gratifiant qu'il s'agisse de trois institutions bilingues.

Trois universités de la Nouvelle-Écosse m'ont ensuite rendu hommage, soit l'Acadia University le 11 mai 1998, la St. Mary's University d'Halifax au mois d'octobre 2001 et la Ste-Anne's University en mai 2004.

Ma vie pendant et après le hockey m'a permis de voyager considérablement et un des voyages les plus mémorables fut celui que j'ai réalisé dans l'Ouest canadien avec Élise en 1960. C'était l'année où Molson me demanda de visiter les brasseries dont elle avait fait l'acquisition dans l'Ouest l'année précédente. Je pouvais employer le mode de transport de mon choix, mais j'ai opté pour l'auto. « Nous vivrons une seconde lune de miel en parcourant le pays. »

Élise a toujours adoré voyager et elle n'a aucunement hésité. Sa sœur a accepté de s'occuper d'Hélène, qui venait d'avoir trois ans, et nous sommes partis dans l'Ouest. Nous avons passé deux ou trois jours dans chacune des villes où nous avons visité les hôpitaux, les stations de radio, les sociétés de bienfaisance au nom de la brasserie et de l'équipe. Près de Regina, j'ai repris contact avec ces oncles Béliveau qui avaient quitté le Québec pour travailler dans les champs de blé quelques décennies auparavant.

Un mois plus tard, nous sommes arrivés à Vancouver. Molson nous avait laissé du temps de libre lorsque nous sommes arrivés sur la côte et nous étions prêts à relaxer pendant quelques jours après quatre semaines bien remplies sur la route. Nous avons repris notre souffle et sommes remontés dans la voiture pour suivre la côte dans les États de Washington, de l'Oregon et de la Californie, jusqu'à San Diego. Nous avons ensuite pris un mois de plus pour rentrer au bercail.

Après avoir été séparés de notre fille pendant deux mois, nous étions ravis de rester à la maison pendant un certain temps. Lorsque j'y repense, c'est cette expérience qui nous a donné à tout jamais la piqûre du voyage. Par la suite, dès qu'on m'en donnait la chance, j'allais n'importe où au pays, mais surtout dans les endroits les plus reculés. Les Canadiens qui vivent à ces endroits ne se considèrent évidemment pas comme étant « reculés », mais ils n'ont pas autant de chance de rencontrer des personnalités sportives. On m'a souvent invité à me rendre dans ces endroits et j'ai toujours fait l'impossible pour accepter. Pendant longtemps, le Canadien était la seule équipe de la LNH ayant à son service un ambassadeur itinérant.

Un jour, au début de 1976, je recevais un appel du maire de Dawson au Yukon.

— Nous sommes sur le point d'inaugurer un nouveau complexe sportif dont la majeure partie consiste en une aréna. Vous nous feriez tout un honneur si vous pouviez venir.

La distance séparant Montréal de Dawson peut sembler énorme au plus commun des mortels et j'ai donc hésité. Le trajet allait nécessiter trois vols et une nuit à Vancouver.

— Je ne refuse pas souvent, mais cette fois-ci, je regrette de ne pouvoir y aller. Il y a sûrement quelqu'un à Vancouver qui pourrait y aller? lui ai-je répondu.

J'ai raccroché et je me suis immédiatement senti mal. L'ouverture d'un nouveau complexe était un événement spécial pour cette communauté. Si je pouvais les aider, je devrais le faire, malgré la distance.

J'ai rappelé le maire une heure plus tard et lui ai demandé :

— Avez-vous trouvé une autre personne ?

— Non, nous aimerions que ce soit vous, m'a-t-il répondu.

— Très bien, j'y serai.

Au fur et à mesure que le temps passe, je me rappelle difficilement le paysage et les bruits de plusieurs destinations, mais dans le cas de Dawson, certains éléments ont tôt fait de me rafraîchir la mémoire. Le soir où j'étais à Vancouver, j'ai vu Darryl Sittler de Toronto établir un record de la ligue avec 6 buts et 4 passes, soit 10 points en un seul match.

Je suis arrivé à Whitehorse le lendemain matin, 8 février, où j'ai changé d'avion pour m'envoler vers Dawson. Le temps était sec. Les montagnes, les lacs et les forêts reposaient sous une épaisse couche de neige. Environ 800 personnes vivaient à Dawson pendant l'hiver et à cette époque, c'étaient pour la plupart des Inuits et des Indiens, mais la population augmentait pour atteindre de 3000 à 4000 habitants en été. La ville entière et les environs s'étaient réunis pour assister aux cérémonies d'ouverture.

Le maire prit alors la parole en ces termes : «Là-bas, à l'est, on coupe un ruban pour inaugurer un nouvel édifice. Ici, nous procédons autrement. » Deux Inuits se sont alors avancés vers nous munis d'un chevalet et d'un billot de bouleau blanc. (Ce qui me rappelait Victoriaville et les poteaux de cèdre !) Lorsque nous eûmes terminé, il me remit la clé de la porte avant et invita la foule à entrer. Nous avons immédiatement fait ce que tout Canadien ne peut s'empêcher de faire dans un nouveau complexe si invitant. Nous avons enfilé nos patins.

Dawson était alors le seul endroit au Canada où les jeux de hasard étaient légaux. Ce soir-là, le casino était plein à craquer, décoré comme un ancien saloon du temps de la ruée vers l'or, avec danseuses et plein d'éléments du paysage local.

Un ancien prospecteur s'est avancé vers notre table pendant le souper et m'a montré une pépite d'or de la taille d'un poing. Elle devait valoir des milliers de dollars et il la gardait dans sa poche. Plus tard, on m'appela sur l'estrade et on me demanda d'enlever mon veston et de rouler mes manches. Un seau rempli d'eau sablonneuse est apparu dans lequel je devais chercher de l'or. J'en ai trouvé environ une once en flocons minuscules. Je les ai encore, en souvenir de ce voyage inoubliable. Il est rare qu'un dessert devienne aussi payant.

J'étais debout à 7 h 00 le lendemain matin, bien que la soirée ait pris fin à une heure tardive. Au cours des quelques heures qui ont précédé mon vol de retour vers Whitehorse, j'ai parcouru la ville à -40° avec, pour seul accompagnement, le bruit de mes bottes dans la pénombre d'un lever de soleil nordique. J'ai ensuite levé les yeux pour apercevoir une famille de corbeaux énormes. Avec quelques chiens, ils étaient les seuls signes de vie à cette heure du matin, jusqu'à ce que je remarque un pompier en service, seul à la caserne.

Je considère le nord comme la plus belle région au pays. Plusieurs années plus tard, le gouvernement fédéral me demanda de visiter, le temps d'un week-end, la communauté de Frobisher Bay, qui porte maintenant le nom d'Iqaluit. Avec les gens de la place, je devais regarder le match du samedi à *La soirée du hockey* pour ensuite répondre après chaque période à leurs questions sur le concours et sur le hockey en général.

Iqaluit — qui signifie « là où se trouve le poisson » — se trouve sur la Terre de Baffin, une île d'une longueur de 1600 kilomètres où sont parsemés ici et là de minuscules établissements. C'est là que se trouvent le seul hôpital et la seule école secondaire de la région. Au moment de ma visite, on m'amena par avion à Pangnirtung sur la péninsule de Cumberland, un centre d'art inuit important, où l'on fabrique en particulier des tentures tissées et des sculptures en pierre de savon. On dit que les premiers Européens ont foulé ces terres en 1585. En 1840, il s'agissait du port le plus au nord pour les baleiniers qui exerçaient leurs activités dans l'Arctique.

Pangnirtung gît au pied d'une montagne. Lorsqu'on y arrive par avion, celui-ci traverse la cime pour ensuite s'incliner et descendre de façon abrupte afin d'atterrir sur une plaine gelée en plein milieu du village. En sortant, j'ai remarqué un groupe de jeunes jouant au hockey à -35°. Je les ai rejoint pendant quelques minutes et j'ai ensuite poursuivi ma visite en me rendant au musée local.

Pour le retour, nous devions survoler une rivière sur plusieurs kilomètres, flanquée des montagnes de chaque côté. Nous sommes soudainement parvenus à un col. Le pilote a cabré son avion et nous sommes sortis. Un guide local m'avait dit que le terme Pangnirtung est un terme inuit qui signifie « la place du caribou mâle », un nom parfaitement approprié. Nous apercevions en dessous un immense troupeau de caribous, des centaines sinon des milliers de bêtes se déplaçant dans la nature. Plus tard, alors que nous approchions d'Iqaluit, la nuit tombant, je pouvais admirer les feux des chasseurs Inuits revenant au village sur leurs motoneiges.

Lors du souper à Iqaluit ce soir-là, le maire m'a présenté à un dentiste de Jonquière qui avait pris sa retraite et qui avait décidé de vivre dans le grand nord pendant un an. Trois années plus tard, il y était encore.

Pendant le repas, j'ai demandé au maire si je pouvais voir un traîneau à chiens.

— Bien sûr Jean, m'a-t-il répondu, mais je dois vous avouer qu'il y en a un seul en ville.

Il appartenait au dentiste de Jonquière. Tous les autres se promenaient en motoneiges.

• • •

J'ai également réalisé des voyages formidables à l'étranger. Le premier, c'était en 1966 alors que je visitais les membres des Forces canadiennes qui participaient dans le désert du Sinaï à une mission de maintien de la paix des Nations unie avec des membres de cinq autres pays. Chaque soir, la CBC présentait des séquences du dernier match des séries de la coupe Stanley et je les commentais. Notre groupe comprenait environ 20 membres, dont l'artiste Danièle Dorice et Diane Landry, mademoiselle Canada de Saint-Boniface au Manitoba. Nous étions basés à Rafah, sur la côte, et nous avons visité les camps des contingents des autres pays, ainsi que les endroits dont on entendrait parler chaque jour aux nouvelles 18 mois plus tard pendant la guerre israélo-arabe de 1967.

La glace était rare, de sorte que nous avons joué à la balle molle et au golf. Nos hôtes ont aménagé un petit terrain sur le sable et nous utilisions des tapis comme tertres de départ. Pour les verts, ils vidaient des barils d'huile et roulaient le terrain. Quant aux trappes de sable, il y en avait partout.

Quelques années plus tard, je voyageais en Europe pour des raisons purement personnelles. Au mois d'août 1971, deux mois après mon dernier match dans l'uniforme du Canadien, j'apprenais que mon père souffrait d'athérosclérose et qu'il avait apparemment subi une très faible crise cardiaque quelques années auparavant. Arthur Béliveau était alors presque âgé de 70 ans mais, croyez-le ou non, il n'avait jamais pris l'avion. Sous l'impulsion du moment, nous avons décidé de partir pour cinq semaines en Europe — Élise, Hélène, moi-même, mon père et ma belle-mère. La réaction de mon père à l'occasion de son baptême de l'air valait à elle seule le prix des billets.

Nous avions prévu parcourir en voiture l'Allemagne, la Suisse, l'Italie et la France pour ensuite nous reposer pendant cinq jours à Nice sur la Côte d'Azur et terminer notre voyage à Paris. Avant de partir, des voyageurs nous avaient qualifiés d'imprudents, parce que nous partions en Europe pendant la haute saison sans la moindre réservation. Mais c'était précisément notre intention. Je souhaitais vivre cinq semaines de liberté et parcourir l'Europe sans itinéraire fixe.

Nous avons réservé notre première journée à Frankfurt, mais je m'arrangeais ensuite avec le concierge des hôtels où nous nous arrêtions. Avant le souper, la veille de notre départ, je lui annonçais notre prochaine destination et lui présentais nos exigences : un hôtel de qualité, près du centre-ville et doté de deux suites. En Europe, les concierges disposent d'un réseau sophistiqué qui a toujours su répondre à nos besoins. Même à Nice en plein mois d'août, nous avons trouvé un hôtel quatre étoiles à quelques rues de la Promenade des Anglais.

Avant notre départ, j'avais appelé Louis Laurendeau, prêtre jésuite et ex-Montréalais qui vivait maintenant à Rome, pour lui demander s'il pouvait organiser une visite du Vatican. Le père Laurendeau était secrétaire du directeur général de l'Ordre de Jésus, dont le siège social se trouve tout près du Vatican. Au moment d'arriver à Rome, nous avons rencontré le père Laurendeau et soupé en sa compagnie.

« Jean, j'ai de bonnes nouvelles. » Non seulement allions-nous rencontrer le pape Paul VI lors de son audience publique du lendemain à Castel Gandolfo, sa résidence d'été à l'extérieur de la ville, mais on nous avait accordé une audience privée avec Sa Sainteté.

Inutile de dire que nous étions très nerveux lorsque nous avons quitté l'hôtel à 8 h 30 le lendemain matin. Notre chauffeur nous avait rassuré en nous disant que nous avions amplement de temps. « Il commence au jardin à 10 h 00, mais les audiences privées ne débutent qu'à 11 h 00. » Nous avions le temps de visiter les catacombes avant qu'il ne nous conduise à la petite ville de Castel Gandolfo.

Vingt-trois personnes, dont 15 missionnaires, eurent droit à des audiences privées ce jour-là. Nous prenions place dans la réception toute en marbre alors que l'audience du Pape avait lieu dans le jardin. Nous pouvions entendre les acclamations des gens, alors qu'il saluait les différentes délégations dans leurs propres langues. Ensuite, peu après 11 h 00, on entendit un certain mouvement au bout de la salle. Plusieurs cardinaux ont déambulé et les assistants du Pape ont commencé à nous appeler, un groupe à la fois.

Lorsque notre tour arriva, il était évident qu'on avait bien informé le Saint-Père. Il connaissait ma carrière et mon dévouement pour les œuvres de charité. Il m'a ensuite dit : « J'étais à Montréal alors que je n'étais qu'un jeune prêtre. Je suis vraiment ravi que vous ayez amené vos parents avec vous. » Il nous a ensuite remis des médailles.

L'entrevue n'a duré que deux ou trois minutes, mais le souvenir est impérissable. Je n'oublierai jamais cette image du pontife tout de blanc vêtu et le contraste étonnant de ses yeux bleus qui se démarquaient sur ses vêtements. Bien qu'une politique interdise l'utilisation de caméras, le personnel du pape a discrètement saisi sur pellicule ce moment mémorable. On nous a fait parvenir nos photos plus tard ce soir-là. Le personnel de l'hôtel reconnut l'enveloppe et nous avons ensuite été traités aux petits oignons.

Le lendemain, nous visitâmes la Cité du Vatican et, une fois de plus, le père Laurendeau avait tout préparé. À la porte, nous avons été accueilli par un membre imposant de la Garde Suisse. Il m'examina de près et me dit :

— Vous avez la stature d'un athlète. D'où venez-vous ?

— De Montréal. Qu'est-ce qui vous fait dire que j'ai l'air d'un athlète ?

— Je suis certain que vous en êtes un.

Je lui ai répondu qu'il avait raison et que j'avais joué pour le Canadien de Montréal.

— Le club de hockey ? Vous êtes le Jean Béliveau du Canadien ?

Il a presque déposé sa hallebarde pour me serrer la main. Il appert qu'il connaissait tout sur le hockey. Nous avons échangé nos adresses et, par le suite, des ouvrages sur nos pays respectifs.

Ce fut ainsi tout au long de notre voyage. Un parcours de rêve que j'ai pu apprécier d'autant plus que je voyais à quel point mon père était ravi de visiter la tour penchée de Pise, la grotte bleue de Capri, le pont d'Avignon, la tour Eiffel — des endroits que nous avions vus maintes fois dans les livres mais jamais en personne. J'étais si heureux de pouvoir partager ces sensations avec lui. Il était là pour moi en 1949 au moment où son fils de 18 ans quitta Victoriaville pour l'aventure alors que tout avait débuté, et durant les années qui ont suivi.

Notre voyage en Europe n'était bien sûr qu'une faible compensation pour tout ce qu'il avait fait. Mais c'était ma façon de le remercier. J'avais fait de mon mieux et j'espérais que ce soit suffisant.

• • •

En 1997 je me rendis à nouveau au Moyen-Orient alors que Gary Ulrich, Eddie Wilzer et Gordie Schwartz, trois membres bien en vue de la communauté juive de Montréal, m'invitèrent en Israël pour agir en tant que capitaine honoraire de l'équipe canadienne participant cette année là aux Maccabiades, les Olympiques juives. La plupart des activités se déroulaient au stade Ramat Gan à Tel-Aviv, alors que le golf avait lieu près de Netanya et la natation à Jérusalem.

En raison de la chaleur, les compétitions avaient lieu en matinée, en fin d'après-midi et en soirée, ce qui nous donnait, à Élise et à moi, amplement de temps pour visiter les autres centres. La plupart des jours, nous allions à Jérusalem pour les premières compétitions et nous demandions ensuite à notre chauffeur de nous amener à la mer Morte, aux montagnes ou à l'ancienne cité de Jéricho.

Un après-midi à Jéricho, j'ai décidé de chercher une théière bédouine et j'ai demandé à notre chauffeur de nous dénicher un antiquaire réputé.

— Il y a plus d'antiquaires que d'habitants à Jéricho, m'a-t-il répondu avec le sourire.

— Dans ce cas, amène-nous chez le meilleur.

Nous arrivâmes donc à la boutique alors que les unités de la défense israélienne apparurent devant nous. Les véhicules de transport des troupes débordaient de soldats portant casque et gilet pare-balles qui se dispersaient dans toutes les directions. On enroula la toile recouvrant un camion de deux tonnes pour dévoiler une des pièces d'artillerie les plus menaçantes qu'il m'ait été donné de voir. Les troupes ont rapidement bloqué la zone devant nous, installé un cordon de sécurité et pris position.

Nous nous rendions évidemment de l'autre côté du cordon. Notre chauffeur, qui avait évidemment des contacts au sein du gouvernement, sinon de l'armée, appela un officier :

— Que se passe-t-il ?

L'officier montra un pont de pierre à moins de 200 mètres de l'endroit où nous nous trouvions.

— On vient tout juste de nous informer que le pont est miné et qu'on y a placé plusieurs centaines de kilogrammes d'explosifs.

Il n'y avait rien à faire, sinon attendre que les sapeurs fassent leur travail. Pendant ce temps, nos antiquaires nous faisaient des signes, à quelque 30 mètres de là.

— Écoutez, dit notre chauffeur à l'officier, ces gens viennent de Montréal. Monsieur Béliveau est capitaine honoraire de l'équipe canadienne aux Maccabiades. Nous voulons nous rendre à ce magasin. Ils y seront plus en sécurité que s'ils restent ici si cette chose devait exploser. Dieu nous en protège.

L'officier s'arrêta pour réfléchir un instant, imaginant peut-être les problèmes auxquels il devrait faire face si nous sautions, parce qu'il aurait refusé que nous restions à l'abri.

— Allez-y mais soyez prudents, nous a-t-il dit en nous faisant signe de passer.

Nous avons visité l'Israël des temps modernes et celui du temps de la Bible : l'amphithéâtre romain de Césarée, Massada, la Galilée, le Jourdain, Bethléem et Nazareth. J'ai passé quelques instants de contemplation et de prière au lieu où se trouvaient la crèche et l'église de la Nativité à Bethléem. Ce fut un choc de constater qu'on avait placé une enseigne de Coca-Cola à la neuvième ou la dixième station du chemin de la croix.

Le fait saillant de mon voyage en Israël fut cependant l'événement qui nous y avait amenés, soit les Maccabiades. Je n'ai rien vécu, dans ma carrière professionnelle, qui soit aussi vibrant que cette marche dans le stade Ramat Gan, à la tête de la délégation canadienne, sous les acclamations de 60 000 spectateurs. On avait réservé au Canada un accueil spécial et nous ressentions tous une fierté énorme alors que nous avancions derrière notre drapeau.

En 1997, je faisais partie pour la deuxième fois du contingent canadien aux Maccabiades et, une fois de plus, nous avons vécu une certaine expérience impliquant un pont. C'était au moment où les délégations des divers pays entraient dans le stade avec le cortège inaugural. Le Canada s'écrit avec un « K » en hébreu, de sorte que nous nous trouvions au milieu de la file.

Pour une raison que j'ignore, les organisateurs de la cérémonie avaient fabriqué un pont de bois temporaire surplombant une rivière et menant au stade, là où il y avait déjà eu un pont d'acier. Ce soir-là, l'Autriche fut la première qui entra dans le stade avec environ 60 représentants, suivie de l'équipe australienne bien plus imposante avec quelque 360 membres. À mi-chemin, la structure s'écroula.

Nous nous trouvions au moins à un kilomètre ou deux et nous ne pouvions que deviner la raison d'un retard dans la procession. Enfin, nous avons pu voir des projecteurs éclairant la rivière dans le but de trouver des survivants et c'est à ce moment qu'on nous informa de la tragédie qui venait de se produire. Quatre ou cinq personnes s'étaient noyées et plusieurs étaient blessées. On annula les cérémonies d'inauguration et les jeux se déroulèrent dans une atmosphère de deuil.

• • •

En décembre 1984, l'Association canadienne de Hong Kong m'invita à assister à ce qu'on qualifiait alors de Semaine du Canada pour agir à titre de président honoraire des festivités comprenant un tournoi de golf, une conférence de presse, ainsi que plusieurs fêtes et réceptions. Nous y étions tout juste avant Noël lorsque l'épouse du gouverneur actionna un interrupteur pour allumer les millions de lumières qui ornaient les édifices de la ville. Des milliers de Chinois armés d'appareils photos sur trépieds ajoutaient à cette atmosphère et on entendit un tonnerre d'acclamations alors que les lumières s'illuminèrent.

Après Hong Kong, nous sommes allés à Beijing sur l'invitation du nouvel ambassadeur canadien en Chine. Pour reprendre les mots de notre contact aux Affaires extérieures, « peu d'athlètes canadiens ont cette possibilité. Si vous venez, il vous permettrait de rencontrer les autorités sportives chinoises en organisant une réception dont vous seriez l'invité. »

Nous y sommes donc allés et nous avons visité la place Tian'anmen, la Grande muraille de Chine et la Ville interdite. Ce pays m'est apparu si vaste alors que Beijing était spectaculaire avec ses larges avenues, ses grandes places et les bicyclettes qui fourmillaient partout où l'on pouvait regarder.

J'ai dit à Élise que je souhaitais voir toutes ces bicyclettes en mouvement. Je me suis donc levé à 5 h 30 un matin pour m'habiller rapidement et je suis descendu pour apercevoir les rues transformées en un torrent de bicyclettes chevauchées par ces gens transportant tous les articles imaginables.

Une pensée à la fois humble et merveilleuse m'a alors traversé l'esprit. Je me rappelais ce jeune homme frappant des rondelles contre la bande sur la patinoire que son père avait aménagée dans la cour arrière, un dimanche matin après la messe. Ce garçon n'aurait jamais pu imaginer que sa carrière de hockeyeur l'aurait amené aussi loin et qu'il aurait assisté à ce spectacle extraordinaire qu'il lui a été donné de voir ce matin-là. Entre Trois-Rivières et Beijing, toute une vie s'était écoulée.

13

MON PATRIMOINE

Aucun âge ni aucune occasion spécifique ne déclenche une telle conversation, mais celle-ci survient inévitablement dans la vie de tout couple marié d'un certain âge. Un bon dimanche, assis devant la table de la cuisine comme nous l'étions, certaines décisions devaient être prises : « Nous devons déterminer la façon dont nous allons nous défaire de certains biens matériels et aborder la question des funérailles. » Il s'agit là de la dernière vraie faveur que les parents font à leurs enfants, mais pour nous, c'est la façon normale de faire les choses.

Le nouveau millénaire avait débuté, lorsqu'Élise et moi avons commencé à nous dire que nous n'étions plus jeunes. Armés de brochures et de dépliants, nous avons parlé des dispositions relatives à notre inhumation, nos testaments, nos assurances-vie, nos taxes successorales et la répartition de nos biens personnels à notre fille et nos petites-filles. Nous avons pris plusieurs décisions et prévu aborder les autres questions à l'occasion de notre prochain souper du dimanche soir en famille.

Nous étions surtout inquiets d'aborder le sujet avec les jeunes Béliveau. Nous avons, Élise et moi, un peu plus de 70 ans, un âge où les gens sont souvent préoccupés par ces questions, alors qu'Hélène est au début de la quarantaine, très terre-à-terre et elle n'a pas peur d'aborder de front les questions les plus difficiles. Cependant, mes deux petites-filles sont encore aux études et je me demande à quel point il pourrait leur être difficile d'être confrontées à la mort de membres de la famille immédiate avant même qu'elles n'entreprennent leur propre vie.

Malgré tout, nous avons décidé que nous n'avions pas le choix et qu'il ne servait à rien de retarder le processus. La famille s'est donc réunie et nous avons abordé toutes les options, incluant la question de ce qu'on devait faire de toutes ces boîtes de souvenirs de hockey que j'avais accumulés au cours des ans.

Fidèle à son habitude, Hélène n'est pas passée par quatre chemins. « Que vais-je faire de toutes ces choses ? Crois-tu pouvoir vider tes placards pour venir remplir les miens ? » Elle ne m'a demandé que deux choses : le trophée commémoratif que Molson m'avait remis en 1971 au moment de ma retraite et un trophée de bronze marquant mon 500ᵉ but et orné de la rondelle originale. Elle a conservé deux répliques de la coupe Stanley pour mes petites-filles, ainsi que plusieurs peintures qu'on m'avait offertes au cours des ans. Elle n'avait pas de place pour le reste et elle ne s'en est pas cachée.

Quelques jours après ce souper en famille, j'ai appelé Pierre Trudeau qui travaillait avec la famille Juteau de Classic Collectibles, une maison de vente aux enchères de souvenirs de hockey sur Internet, pour lui demander s'il était possible de convertir le contenu de ces boîtes d'une façon qui profiterait vraiment à mes héritières.

• • •

Comme la plupart des amateurs de sport le savent, la vente de souvenirs sportifs est une activité sérieuse qui remonte au début des années 80. C'était alors l'âge d'or des cartes de sport emballées par groupes de cinq avec une gomme balloune qu'on vendait cinq sous. Des millions d'enfants convoitaient, collectionnaient, échangeaient et jouaient avec ces cartes.

Depuis les tout premiers débuts du XXᵉ siècle, on pouvait trouver des articles de collection en petites quantités qui accompagnaient certains produits. On trouvait des cartes de baseball avec les cigarettes Sweet Caporal avant la Première Guerre mondiale et jusque dans les années 20 ; des cartes de hockey avec les produits de tabac Sportsman et le sirop de maïs Beehive ; alors qu'on reproduisait sur les boîtes de céréale Wheaties les photos des champions récents de toutes les disciplines sportives.

C'est dans les années 50 qu'est née la passion des cartes, mais principalement des cartes de baseball. Pendant environ 20 ans, les cartes ont très peu évolué et elles étaient distribuées par un nombre relativement limité de fabricants, dont Topps, O-Pee-Chee et Fleer. Alors qu'il y avait certains collectionneurs mordus ici et là, on s'efforçait habituellement de classer ces cartes par séries, selon l'année ou le sport pour les ranger ensuite dans des albums.

Cette pratique a disparu dans les années 80 et au début des années 90 lorsque les principaux fabricants de cartes sportives sont entrés dans la course en offrant des cartes de « collection » spéciales qu'on vendait emballées dans un papier métallique sans gomme et à des prix dépassant de loin les cinq cents. Ces cartes, qu'on offrait en prime pour rehausser l'attrait des cigarettes ou de certains produits comestibles, étaient maintenant devenues elles-mêmes des produits.

Je n'ai jamais collectionné les cartes, mais je suis presque devenu un expert depuis les 10 dernières années environ après qu'on m'en a fait signer littéralement des milliers dans les expositions ici et là. Les cartes de collection ont favorisé le marché des souvenirs de sport et l'échange d'articles et de souvenirs signés les plus variés est devenu une industrie très florissante. Les expositions de cartes et séances de signature attirent des milliers de passionnés et de collectionneurs qui sont prêts à payer pour rencontrer certains joueurs. Les organisateurs de ces expositions versent même un cachet aux athlètes qui acceptent avec plaisir de venir signer cartes, rondelles, bâtons, chandails et les nombreux autres articles que leur apportent les amateurs ou qui sont vendus sur place.

Il s'agit là d'une nouvelle activité qui ne pourrait tomber plus à point dans le monde du sport. Cette activité devient essentielle pour les anciens hockeyeurs, puisque plusieurs des joueurs qui ont pris leur retraite à la fin des années 50 ou 60 se sont retrouvés avec très peu d'argent. Les joueurs qui avaient alors négligé de préparer la retraite pouvaient se retrouver dans des situations très difficiles. Les salaires à l'époque permettaient aux joueurs de s'offrir une maison, peut-être aussi un chalet, et d'envoyer leurs enfants à l'école. Certains ont même pu mettre sur pied une petite entreprise pour parer à la retraite, mais la majorité ont échoué à ce propos.

Il y a de cela presque 20 ans, Gordie et Colleen Howe, Phil Esposito et d'autres joueurs d'importance ont tenté de sensibiliser les gens à l'importance de bien préparer la retraite au moment où ils réalisèrent que plusieurs ex-hockeyeurs étaient en difficulté. On a ainsi créé des associations d'anciens joueurs de la LNH bien plus influentes et actives dans le but de venir en aide aux joueurs qui croyaient ne jamais voir arriver le jour de la retraite.

L'industrie des souvenirs est un véritable bénédiction pour tous les retraités et lorsque les joueurs des six équipes originales visitent ces expositions, on les accueille toujours comme des rois. Ils apprécient vraiment toute cette attention. Plusieurs d'entre eux vivent maintenant dans de petites municipalités et occupent des emplois de moindre importance, ce qui contraste énormément avec l'action qu'ils ont vécue sur la glace pendant les 10 ou 12 ans qu'ils ont évolué dans la LNH.

Je dois cependant reconnaître qu'il s'agit là d'une activité de grand luxe pour les gens relativement à l'aise. J'ai assisté à l'occasion à de telles expositions pour le plaisir de rencontrer les amateurs. Cependant, j'y observais les athlètes qui signaient des autographes sans même regarder les gens ou se donner la peine d'échanger quelques mots. Ce n'est pas pour cette raison, d'après moi, qu'on organise de telles activités.

Le toujours populaire Johnny Bower est un de ces joueurs qu'on rencontre souvent dans ces endroits. Je lui ai déjà dit que lui et ses collègues de Toronto avaient beaucoup de chance. Ils n'avaient pas à se déplacer bien loin, puisque plusieurs de ces salons se tiennent chaque année dans la capitale de l'Ontario.

— Je dois prendre l'avion et, la plupart du temps, louer une chambre à l'hôtel pour la nuit. Mais pour vous, il suffit de sauter dans la voiture et une demi-heure plus tard vous êtes revenus à la maison pour le souper.

— Oui, mais j'en ai enduré tellement contre toi et le Rocket pendant toutes ces années. Je mérite d'avoir la vie facile maintenant, disait-il en riant.

On organise peut-être deux salons de cartes par année à Montréal, alors que la plupart des autres au Canada ont lieu à Toronto. On organise également chaque année des salons d'envergure à Chicago, Detroit, et Saint-Louis. Inutile de dire qu'aux États-Unis, Bobby Hull, Stan Mikita, Gordie Howe et d'autres ex-joueurs des Hawks et des Wings attirent des tas de gens à ces événements.

La plupart du temps, nous sommes livrés à nous-mêmes ou nous partageons la vedette avec quelqu'un comme Bower. La dernière fois que j'ai assisté à un tel salon à Detroit, j'ai souper avec Gordie Howe. Dell Reddy, son responsable du marketing, nous a pris en photo alors que nous portions des vestes et des chandails de l'équipe. Les collectionneurs s'arracheront éventuellement ces photos. D'ici là, je m'attends à ce que de moins en moins de joueurs de hockey assistent à de tels salons au moment où la prochaine génération partira pour la retraite, puisqu'ils n'auront pas besoin de cet argent.

Tout cela a débuté avec les cartes de joueurs, alors que les salons de souvenirs ont suivi et sont devenus encore plus lucratifs depuis l'avènement d'Internet. EBay et d'autres sites consacrés aux encans en ligne alimentent cette soif croissante d'articles de collection du domaine sportif.

Maurice Richard fut un des premiers à réaliser l'importance du montant qu'il aurait pu recueillir en vendant ses souvenirs.

Peu avant son décès, il demanda à Classic Collectibles d'organiser un encan qui a permis de vendre 289 articles et de rapporter au-delà de 1,6 million à la famille Richard. Ce montant résulte, entre autres, de la vente de plusieurs articles au Musée canadien des civilisations à Gatineau, de l'autre côté de la rivière Ottawa, en face de la colline parlementaire.

Je reconnais qu'au départ, la décision de Maurice m'avait choqué. Il me semblait qu'il trahissait ainsi son sport, sa carrière et ses amateurs. Plusieurs des prix et items qu'il avait reçus au cours des ans lui avaient été présentées de bonne foi par des associations, des organismes, des commanditaires, des entreprises et des ligues. En les vendant, n'allait-il pas en quelque sorte rejeter ces cadeaux et renier ces institutions?

Mais lorsque je m'arrête pour y penser, la décision de Maurice était la plus logique au monde. Ses priorités n'avaient jamais changé. Il voulait avant tout prendre soin de sa famille. Parmi ceux qui ont suivi son exemple en vendant leurs souvenirs sur le Web, mentionnons Bernard Geoffrion, Guy Lafleur et Jacques Demers. Après avoir parlé avec ces gens et discuté plus longuement avec ma famille, nous avons décidé d'en faire autant.

Je m'attendais à une certaine controverse, mais j'étais convaincu que c'était la meilleure chose à faire. Je n'aimais pas l'idée de voir ma famille parcourant des centaines d'objets, notes et photos après ma mort, ayant peu d'idée de leur valeur et peu encline à s'en défaire. Je souhaitais plutôt faire en sorte que ces articles se retrouvent entre les mains de collectionneurs qui étaient prêts à investir et à tout faire pour que leurs collections augmentent en valeur au cours des ans.

Il s'agissait, en réalité, d'une forme idéale de recyclage. Les gens qui apprécient vraiment et qui aiment posséder des trophées, des bâtons, des patins et autres articles leur rappelant ma carrière de hockeyeur seraient heureux et ma famille en profiterait. On convertirait ainsi mon « patrimoine » en argent qui reviendrait aux bonnes personnes, taxes et autres frais payés. Il reste, à mes petites-filles, entre quatre et six ans d'études, mais lorsqu'elles auront terminé, elles pourront à leur guise voyager, entreprendre des carrières ou fonder un foyer.

Le public a fini par émettre certains commentaires. Ceux qui s'objectaient — une minorité, heureusement — voyaient la vie comme un patrimoine appartenant à la collectivité québécoise (à ne pas confondre avec les collectionneurs). Autrement dit, ils auraient préféré que je remette le tout à des musées.

Je m'étais renseigné auprès du Temple de la renommée du hockey à Toronto au début des années 90 et j'ai constaté que tous les objets que je leur avais déjà prêtés étaient rangés dans des entrepôts. Cela comprend une vingtaine d'articles d'intérêt et j'avais l'impression qu'on en avait exposé certains brièvement sans jamais sortir les autres de leurs boîtes. Au moment où je leur ai remis ces objets, le Temple de la renommée était situé sur le terrain de l'Exposition nationale canadienne. Il ressemblait davantage à une collection d'archives oubliées qu'à un musée.

Les installations physiques se sont améliorées lorsqu'on aménagea le Temple de la renommée dans l'édifice d'une ancienne banque d'aspect patrimonial au centre-ville de Toronto, mais l'espace ne permettait toujours pas d'y exposer tous les articles de la collection. On compare souvent certains des plus grands musées au monde — le Louvre, le Smithsonian ou le Prado — à un iceberg, puisque les articles exposés ne représentent qu'environ 10 % du fonds total. Le reste se trouve au sous-sol. C'était aussi le cas du Temple de la renommée du hockey.

Certains commentateurs préconisaient la solution du musée, prétextant que l'histoire du Québec — et du sport — appartient au peuple. Lors d'une émission d'affaires publiques, un ex-joueur de ligne des Alouettes s'éleva en faveur du patrimoine et demanda qu'on remette les souvenirs des grands Québécois à des institutions où tous pourraient en profiter. Il n'était pas insulté que je vende ces articles, mais plutôt parce qu'ils allaient se retrouver dans des collections privées plutôt que publiques. Puisqu'ils ont tellement à cœur cet idéal d'une culture collective, les Québécois s'attendent à ce qu'on conserve ces objets dans des institutions publiques. Ils souhaiteraient voir un musée québécois du sport avec une salle consacrée à Jean Béliveau, une autre à Maurice Richard et une à Rusty Staub. Ils ne veulent pas que des trésors si précieux deviennent la propriété d'individus qu'on ne pourra obliger à les exposer.

Cependant, les gens qui visitent rarement les musées et les galeries ne réalisent pas que la majorité de ceux qui parcourent les musées de leur localité sont souvent attirés par des objets importants qui appartiennent à des collections privées et non publiques. Il suffit de penser à cet exemple récent que fut l'exposition de Renoir qu'on a accueillie au Musée des beaux-arts de Montréal. Plus de la moitié des objets les plus intéressants de l'exposition étaient prêtés par des intérêts privés.

Cet ex-joueur de football n'a peut-être pas compris qu'un certain Edgar Théoret avait tenté de mettre sur pied une exposition permanente consacrée aux athlètes québécois, mais il a échoué jusqu'à présent. Il a peut-être des intentions très louables, mais il ne l'a pas encore réussi. Pour quelle raison devrait-on remettre nos souvenirs là où ils resteront entreposés ?

On a suggéré qu'une entreprise comme Molson commandite un tel musée en faisant l'acquisition et l'entretien d'un édifice, mais cette option semble peu probable depuis sa fusion avec Coors. Peu d'entreprises ont manifesté de l'intérêt, comprenant peut-être que ce n'est pas qu'une question d'édifice. Il faudrait embaucher et former des administrateurs, des conservateurs et des agents de sécurité. Il y a également la question épineuse à savoir comment un tel musée achèterait-il ses artefacts ? Procèderait-il comme tout autre institution du même genre et d'où viendrait l'argent ?

Certains ont suggéré de convertir le forum, qui est maintenant devenu un centre de divertissement et un cinéma à plusieurs salles, en un musée, même si on doute encore qu'il puisse attirer les foules. Les gens se souviennent peut-être qu'on avait mis sur pied un petit musée à l'Aréna Maurice-Richard, mais celui-ci a fermé ses portes, puisque personne n'allait le visiter.

J'appuie totalement l'idée d'un endroit où l'on pourrait souligner les réalisations des athlètes canadiens, mais un tel projet ne peut réussir sans une promesse de financement à long terme, une gestion exclusive, un endroit facile d'accès pour le public et des expositions débordantes d'imagination.

Il a fallu beaucoup plus de temps que je croyais pour classifier et cataloguer les 195 articles de «ma collection», mais j'ai appris beaucoup en cours de route. La famille Juteau et ses employés m'ont permis d'apprendre que certains articles ou catégories d'articles avaient plus de valeur que prévu, et d'autres, moins.

L'encan a débuté à la fin de janvier 2005 pour s'étirer jusqu'à la fin de février. Élise était alors à la Barbade où nous allons en vacances chaque hiver et je suis allé la rejoindre après avoir donné la touche finale à certains projets. Nous avions prévu qu'Hélène surveillerait de près les activités entourant l'encan et je demanderais un compte rendu à messieurs Juteau ou Trudeau chaque semaine. Puisque je mettais en vente un peu moins de 200 articles, nous avions tous convenu que des recettes de 300 000 $ étaient tout ce qu'il y avait de plus plausible.

Le déroulement de l'encan était relativement simple. Un acheteur intéressé devait se rendre sur le site Web de Classic Collectibles pour y choisir le lien menant à la Collection Jean Béliveau, tout juste au-dessus de la Collection Rick Vaive. Il voyait alors apparaître à l'écran la liste complète des articles en vente, accompagnés d'une description et d'une photo, ainsi que du numéro d'enchère et du prix de départ suggéré.

L'article 33, par exemple, était ma chope d'étain du championnat de la coupe Stanley du Canadien de Montréal 1956-57 à l'effigie du Canadien et portant mon nom. Les enchères commençaient à 200,00 $ US et après qu'on eut présenté 34 offres, elle s'est vendue 4367,12 $. Le lot numéro 80 était le chandail vert numéro 9 que j'ai porté à compter du début des années 50 pour les matchs à domicile des As de Québec. On a présenté 37 offres sur cet article. Le prix de départ était de 1000,00 $ US et on l'a vendu 34 003,90 $ US, soit 39 104,49 $ canadiens.

« Les encans en ligne ont ceci de particulier, de dire monsieur Juteau, soit la règle de 10 minutes entre les enchères. » Il nous a expliqué que plusieurs enchérisseurs offrent peu jusqu'aux derniers moments avant le délai et ils sautent alors dans la mêlée, espérant récolter l'article à un prix inférieur. La règle de 10 minutes permet aux enchères de se poursuivre pendant 10 minutes supplémentaires pour tous les lots si on reçoit une offre de dernière minute pour un article en particulier. La sagesse de cette règle est devenue évidente le dernier jour de l'encan, soit le 25 février.

Le soir du 24 février, j'allais au lit à la Barbade avec d'excellentes nouvelles de ma fille.

— Il semble qu'on pourrait récolter jusqu'à 500 000 $, m'a-t-elle dit.

— Un demi-million ? En argent américain ou canadien ?

Je ne peux me rappeler sa réponse, mais j'étais surpris et ravi de la réponse des amateurs et des collectionneurs.

Hélène me rappela en fin d'après-midi le lendemain.

— Les enchères sont terminées et nous avons les derniers chiffres. Es-tu bien assis ? (Je l'étais.) On a recueilli en tout 788 139,14 $ US, soit 960 801,14 $ canadiens.

Presque un million de dollars. Je n'arrivais pas à le croire. Cet encan de mes souvenirs de hockey m'a rapporté plus, en dollars véritables, sans tenir compte de l'inflation, que tout ce que j'avais gagné au cours de ma carrière dans la LNH.

Le 11 février, à mi-chemin durant l'encan, on vint me chercher en limousine pour m'amener à un endroit que j'avais souvent fréquenté à Victoriaville. Ce soir-là, mes anciennes équipes juniors, soit Québec et Victoriaville, étaient opposées lors d'un match de la saison régulière de la Ligue de hockey junior majeure du Québec. La première équipe, les Tigres de Victoriaville, avait comme entraîneur l'ex-Canadien Stéphane Lebeau, et l'autre, les Remparts de Québec, Patrick Roy, l'ancien gardien de but du Canadien comme directeur-gérant.

J'assistais au match, ce soir-là, pour venir en aide à un organisme de charité et en guise de remerciement, on m'a remis une sculpture et un chandail de l'équipe portant mon nom et le numéro quatre. On diffusa la présentation aux nouvelles de fin de soirée et je n'avais pas encore ouvert la porte au moment où le téléphone sonna. C'était Hélène.

— Ne me dis pas que tu recommences !

— J'ai un chandail pour toi, lui ai-je répondu.

Nous avons ri de bon cœur.

• • •

J'ai connu une autre expérience très favorable sur le plan monétaire, bien qu'elle remonte à plus de 30 ans.

Le 11 février 1971, Frank Mahovlich était posté près du filet du Minnesota à la droite du gardien et la rondelle que j'envoyai au filet lui était destinée. À la dernière seconde, il souleva son bâton pour laisser passer la rondelle et elle frappa le coin tout juste à l'intérieur du poteau de droite. Je venais de compter le 500e but de ma carrière et d'obtenir un tour du chapeau contre Gilles Gilbert dans une victoire de 6 à 2 contre les North Stars. J'étais seulement le deuxième joueur du Bleu Blanc Rouge, après Maurice Richard, à atteindre ce plateau. Ce but fut d'autant plus précieux, puisque je l'ai compté durant ma dernière saison en tant que joueur. J'avais décidé depuis longtemps déjà d'accrocher mes patins à la fin de la saison 1971.

Environ une semaine après cette victoire contre Minnesota, Sam Pollock me fit monter à son bureau. Je croyais qu'il voulait me demander d'assister à un souper ou un autre événement public semblable. Étant le capitaine de l'équipe, j'agissais souvent en tant que représentant de l'équipe. Au moment où j'arrivais à son bureau, Sam m'accompagna jusque dans le bureau de David Molson.

David commença en ces termes : « Jean, nous voulons organiser une soirée pour souligner tes 500 buts et ta carrière. Il s'agit de ta dernière saison et c'est la moindre des choses qu'on peut faire, compte tenu de tout ce que tu as fait pour l'équipe, autant sur la glace qu'en dehors. »

Je me suis revu brièvement à Québec quelque 20 ans plus tôt alors qu'on m'a remis une voiture flambant neuve lors d'une telle cérémonie. J'étais ému par son offre, mais mal à l'aise à la pensée d'un genre de magasin au centre de la glace alors qu'on me présenterait toutes sortes d'appareils et de cadeaux qui seraient suivis d'une rutilante voiture neuve conduite par un ami quelque peu timide sous les yeux émerveillés de 18 000 spectateurs.

« Très bien, lui ai-je dit, mais à une condition. Je ne veux pas de voiture débordant de cadeaux. Je n'accepterai que quatre souvenirs : un cadeau de mes coéquipiers ; le traditionnel plateau d'argent de l'équipe adverse, un cadeau des membres de *La soirée du hockey* et un cadeau de l'organisation du Canadien. Si on me donne de l'argent, je ne veux rien pour moi. Je répartirai cette somme entre les quatre ou cinq organismes de charité avec lesquels je suis associé depuis quelques années. »

David et Sam ont accepté et ils ont choisi une date à la fin de mars. Je n'y ai pas beaucoup pensé par la suite. Nous étions en pleine course pour nous tailler une place dans les séries contre Boston et New York après en avoir été écartés — pour la première fois de ma carrière — l'année précédente. Je voulais éviter toute distraction dans le but de remporter une dixième coupe Stanley.

À cette époque, le service des relations publiques d'une équipe de hockey s'occupait généralement des tâches relativement élémentaires comme la publication occasionnelle d'un communiqué de presse. Personne n'avait les outils pour organiser une promotion d'envergure comme une fête en l'honneur d'un joueur qui partait pour la retraite. La direction de l'équipe demandait habituellement conseil aux amis du joueur en question. Dans ce cas-ci, le Canadien s'est adressé à deux des meilleurs amis et organisateurs qu'on aurait pu trouver, soit Zotique Lespérance, ancien commentateur et chroniqueur également cadre chez Molson, et Raymond Lemay, homme d'affaires bien en vue à Montréal, lui qui a été président de Canada Steamship Line, de Blue Bonnets et directeur de Québécor et de plusieurs œuvres communautaires. Ils ont accepté de prêter main-forte et on décida que ma fête allait se tenir le soir du 24 mars 1971.

Peu avant cette date, nous nous sommes rencontrés tous les trois pour parler du projet. Zotique et Raymond disposaient d'à peine un mois pour publiciser l'événement et durant cette période, un intense blizzard avait littéralement paralysé la ville de Montréal pendant une semaine. Raymond commença par une prévision débordant d'optimisme :

— Je ne sais pas à quoi tu penses, Jean, mais l'argent recueilli pour tes organismes de charité pourrait aller bien plus loin que tu le penses.

J'en doutais et je le lui ai dit :

— Vous avez perdu une semaine en raison de la tempête. Donc, combien pourrait-on amasser ? Si vous obtenez entre 25 000 $ et 30 000 $, chacun de mes organismes obtiendra entre 6000 $ et 7000 $. J'imagine difficilement plus.

— Nous devrions peut-être avoir un plan de secours pour parer à toute éventualité, m'a répondu Zotique pour me mettre en garde et il a suggéré qu'on mette sur pied une fondation.

Cet après-midi-là, il a convoqué Jim Grant du cabinet d'avocats Stikeman Elliot afin de créer le Fonds Jean-Béliveau, comme on l'appelait au début.

Le 24 mars, lorsqu'on me présenta au centre de la glace un chèque format géant au montant de 155 855 $, je n'arrivais pas à en croire mes yeux. J'ai appris plus tard que Zotique avait demandé l'aide des représentants aux ventes de Molson dans toutes les régions du Québec, alors que Raymond avait fait appel à ses contacts dans les hautes sphères de plusieurs entreprises québécoises d'où il obtint une contribution du financier Jean-Louis Lévesque au montant de 10 000 $. Ensemble, Zotique et Raymond avaient fait un travail extraordinaire. On venait de créer la fondation et celle-ci était déjà en branle.

Ses activités ont duré plus de 20 ans, soit jusqu'à ce que nous fermions les livres en 1993 lorsque j'ai quitté la direction du Canadien. Zotique, Raymond et Ron Perowne, les premiers fiduciaires, ont siégé sur le conseil du début à la fin, en compagnie de Marcel Lacroix qui a remplacé mon ami Jacques Côté lorsqu'il perdit la vie dans un écrasement d'avion, de Jean Bruneau, qui remplaça Sam Maislin après son décès et de ma fille Hélène, qui s'est jointe à nous pendant les cinq dernières années. En 20 ans, nous avions distribué presque 600 000 $ à des œuvres de charité et il nous restait encore presque 900 000 $.

Il est extraordinaire de constater qu'après qu'on m'a remis les premiers 155 000 $ au Forum en 1971, nous n'avons jamais eu à solliciter d'argent. J'ai réussi à accumuler des sommes intéressantes en agissant à titre de président honoraire lors de tournois de golf et d'activités semblables. Je remettais tous les honoraires qu'on me versait pour ces apparitions et 10 ou 12 de mes amis m'envoyaient environ 1000 $ dollars chacun par année. Le don le plus important qu'on m'ait remis s'élevait à 25 000 $ et provenait de la succession d'un couple que je n'ai jamais rencontré.

Un certain matin, je reçus un appel d'un cabinet de comptables à Mont-Joli :

— Monsieur Béliveau, je suis l'exécuteur testamentaire d'un couple de personnes âgées de Priceville, près de Matane. L'épouse est décédée il y a un an et le mari vient tout juste de mourir. Ils ont légué un patrimoine de 200 000 $ à 8 organismes de charité et votre fondation en fait partie.

— Vous êtes certain que ces sommes ne sont pas grevées ? Ils n'ont pas de cousins ou de neveux quelque part ? Je ne voulais pas consacrer nos ressources en frais juridiques advenant un éventuel conflit dispendieux.

— Pas de famille, pas d'enfants, personne. Tout est clair et net.

Ces 25 000 $ que nous léguaient ces inconnus si généreux venaient vraiment gonfler notre compte à la banque. À la fin, nous avons décidé de transférer tous les actifs de la fondation — les 900 000 $ qui restaient — à la Société pour les enfants handicapés du Québec en précisant que cette somme était destinée à leur camp d'été au nord-est de Joliette. Nous n'avions posé qu'une seule condition qui consistait pour cette société à respecter la pratique de longue date de la fondation, à savoir qu'elle devait utiliser cet argent pour acheter des équipements et du matériel tangibles qui allaient profiter directement aux bénéficiaires. Notre fondation n'a jamais versé d'argent dans le but de défrayer des salaires ou des frais d'administration. Louise Richer, mon assistante au Forum, s'occupait des opérations au jour le jour et me soumettait toute demande de fonds. Si les fiduciaires l'approuvaient, j'autorisais l'organisme de charité concernée à procéder à l'achat chez un fournisseur local et à me remettre la facture. Nous avons fonctionné de cette façon pendant 22 ans et je crois que tout allait comme sur des roulettes.

Alors que cette version de mes mémoires tire à sa fin, je suis fier de constater que la Société pour les enfants handicapés du Québec a pu poursuivre notre programme original de dons en remettant quelque 60 000 $ chaque année sans toucher au capital, qui ne cesse de croître. Cela me rappelle un ancien slogan publicitaire dans lequel on parlait du « don qui rapporte toujours » et cela me fait chaud au cœur.

Il m'a été intéressant de profiter personnellement d'une carrière dans un domaine comme le hockey professionnel et ma famille profitera sûrement de la vente des souvenirs de cette carrière. Cependant, cette aide continue que la fondation apporte aux gens vraiment dans le besoin, aujourd'hui et longtemps après mon départ, constitue pour moi un héritage dont je suis extrêmement fier. J'en ressens une certaine modestie. Je suis honoré et extrêmement reconnaissant envers ces bénévoles qui ont contribué à la Fondation Jean-Béliveau au cours des ans et envers ces gens merveilleux qui se dévouent à la Société pour les enfants handicapés du Québec.

Comme les joueurs du Canadien, ils font partie d'une équipe très spéciale et je suis fier de reconnaître qu'ils sont mes coéquipiers pour la vie.

REMERCIEMENTS

La plus grande crainte d'un capitaine d'équipe consiste à ne pas reconnaître la contribution d'un coéquipier ou d'un adversaire qui le mérite. Par conséquent, j'aimerais remercier tous mes coéquipiers, vedettes ou non, qui m'ont aidé tout au long de ma carrière. C'est à eux que je dois mes succès. De plus, je m'en voudrais de ne pas remercier les médias avec, à leur tête, les défunts Jacques Beauchamp et Danny Gallivan, ainsi que René Lecavalier, Red Fisher, Marcel Desjardins et Dick Irvin, qui sont encore des nôtres. Je ne peux également pas oublier les amateurs qui m'ont choyé tout au long des 40 années que j'ai consacrées au hockey.

Sur un plan plus personnel, permettez-moi de souligner l'amitié et l'aide que j'ai reçues des personnages suivants tout au long de mes carrières au hockey et après : Roland Mercier, Raymond Lemay, la famille Byrne, Roland Hébert, Jack Latter, Rita et Jean Proulx, Punch Imlach, Jacques Côté et toute sa famille, le père Léonard Murphy, René Corbeil, Camil DesRoches, Pierre Roux, les Frères du Sacré-Cœur de l'Académie Saint-Louis-de-Gonzague et du Collège de Victoriaville, Raynald Deslandes, Thérèse et Yves Robitaille, Irène et Paul Brouillard, Paul Aquin, George Lengvari, les médecins Doug Kinnear, David Mulder et Maurice Godin, le sénateur Hartland de Montarville Molson et les familles Molson, Peter et Edward Bronfman, Zotique Lespérance, Frank Selke père, Dick Irvin père, Toe Blake et Ronald Corey.

Enfin, seule dans une catégorie très spéciale, je ne peux oublier Louise Richer. Cet ouvrage et les nombreux souvenirs qu'il renferme lui appartiennent autant qu'à moi.

ANNEXE

Souvenirs de Jean Béliveau ayant rapporté les sommes les plus
élevées lors de l'encan organisé en janvier et février 2005

No de l'article	Description	Prix	Nombre d'offres
1	Bague de la coupe Stanley de 1958-59	69 045,40 $	27
79	Chandail de 1967	42 900,00 $	19
7	Réplique de la coupe Stanley de 1957-58	37 135,80 $	26
80	Chandail à domicile des As de Québec portant le numéro 9	34 003,90 $	37
5	Bague de la coupe Stanley de 1985-86	28 531,10 $	25
21	Trophée Conn Smythe de 1965	27 964,30 $	23
6	Bague de la coupe Stanley de 1992-93	27 086,50 $	27
3	Bague de la coupe Stanley de 1977-78	25 701,80 $	26
10	Réplique de la coupe Stanley de 1970-71	22 547,10 $	10
48	Bague du Temple de la renommée du hockey	20 182,60 $	32

TABLE DES MATIÈRES